學術研究

国家社会科学基金重点项目

城乡一体化中农民文化权益保障研究

CHENGXIANG YITIHUA ZHONG NONGMIN WENHUA QUANYI BAOZHANG YANJIU

徐莉 主著

内容简介

文化权益是公民的基本权益之一。加强农民文化权益保障是社会主义新农村建设的重要内容,也是推动农村经济、社会可持续发展,构建农村和谐社会的强大精神动力。本书以城乡一体化中农民文化权益保障体系构建为研究对象,在对国务院批准的两个城乡统筹综合改革实验区即重庆市和成都市进行实地调研的基础上,深入研究了农民文化权益保障的基本理论问题,系统地分析了城乡一体化中农民文化权益保障取得的成就和存在的问题,科学地剖析了农民文化权益保障缺失的内在根源和外部制约因素,提出了构建农民文化权益保障体系的改革思路。本书的研究内容基本涵盖了当前农民文化权益保障的主要领域,为理论界进一步探索提供了素材与借鉴,对政府相关管理部门建立健全农民文化权益保障制度具有直接的参考意义。

本书适合从事农村经济研究的学者、从事“三农”事业管理的政府官员及相关业界人士阅读与参考。

前言

本书是国家社会科学基金重点项目“城乡一体化中农民权益保障研究”(08ASH003)、国家社会科学基金一般项目“健全党和政府主导的维护农民权益机制研究”(09BZZ008)的阶段性研究成果。

“三农”问题一直受到党和国家的高度重视。改革开放三十多年来,随着农村经济体制改革的不断推进,农村经济得到了极大发展,农民生活水平得到了很大程度提高。在这样的历史背景下,党的十六大从经济、政治、文化、可持续发展四个方面提出了新时期全面建设小康社会的任务,并将“人民的政治、经济和文化权益得到切实尊重和保障”作为全面建设小康社会的标志之一,体现了党和政府对人民文化权益的关注。进而,党的十六届五中全会又提出建设“生产发展、生活宽裕、乡风文明、村容整洁、管理民主”的社会主义新农村,并将其作为建设小康社会的主要内容之一。这意味着在加快农村经济发展的同时,农村教育、文化、医疗、社会保障、基础设施等社会事业,也将被纳入社会主义新农村建设的范畴。

文化权益与经济权益、政治权益、社会权益同属于公民的基本权益,它们之间相互影响、相互渗透、相互促进、相互融合。加强农民文化权益保障不仅是社会主义新农村建设的重要内容,也是推动农村经济、社会可持续发展,构建农村和谐社会的强大精神动力。在改革开放初期,农村文化建设就受到了政府的高度重视。1998年文化部发布了《关于进一步加强农村文化建设的意见》。近年来,党和政府强调以人为本,全面建设小康社会,构建社会主义和谐社会，更加重视农民的文化权益。2005 年中共中央办公厅、国务院办公厅下发《关于进一步加强农村文化建设的意见》的文件；2006 年《中华人民共和国国民经济和社会发展第十一个五年规划纲要》中，规划了公共文化建设重点工程；2009 年国务院新闻办公室发布了《国家人权行动计划(2009—2010 年)》，将保障公民基本文化权益纳入人权范畴，表明党和国家日益重视农民文化权益的保障，把维护农民的经济权益、政治权益和文化权益作为密切联系群众的最重要的内容。

在城乡一体化进程中，农民文化权益保障有着十分重要的战略意义。它本身就是社会主义新农村建设的题中之义，而且有助于推动农村经济的健康、和谐、良性发展。城乡一体化中农民文化权益保障的总体目标，就是要不断增加农村文化设施、文化产品和公共文化服务供给，满足农民不断增长的文化需求；还要不断提高农民的思想观念、伦理道德和文化修养，重建农村精神家园，丰富农村文化生活，形成崇尚文明、崇尚科学、健康向上的社会风气，从根本上提高农民的文化精神生活质量。

在城乡一体化进程中，农民的文化需求增长迅速，且向多样化方向发展。国家对农民文化权益日益重视，对农村公共文化服务的投入力度也在不断加大，尤其是近年来实施的一系列重点文化工程，使农村文化基础设施得到显著改善，农民的文化生活水平有了显著提高。然而通过对成渝地区的实地调研和问卷调查，我们发现一些地方在公共文化建设和公共文化服务中存在诸多问题，损害了农民文化权益。随着改革开放的深入和农村社会经济的发展，农村文化设施建设取得了很大成就，初步形成了多层次、多体制的文化网络和国家、集体、个人一起举办文化事业的新格局，但是农村文化基础设施仍相当落后，滞后于经济建设发展的需要，与农民群众的精神文化需求不相适应；农民对文化生活的需求与文化服务的供给之间长期存在着较大矛盾；农民文化权益保障的程度与城市间的差距大，各地农村间也存在较大差异；农民对文化活动的参与意识较薄弱；还有一些不良习俗和腐朽落后的文化严重威胁着农村的社会稳定与和谐。总之,调查情况表明,农民文化权益远未得到充分有效的保障,农民对当前的文化生活总体满意度较低,农民文化权益保障的任务十分艰巨。

本书从思想认识、经济因素、制度因素、人才因素和教育因素几方面剖析了农民文化权益保障缺失的原因。我们发现,不仅各级政府和社会对农民文化权益重视不够,农民自身也十分缺乏文化权益保障意识。长期以来,我国农村公共文化建设主要以政府投入为主,其他社会力量很少参与农村公共文化服务事业建设。一方面是由于财政资金投入不足,另一方面是由于目前农村经济基础尚十分薄弱,多数地区农村集体经济组织弱化,基本没有财力投入到公共文化建设和公共文化服务上,因此造成很多农村地区文化配套设施不完善,不能充分发挥其应有的作用。除了思想认识和资金投入的因素外,文化管理制度的缺陷也是造成农村文化供求矛盾的主要原因。农村文化体制不健全主要表现在文化管理模式落后、文化管理职能弱化、文化设施管理制度缺失、文化人才选用与考评及奖惩机制不健全等方面。此外,缺乏高素质的农村文化建设队伍,农村教育落后,农民科学文化素质低,也是不可忽视的因素。

本书依据城乡一体化中农民文化权益保障的目标,确立了农民文化权益保障的原则。要培养新型农民,首先必须坚持以马克思主义为指导思想,构建社会主义核心价值体系。为构建社会主义和谐新农村,应树立和谐文化理念,构建农村和谐文化体系。要有效保障农民文化权益,还必须对政府和农民的角色进行正确定位,坚持"以政府为主导、以农民为主体"的原则,充分发挥政府、文化部门、社会力量及农民自身在农民文化权益保障中的作用。此外,还应协调好农村经济与文化发展的关系。在城乡一体化进程中,还应坚持统筹城乡文化发展的原则。

为了实现城乡一体化中农民文化权益保障的目标,本书依据对农民文化需求的分析,结合农村经济文化发展的实际情况,针对农民文化权益保障中的问题及其原因,提出了构建农民文化权益保障体系的整套改革思路。鉴于农民文化权益保障是个复杂的系统工程，本书提出的保障体系包括政治保障、法律保障、资源保障、制度保障、教育保障五个主要方面，各个方面的保障措施相辅相成，构成一个有机整体，缺一不可。只有农民文化权益在政治、法律、资源、制度及教育等各方面都得到保障，才能最终保证农民文化权益有效实现。

城乡一体化中农民文化权益保障是一个复杂的、渐进的、长期的过程，不仅需要国家、各级政府、农民群众的不懈努力及社会各界的支持，而且各地也要根据当地情况，因地制宜制定相应的措施来保障农民文化权益。在研究过程中，课题组对成渝地区进行了深入的实地调研，总结了城乡一体化中农民文化权益保障的总体情况及主要问题，对农民文化权益保障缺失的主要原因进行了剖析，并提出了农民文化权益保障的改革思路、构建农民文化权益保障体系的框架及相关政策建议，以期对城乡一体化中农民文化权益保障起到一定的理论指导作用和政策参考作用。但是，由于调研地域的限制，成渝地区的经验和问题与其他地区不一定相同，因此，本书得出的结论和提出的对策可能不完全适合全国所有农村地区。本书研究尚存在一些不足，希望后继者深入研究，加以完善。

课题组成员除负责人徐莉副教授外，还包括孙希红副教授、庹君讲师、朱晓燕讲师。在课题研究过程中，徐莉负责课题的论证、提纲的拟定、调研提纲的拟定、实地调研、研究报告的撰写、修改及稿件的统筹审阅工作，孙希红、庹君、朱晓燕参与了调研提纲的拟定及部分内容的初稿撰写工作，庹君还参与了实地调研。在前期和中期调查中，除课题组主要成员外，四川师范大学经济与管理学院的研究生罗罡、李想为课题调查问卷的数据统计付出了大量劳动。

本书中的数据资料部分来自于对其他学者研究成果的引用，绝大部分来自于课题组调研资料。在本书撰写过程中，笔者参阅了大量专家、学者的研究成果，在此向他们表示衷心感谢。由于我国农民文化权益保障工作还处于起步阶段，加之课题组研究水平有限，对农民文化权益问题的探索还不够全面和深入，敬请各位专家、同行予以批评指正。

“城乡一体化中农民文化权益保障研究”课题组

2011年5月31日

目录

1　农民文化权益的理论分析………1

1.1　相关概念的界定………1

1.1.1　权益的含义………1

1.1.2　文化的含义………7

1.1.3　文化权益的界定………9

1.1.4　城乡一体化的含义………10

1.2　理论界关于农民文化权益保障的探讨………13

1.2.1　关于农民文化权益重要性的研究………13

1.2.2　对农民文化权益现状的研究………14

1.2.3　对农民文化权益保障中存在问题及原因的研究………15

1.2.4　对农民文化权益保障对策的研究………16

1.3　农民文化权益的理论内涵………17

1.3.1　农民文化权益的含义………17

1.3.2　农民文化权益的表现形式………21

1.3.3　农民文化权益的基本特征………24

1.3.4　农民文化权益与经济权益、政治权益及社会权益的关系辨析………40

1.4　城乡一体化中农民文化权益保障的意义………44

1.4.1　农民文化权益保障是社会主义新农村建设的重要目标………45

1.4.2　农民文化权益保障推动农村经济发展………46

1.4.3　农民文化权益保障是农村社会可持续发展的强大精神

动力………48
1.4.4　农民文化权益保障有助于构建农村和谐社会………49
1.5　城乡一体化中农民文化权益保障的目标及内容………52
1.5.1　城乡一体化中农民文化权益保障的目标………52
1.5.2　城乡一体化中农民文化权益保障的内容………56

2　城乡一体化中农民文化权益保障的现状………68

2.1　国家日益重视农民文化权益，法律保障日益增强………69
2.2　农村文化工程实施现状………71
2.2.1　“村村通”广播电视工程实施现状………72
2.2.2　乡镇综合文化站建设工程实施现状………76
2.2.3　全国信息文化资源共享工程实施现状………78
2.2.4　“农家书屋”工程实施现状………82
2.2.5　农村电影放映工程实施现状………85
2.3　农村公共文化设施现状………86
2.3.1　国家对农村文化建设的投入不断增加………87
2.3.2　广播电视事业不断发展………89
2.3.3　学习阅览设施增长较快………91
2.4　农民文化生活现状………93
2.4.1　一些地方农民文化生活单调贫乏，农村公共文化衰落………93
2.4.2　一些地方农村传统民俗文化生活越来越少………95
2.5　农民文化需求现状………96
2.5.1　农民文化需求总体水平不断提高………96
2.5.2　不同地区、不同群体的农民文化需求差异较大………97

3　城乡一体化中农民文化权益保障存在的问题………102

3.1　农村文化基础设施滞后于经济发展的需要………102

3.1.1 农村公共文化设施建设落后,不能满足农民需要………102
3.1.2 农村公共文化设施利用率低………105
3.2 农民文化需求与文化服务供给之间存在矛盾………106
3.2.1 文化产品和服务供不应求………107
3.2.2 文化产品和服务的供给不符合农民现实需求………107
3.3 农民文化权益保障的城乡差距、地区差距大………116
3.4 农民对文化生活的参与度较低………118
3.4.1 农民文化生活缺乏民主管理………118
3.4.2 农民的文化参与意识薄弱………120
3.5 不良习俗及腐朽落后文化威胁农村的稳定和谐………121
3.5.1 不少农村人重男轻女的思想仍较严重………121
3.5.2 早婚习俗在农村仍较普遍………122
3.5.3 一些地方婚丧大操大办的风气盛行………122
3.5.4 一些地方“黄、赌、毒”严重危害农民的精神文化生活………124
3.5.5 一些地方封建迷信活动猖獗………124
3.6 农民文化权益未得到充分有效的保障………126
3.6.1 农民文化权益保障渠道不畅………126
3.6.2 农民的文化生活权益保障程度较低………129
3.6.3 农民对当前文化生活的总体满意度不高………130
4 城乡一体化中农民文化权益保障缺失的原因分析………132
4.1 思想认识因素:政府和社会对农民文化权益的重视程度不够………132
4.1.1 政府对农民文化权益保障重视不够………133
4.1.2 农民自身缺乏文化权益保障意识………136
4.2 经济因素:农村公共文化建设投入不足………137
4.2.1 农村公共文化建设的财政投入不足………138

4.2.2 农村公共文化建设投资主体单一………141
4.3 制度因素:农村文化体制不健全………141
4.3.1 农村文化管理模式陈旧………142
4.3.2 农村公共文化服务职能弱化………144
4.3.3 农村文化设施管理制度不完善………144
4.3.4 农村文化人才选用机制落后………145
4.3.5 农民文化权益保障绩效评价体系不健全………145
4.4 人才因素:缺乏高素质的农村文化建设队伍………146
4.4.1 农村现有文化队伍状况堪忧………146
4.4.2 农村文化人才流失严重,引进难………147
4.4.3 农村文化人才培养难………147
4.5 教育因素:农村教育落后,农民科学文化素质低………148
4.5.1 农村基础教育落后………148
4.5.2 农村职业教育薄弱………149
4.5.3 农村成人教育仍需加强………150

5 城乡一体化中农民文化权益保障的改革思考………151
5.1 城乡一体化中农民文化权益保障的原则………151
5.1.1 坚持以马克思主义为指导,构建社会主义核心价值体系………151
5.1.2 树立和谐文化理念,构建农村和谐文化体系………155
5.1.3 坚持以政府为主导、以农民为主体的原则………158
5.1.4 坚持农村经济文化协调发展的原则………160
5.1.5 坚持统筹城乡文化发展的原则………161
5.2 农民文化权益保障的角色定位………163
5.2.1 农民:文化权益保障的主体………163
5.2.2 政府:农民文化权益保障的投资者、引导者和监管者………169

5.2.3 文化部门:农民文化权益保障的设计者和实施者………174
5.2.4 社会力量:农民文化权益保障的投资者和参与者………176

5.3 **构建农民文化权益保障体系**………177

5.3.1 农民文化权益的政治保障………177
5.3.2 农民文化权益的法律保障………180
5.3.3 农民文化权益的组织保障………182
5.3.4 农民文化权益的资源保障………185
5.3.5 农民文化权益的制度保障………200
5.3.6 农民文化权益的教育保障………233

参考文献………249

1 农民文化权益的理论分析

1.1 相关概念的界定

1.1.1 权益的含义

权益指公民受法律保护的权利和利益。"权利"一词在古代汉语里很早就有了,但大体上是消极的或贬义的,如,所谓"接之于声色、权利、忿怒、患险而观其能无离守也"①;"或尚仁义,或务权利"②。这种语义上的权利不是一个可以用来构造法律关系的法学概念。中国古代法律语言里也没有像英文"权利"、"义务"那样的词汇。19 世纪中期,当美国学者丁韪良先生(W. A. P. Martin)和他的中国助手们把维顿(Wheaton)的《万国律例》(Elements of International Law) 翻译成中文时,他们选择了"权利"这个古词来翻译英文"Rights",并说服朝廷接受它。从此以后,"权利"在中国逐渐成了一个褒义的至少是中性的词,并且被广泛使用。③

关于权利的定义很多,大致说来,对权利的界定有伦理的和实证的之分。一类是从伦理的角度来界定权利。一般说来,格劳秀斯和 19 世纪的形而上学法学家们强调的是伦理因素,如,格劳

---

① 《荀子·君道》。又见《荀子·劝学》:"是故权利不能倾也,群众不能移也,天下不能荡也。"

② 见西汉桓宽《盐铁论·杂论篇》。

③ 夏勇. 权利哲学的基本问题[OL]. 中国民商法律网,http://www.civillaw.com.cn/,2004-10-20.

秀斯把权利看成“道德资格”；霍布斯、斯宾诺莎等人将自由看成权利的本质，或者认为权利就是自由；康德、黑格尔也用“自由”来解释权利，但偏重于“意志”，而且，他们的自由概念与霍布斯的也有很大不同。严格说来，康德的权利定义是不限于意志自由的，他很重视人与人的协调共存。黑格尔指出，一般来说，权利的基础是精神，它们的确定地位和出发点是意志。意志是自由的，所以意志既是权利的实质又是权利的目标，而权利体系则是已成现实的自由王国。这些解释都是将权利看成人基于道德上的理由或超验根据所应该享有之物，虽然也涉及利益，如拥有某物或做某事，但并不以利益本身为基点。

另一类是从实证的角度来界定权利。如实证主义把权利置于现实的利益关系来理解，并侧重于从实在法的角度来解释权利。德国法学家耶林使人们注意到权利背后的利益。他说，权利就是受到法律保护的利益。同时，不是所有的利益都是权利，只有被法律承认和保障的利益才是权利。功利主义者认为由社会功利规定全部的权利和义务并派生出所有的道德标准。权利的实质是普遍的功利。

为了全面、正确地理解权利概念，较为关键的是把握权利的要素，而不是权利的定义。权利主要包含利益、主张、资格、力量及自由五个要素，这些要素中的任何一个都可以用来阐释权利概念，表示权利的某种本质。权利的第一个要素是利益(Interest)。一项权利之所以成立，是为了保护某种利益，是由于利在其中。在此意义上，也可以说，权利是受到保护的利益，是为道德和法律所确认的利益。利益既可能是个人的，也可能是群体的、社会的；既可能是物质的，也可能是精神的；既可能是权利主体自己的，也可能是与权利主体相关的其他人的。权利的第二个要素是主张(Claim)。一种利益若无人提出对它的主张或要求，就不可能成为权利。一种利益之所以要由利益主体通过表达意思或其他行为来主张，是因为它可能受到侵犯或随时处在被侵犯的威胁中。权利的第三个要素是资格(Entitlement)。提出利益主张要有所凭据,即要有资格提出要求。资格有两种,一种是道德资格,一种是法律资格。专制社会里的民众没有主张言论自由的法律资格,但是具有提出这种要求的道德资格,这种道德资格是近代人权思想的核心,即所谓人之作为人所应有的权利。同时,这个时代的一些思想家又对国王和贵族所具有的特殊的法律资格给予道德上的否定。权利的第四个要素是力量,它包括权威(Power)和能力(Capacity)。一种利益、主张、资格必须具有力量才能成为权利。力量首先是从不容许侵犯的权威或强力意义上讲的,其次是从能力的意义上讲的。由法律来赋予权威的利益、主张或资格,称为法律权利。人权在获得法律认可之前是道德权利,由于仅具道德权威,侵害它并不招致法律处罚。在获得法律确认后,人权就既是道德权利,也是法律权利。因而,侵犯人权会导致法律后果。除了权威的支持外,权利主体还要具备享有和实现其利益、主张或资格的实际能力或可能性。权利的第五个要素是自由(Liberty)。在许多场合,自由是权利的内容,如出版自由、人身自由。这种作为某些权利内容的自由(或称"自由权利"),不属于作为权利本质属性之一的自由。因为奴役权利、监护权利并不以自由为内容,但其本身的确是权利。作为权利本质属性或构成要素的自由,通常指权利主体可以按个人意志去行使或放弃该项权利,而不受外来的干预或胁迫。如果某人被强迫去主张或放弃某种利益、要求,那么就不是享有权利,而是履行义务。根据权利的五要素,可以将权利定义为:权利是为道德、法律或习俗所认定为正当的利益、主张、资格、力量或自由。①

对权利比较有代表性的分析有要求论、资格论、利益论、意志论等。威斯利·N. 霍菲尔德认为,"权利"一词包含四个方面的意思,即"要求"(Right or Claim)、"自由"(Liberty or Privilege)、"权力"(Power)和"豁免"(Immunity)。换句话说,任何一个主体

① 夏勇. 权利哲学的基本问题[OL]. 中国民商法律网, http://www.civillaw.com.cn/,2004-10-20.

都是在这样四种情形下享有权利的:①有权提出对某种利益或行为的要求或主张,如退休老人有权要求领取养老金;缔约一方有权要求对方履行诺言。②有权自己决定自己的事情,如闲暇时随意打发时间;如果愿意,可以蓄胡须。③有权迫使对方作出或不作出某种行为,如警察要求证人回答提问。④有权不受某种对待,如某类宗教人士可以不服兵役。权利是与义务相对应的,若无相应的义务,便谈不上享有权利。霍菲尔德还找出了同以上四类享有权利的情形相对应的承担义务的四种情形,即:①与"要求"相对应的义务是"职责"(Duty)。如发放养老金的机构担负回应"要求"养老金的职责;司法机构担负受理"要求"的职责。如果无人担负这类职责,提出"要求"的权利就不存在。②与"自由"的权利相对应的义务是"无权利"(No - rights)。如一个人享有蓄胡须的自由权利,其他人就无权干涉他蓄胡须。③与"权力"的权利相对应的义务是"责分"(Liability)。如证人作为公民有"责分"回答警察的提问。如果否认这种"责分"的存在,就否认了"权力"的权利。④与"豁免"的权利相对应的义务是"无权能"(Disability),如国家军事机构无权迫使某类宗教人士服兵役;司法机关无权追究议员在议会里的发言。

怀特(Alan R. White)首先对"要求论"进行了批评。怀特认为,要求不是权利,权利也不是要求。他提了两条理由:第一,要求一项权利与要求那些不计其数的东西(诸如知识、经历、雨伞等)并无不同,所以,提出一项要求与享有一项权利全然无关。第二,有些权利如被当成要求,肯定是值得怀疑的。如虽然我们享有大笑、期望或感到愉悦的权利,但如果将它们作为要求提出来,就荒唐可笑了。[①] II. J. 麦克洛斯基从另一方面对"要求论"提出批评,并由此提出了"资格论"(Entitlement Theory)。他认为,我们最好把权利看成资格,而不是对他人的要求。在他看来,"权

① 夏勇. 权利哲学的基本问题[OL]. 中国民商法律网, http://www.civillaw.com.cn/,2004 - 10 - 20.

利是去做、去要、去享有、去占据、去完成的一种资格。权利就是有权行动、有权存在、有权享有、有权要求。我们所讲的权利正是拥有、实施和享有。在此意义上,我们谈论权利与谈论能力、权力和喜好是密切相关的,但与谈论要求恰好相反,因为我们提出要求,并不意味着拥有、实施或享有它们。""我们所说的权利是'对什么享有权利'(比如生命的权利、自由的权利和享福的权利),而不是像常见的错误主张那样,是'根据什么而享有的权利'。"但是,如果说权利就是资格,那么就必须回答这样一个问题:"是什么赋予你这种资格?"这预示着存在某种使资格成为可能的途径。这就是法律、习惯和道德。①

传统的利益论认为,某人做出或不做出某行为的义务,这些作为或不作为符合其他人的利益,只有从该作为或不作为中获利的人,才能拥有一项权利。在此意义上,权利分析的根据是利益。德国法学家耶林认为,权利就是受到法律保护的一种利益。但是,并非所有的利益都是权利,法律的承认和保护构成了利益之为权利的条件。② 利益论强调权利的实质是利益,即给权利所有者以利益,一种权利必须体现一种利益,权利和利益之间具有内在的相关性。可以将权利理解为公民或法人依法可以作为和享有的利益,这是宪法和法律予以保障的。公民有权依法自己去实施某种行为,也有权要求其他公民或国家机关、社会团体、企事业组织去做出或不做出某种行为,从而使本人得到一定的利益或实现某种愿望。公民的权利是否行使,取决于该公民的意愿,公民既可以自由地行使权利,也可以选择放弃行使权利。公民在行使自己权利时,他人不得妨碍。国家在公民的权利遭受阻挠或侵害时,有责任以强制手段保护和帮助公民实现其权利。但公民在行使权利时,要遵守宪法和法律的规定,不能侵害国家、社会、集体

① 参见:A. J. M. MILNE. Human Rights and Human Diversity[M]. Macmillan, 1986:Chapter 6.

② 胡美灵. 当代中国农民权利的嬗变[M]. 北京:知识产权出版社,2008:7.

的利益,也不能损害其他公民的合法权利和自由,否则就不能受到法律的保护,甚至还可能因触犯法律而受到相应的法律制裁。维护合法权益是法律调整的出发点和目的。

对利益论持批评态度的学者认为,利益论不能完全解释权利现象,因为有许多权利与利益全然无关,如在民法里,有的权利具有独立于利益的效力。这一见解的主要倡导者是哈特。哈特认为,利益论掩盖了相对义务(Relative Duties)的本质,这种义务存在于民法里,与在刑法里看到的绝对义务(Absolute Duties)不同。相对义务的特征在于,它赋予权利享有人以一种"规范所有权",权利人完全控制该所有权,并且可以在他认为恰当时改变或放弃该项所有权。后种情况是选择,而不是一种对他有利的事实,恰当地讲,这是某人享有的一项权利。只有这种权利,即一个人能够更改、放弃或撤销并因此"拥有"或在其中享有"有限主权"的权利,才是严格意义上的权利。这就是所谓"意志论"或"选择论"。根据意志论,当甲有能力解除乙的义务时,甲就享有权利。可以说,意志论比较注重权利与权力或能力概念的结合,权利人仅因其具有提出或更改其要求的权力,就被认为拥有凌驾于义务人之上的特殊权力。他们所说的权利,主要是自决权、自由权、权力权和豁免权。

上述各学说从不同的角度来界定权利,都有可借鉴之处,但也不可避免地导致了权利问题的简单化。马克思主义认为,权利归根结底是由社会经济关系所决定的,即权利只不过是社会经济关系的一种法律形式。统治阶级利用法律确认人们的某种权利,并赋予它以法律上的保护,其目的是为了维护有利于本阶级的社会关系和社会秩序。总体而言,权利就是在社会中产生并以社会的一定承认为前提的,由其享有者自主享有的权能和利益。

权益是权利和利益的结合。在法律上,权利和利益是两个不同的概念。权利是现行宪法和法律承认和保护的利益,所有的权利都与利益有关,但并非所有的利益都可以成为权利。可以说,任何个人或群体的权益实现都离不开这样的过程:法律赋予主体权利→权利主体积极行使权利→获得法律保护的利益。

1.1.2 文化的含义

关于文化，中外学者、理论家从不同学科、不同层次和不同视角进行过考察，但众说纷纭，国内外至今仍无公认的定义。“文化”一词，在中国出现较早。“文”与“化”联合使用，较早见于战国末年儒生编辑的《易·贲卦·象传》中：“刚柔交错，天文也。文明以止，人文也。观乎天文，以察时变；观乎人文，以化成天下。”西汉以后，“文”与“化”方合成一个整词，如刘向《说苑·指武》：“圣人之治天下也，先文德而后武力。凡武之兴，为不服也。文化不改，然后加诛。”这里的“文化”，或与天造地设的“自然”对举，或与无教化的“质朴”、“野蛮”对举。中国古代的“文化”之义为化人的“文治和教化”，与现代意义的文化并不完全相同。

在西方，“文化”源于拉丁文 Cultura，有耕种、掘垦、居住、动植物培育的意思，这里的文化就与物质方面相关。在德文中，文化（Kultur）的本义指宗教文化，即指精神文化。最早给文化下定义的是人类学的鼻祖、英国文化人类学家 E. B. 泰勒。他在 1871 年出版的著作《原始文化》中对文化做了系统阐述：“文化或文明，就其广泛的民族学意义来说，乃是包括知识、信仰、艺术、道德、法律、习俗和任何人作为一名社会成员而获得的能力和习惯在内的复合整体。”①泰勒的这一定义很长时期被人们奉为经典。但文化人类学中的功能主义学派代表人物 B. 马林诺夫斯基对文化给出了不同的定义。他认为，“文化指那一群传统的器物、货品、技术、思想、习惯以及价值而言，这概念包容着以及调节着一切社会科学”②。这个定义比泰勒的定义多了物质形态的文化成分。

现代人在运用“文化”这一概念时，通常有广义和狭义之分。广义的文化观，着眼于人类与一般动物、人类社会与自然界的本

① 孙凯飞．文化学——现代国富论[M]．北京：经济管理出版社，1997：23．
② 中国大百科全书·社会学[M]．北京：中国大百科全书出版社，1991：409．

质区别，着眼于人类卓立于自然的独特的生存方式，指人类社会历史实践过程中所创造的物质财富和精神财富的总和，即人类改造自然和社会过程中所创造的一切，都属于文化的范畴。从广义的角度来看，文化更接近于“人类文明”的概念。《辞海》中认为：“文化，从广义来说，指人类社会历史实践过程中所创造的物质财富和精神财富的总和。”[①]当代美国社会学家戴维·波普诺也认为，“文化是人类群体或社会的共享成果，这些共享成果不仅仅包括价值观、语言、知识，而且包括物质对象”[②]，并指出文化由三个因素构成：①符号，主要是语言、价值观等；②规范，包括社会习俗、民德、法律、约制等；③物质文化，其实质是技术水平、可开发资源和人类需求的集合体。维基百科对文化的定义为：“文化实际上主要包含器物、制度和观念三个方面，具体包括语言、文字、习俗、思想、国力等，客观地说，文化就是社会价值系统的总和。”[③]由此可见，广义的文化包含了人类创造的一切事物，即物质文化和精神文化的总和。

狭义的文化观认为，文化就是指社会的意识形态，或社会的观念形态。这种文化观最经典的表述者即毛泽东同志，他在《中国文化》创刊号上发表的《新民主主义论》中提出：“一定的文化是一定社会的政治和经济的反映，又给予伟大影响和作用于一定社会的政治和经济；而经济是基础，政治则是经济的集中表现。这是我们对文化和政治、经济关系的基本观点。”[④]由此可见，狭义的文化是指社会的意识形态，即精神财富，如文学、艺术、教育、科学等，同时也包括社会制度和组织机构。在这个层面上，我们可以把文化理解为一个国家或民族的历史、地理、风土人情、传统习俗、生活方式、文学艺术、行为规范、思维方式、价值观念等，它是

---

① 辞海[M]. 缩印本. 上海:上海辞书出版社,1979:1533.

② 戴维·波普诺. 社会学[M]. 10版. 李强,等,译. 北京:中国人民大学出版社,1999:63.

③ 维基百科[OL]. http://zh.wikipedia.org.

④ 毛泽东选集:第2卷[M]. 北京:人民出版社,1991:663.

社会和历史的积淀物。

本书将文化定义为：文化是指人类以精神性为目的，在一段时期内能够得以传承的群体活动。

1.1.3 文化权益的界定

文化权益与经济权益、政治权益一样，是受宪法保障的公民的基本权益。随着社会、政治、经济发展水平的提高，人们提出与之相适应的文化权益要求是很自然的。从世界范围看，1948 年《世界人权宣言》第一次明确地将文化权益纳入人权范畴。联合国于 1966 年 12 月 16 日通过了《经济、社会、文化权利和国际公约》，其文化方面的主要内容为："人人有权参加文化生活，享受科学进步及其应用所产生的利益，对其本人的任何科学、文艺或艺术作品所产生的精神上和物质上的利益，享受被保护之利"，"公约缔约国为充分实现这一权利而采取的步骤应包括为保存、发展和传播科学和文化所必需的步骤"等。中国政府于 1997 年正式签署了《经济、社会、文化权利国际公约》，并于 2001 年获得全国人大常委会的批准。这一重大决定表明了中国政府对公民权利国际标准的认定，表明党和政府不仅注重保障公民的生存权、发展权、政治权，而且开始把公民的文化权利列入保护的范畴。

目前国内学者对公民文化权益的界定大致相同。嵇亚林将公民的文化权利总结为五个方面的内容：享受公共文化服务权、享受文化科技进步权、参与文化生活权、接受教育和培训权、文化创意权。[①] 陈正良、何先光的《"保障人民基本文化权益"论析》中认为，人民基本文化权益包括享受文化成果、参与文化活动、接受教育、信仰自由、文化审美、文化产品创造的自由、知识产权受保

---

① 嵇亚林．公民文化权利与公共文化服务——对构建江苏公共文化服务体系的分析与思考[OL]．文化发展论坛(http://www.ccmedu.com/)，2006－08－31.

护、文化产业创业的自由、文化资财受保护等方面的一系列权益。[①] 任广伟的《关于保障人民基本文化权益的几点思考》将公民基本文化权益的内容概括为:享有受教育的权利,享有参加各种文化活动的权利,享有进行科学研究、文艺创作的权利和自由,享有文化选择和文化交流的权利,以及享有文化成果的权利。[②]

本书将文化权益定义为:公民在文化生活中应当享有的不容侵犯的自由和利益。它包括五个方面的内容:参与文化生活的权益、分享文化发展成果的权益、参与文化活动及文化事务管理的权益、文化创造自由的权益、文化成果得到保障的权益。

1.1.4 城乡一体化的含义

城乡一体化是人类从农业文明转向工业文明、从传统社会转向现代社会的必经之路。世界经济发展的历史表明,城乡一体化是协调第一、第二、第三产业发展,促进城乡融合、提升现代化整体水平的有效途径。[③]

1.1.4.1 城乡一体化的定义

恩格斯在《共产主义原理》中首先提出了"城乡融合"的概念,指出"通过消除旧的分工,进行生产教育、变换工种、共同享受大家创造出来的福利,以及城乡的融合,使全体成员的才能得到全面的发展"[④]。19 世纪 80 年代,西方学者在研究城市科学和工业地理学的资料中使用"一体化"、"城乡融合"来描述工业由大城市向乡村转移的现象。1898 年,英国著名城市学家埃比尼泽·霍华德(Ebenezer Howard)提出了"用城乡一体的新社会结构

---

① 陈正良,何先光."保障人民基本文化权益"论析[J].中国成都市委党校学报,2009(3).

② 任广伟.关于保障人民基本文化权益的几点思考[J].劳动保障世界,2009(9).

③ 李伟.关于城乡一体化问题研究综述[J].经济研究参考,2010(42).

④ 恩格斯.共产主义原理[M]//马克思恩格斯全集:第 4 卷.北京:人民出版社,2008.

形态来取代乡村对立的旧社会结构形态"①,并形象地将其称为"城市—乡村磁铁"。他认为城市与乡村二者的缺点可以通过将二者结合,即建立"城市—乡村磁铁"来克服。在他的思想影响下,1899年英国成立了田园城市和规划协会,田园城市建设运动由此发端,并成为世界性潮流。"城乡一体化"一词逐渐流传开来,并于20世纪成为西方国家社会经济发展的主流。

与西方国家相比,城乡一体化思想传入我国较晚,直到改革开放后,城乡一体化思想才在我国逐渐受到重视,但其含义仍众说纷纭。社会学家从社会学的角度出发,认为城乡一体化是指城乡之间打破壁垒、相互流通,社会生活紧密结合,逐步消除城乡差别,达到城乡相互融合的状态;生态学家从生态环境角度出发,认为城乡一体化是指对城乡生态环境的合理利用、相互结合,促进城乡生态环境的协调发展;经济学家从经济学角度出发,认为城乡一体化是指城乡生产要素合理流动、优化组合,加强城乡经济交流、分工协作,使城乡生产力得到合理、协调的发展。上述对城乡一体化概念的不同界定,从不同角度体现了学者的不同见解,都有可借鉴之处。

本书认为,城乡一体化是城市与乡村两个社会单元在政治、经济、社会、文化和环境等方面的融合、协调发展的过程。进一步可表述为:城乡一体化是指在尊重发展差异的基础上,将城乡作为一个整体统筹规划、综合布局,促进城乡生产发展有机互补、生活水平大体相当、现代文明广泛扩展,使城乡居民共享现代文明生活方式,促进城乡经济社会共同发展的过程。②

1.1.4.2 城乡一体化的目标

城市化是个长期的过程,按照国际通行标准,城市化共分为三个阶段:初期发展阶段(城市化率在30%以下)、中期加速阶段

① 埃比尼泽·霍华德. 明日的田园城市[M]. 金纪元,译. 北京:商务印书馆,2010.

② 吴晓林. 城乡一体化建设的两个误区及其政策建议[J]. 调研世界,2009(9).

（城市化率30% ~70%）、后期成熟阶段（即高级阶段，城市化率在70%以上）。[①] 要达到城乡一体化的目标，需要在城市化的高级阶段，即城市化率达到70%以上，城市多方面功能的承载能力达到高水平时，城乡之间才能达到并体现的平等、和谐的一体化状态。因此，城乡一体化需要长期的探索与实践。我们可以将城乡一体化的目标细分为近期目标和长期目标：城乡一体化的近期目标是通过增加农业投入，发展现代农业，推进新农村建设，改革农村体制机制，增加农民收入，促进农村工业化和城镇化，缩小城乡经济社会发展差距，加快城乡经济融合和一体化步伐；长期目标是按照以工补农、以城带乡的方略，统筹土地利用和城乡规划，统筹城乡产业发展，加大对农村基础设施和农村社会事业等农村基本公共服务的投入力度，多予少取，努力使城乡居民学有所教、劳有所得、病有所医、老有所养、住有所居，建立城乡协调发展的和谐社会。[②]

1.1.4.3　城乡一体化的内涵要求

根据城乡一体化的概念界定，我们将城乡一体化的内涵理解为城乡经济社会发展一体化，具体应该包括四个方面的要求：一是城乡资源高效地综合利用；二是生产要素在城乡之间的自由流动；三是公共资源在城乡之间的均衡配置；四是城乡经济发展与社会发展的融合。

更进一步，我们可以将城乡经济社会发展一体化目标分解为城乡经济发展一体化和城乡社会发展一体化两个方面的核心目标。其中，城乡经济发展一体化的内涵是城市（镇）与乡村在产出效益上趋于一致，重点是促进城乡经济要素（包括组织、资源、市场、劳动力、技术、信息等）的多维传播和融合。其实现途径包括：加快城乡经济发展、完善城乡经济结构、增加城乡经济联系和优

---

① 杨波．试论城市化进程的三个阶段［J］．科技情报开发与经济，2006(8)．

② “城乡一体化与财税政策研究”课题组．城乡一体化建设及其财税政策研究［J］．农村财政与财务，2010(2)．

化城乡经济布局四个方面。城乡社会发展一体化的内涵则是城市(镇)与乡村居民生活质量趋于一致,重点是城乡居民具有同等的生活待遇和发展机会。实现途径主要包括:加快城乡社会建设、促进城乡公平发展、均衡配置城乡公共资源、统筹协调经济发展与社会发展等几个方面。①

1.2 理论界关于农民文化权益保障的探讨

国内对于公共文化管理和文化产业的研究还处于起步阶段,对于农村文化建设和农民文化权益的研究更是非常缺乏。已有的研究成果主要集中在以下几个方面:

1.2.1 关于农民文化权益重要性的研究

1998 年 11 月 26 日,文化部发布了《文化部关于进一步加强农村文化建设的意见》,指出:"搞好农村文化建设,发展农村文化事业,对于丰富农民的文化生活,提高农民的思想道德素质和科学文化素质,对于促进农村经济发展和社会全面进步,具有重要的作用。"2005 年 11 月 7 日,中共中央办公厅、国务院办公厅联合发布《关于进一步加强农村文化建设的意见》,进一步强调加强农村文化建设的重要性和紧迫性。2006 年,《中华人民共和国国民经济和社会发展第十一个五年规划纲要》中,规划了公共文化建设重点工程。2007 年 10 月,胡锦涛总书记在党的十七大报告中提出:"要坚持社会主义先进文化前进方向,兴起社会主义文化建设新高潮,激发全民族文化创造活力,提高国家文化软实力,使人

① 赵群毅. 城乡关系的战略转型与新时期城乡一体化规划探讨[J]. 区域与城市经济,2010(4).

民基本文化权益得到更好保障。"[①]2009 年 4 月,国务院新闻办公室发布了《国家人权行动计划(2009—2010 年)》,将保障公民基本文化权益纳入人权范畴。

国内学者对农民文化权益重要性的研究,观点较为集中。代表性观点有:保障人民基本文化权益,是体现以人为本的执政理念、贯彻落实科学发展观的客观要求和提高国民整体素质、推进社会全面现代化建设的需要,是社会主义的本质要求。[②] 徐海东认为,文化权是发展权中最为重要的一项。保障农民文化权益,是解决农民弱势群体地位问题,增加农民收入、促进农村经济增长,保护农村传统文化的必要途径。[③] 程瑓、董河清认为,加强文化建设有利于在农村形成良好社会风气,提高农民素质,满足农民精神文化需求,促进农村经济发展和社会进步。[④] 郑容从政治和经济的角度论述了保障农民文化权益的重要性。[⑤] 还有学者从建设法治国家的角度对保障农民权益重要性做了论述。

1.2.2 对农民文化权益现状的研究

目前学术界对农民文化权益现状的研究较为零散,较为集中的文献有伍贤锋的硕士论文《社会主义新农村建设中的农民权益保护问题研究》和李海玲的硕士论文《城市农民工文化权益保障研究》。国务院发展研究中心课题组在对全国 2 749 个村庄的调

---

① 胡锦涛. 高举中国特色社会主义伟大旗帜 为夺取全面建设小康社会新胜利而奋斗——在中国共产党第十七次全国代表大会上的报告[OL]. 新华网(http://news.xinhuanet.com/),2007-10-24.

② 陈正良,何先光."保障人民基本文化权益"论析[J]. 中共成都市委党校学报,2009(3).

③ 徐海东. 农民文化权益保护中三大悖论之破解[J]. 中国农业教育,2006(1).

④ 程瑓,董河清. 社会主义新农村建设要突出文化建设[J]. 中国党政干部论坛,2007(11).

⑤ 郑容. 试论我国农民权益保护问题[J]. 社会科学家,2005(5).

查中,包含了对农村公共文化设施和农村文化活动的基本情况调查。[①] 其他多散见于一些地方性调研报告和新闻报道,如陆子修等的《维护农民文化权益 促进农村全面进步——安徽省粮食主产区乡村文化建设研究报告》、阳华兵的《四川省新农村文化建设实地研究》、杨波的《实施文化惠民工程 保障人民文化权益》、浙江百村农民文化生活调查课题组的《浙江百村农民文化生活调查》、王国敏等的《成都新农村文化建设的经验与建议》、张洁敏的《深圳:完善公共文化服务体系 保障农民工文化权益》、肖剑忠的《杭州农民文化权益保障之路》、《经济日报》2009 年 3 月 17 日报道《加强农村文化建设 维护农民群众文化权益》、《人民日报》2008 年 3 月 4 日报道《加强公共文化服务建设 保障人民基本文化权益》等,对农民文化权益现状做了一定程度的描述。

1.2.3 对农民文化权益保障中存在问题及原因的研究

关于农民文化权益保障中存在的问题,学术界认为农民文化权益保障严重不足。王旭宽认为,农村文化建设严重滞后,与农民群众的精神文化需求还存在很大差距。[②] 王维认为,农村文化建设存在农民主体地位缺失,文化投入严重不足,农村教育落后、文化生活单调且缺乏特色,农村文化资源开发利用不够,文化体制不顺、机制不活,城乡文化发展差距较大等问题。[③] 沈跃春认为,农村文化建设面临文化设施建设滞后,文化机构和文化队伍不健全,精神文化生活匮乏等问题。[④]

关于农民文化权益保障中缺失的原因,国内学者从不同角度

---

① 国务院发展研究中心课题组 . 2 749 个村庄调查[J]. 农业经济导刊,2008(3):17 -29.

② 王旭宽 . 社会主义新农村视域中的农村文化建设[J]. 湖南行政学院学报,2005(4):56.

③ 王维 . 新农村背景下农村文化建设研究[D]. 重庆:西南大学学位论文,2009(5):23 -31.

④ 沈跃春 . 促进新农村文化建设,切实保障农民文化权益[J]. 人权,2009(5).

进行了研究。归纳起来，主要有以下几方面原因：一是政府投入不到位，各级政府对文化建设经费投入不足。如王维①、谢晶莹②、苏红③等提出，政府对农村公共文化建设的有效投入不足，是农民文化权益保障缺失的重要原因；葛继红等提出，农村公共文化失衡的主要原因是供给不足。④ 二是经济基础不到位。如龙应台认为，农民在基本温饱、工作安全还没有保障的情况下，谈文化权是奢侈的。徐海东在《农民文化权益保护中三大悖论之破解》一文中指出，农村文化建设受农村经济条件的制约，在短期内很难有大的改观。三是思想认识不到位。如王维在《新农村背景下农村文化建设研究》一文中、苏红等在《农村公共文化建设的问题与措施》一文中均指出地方政府对农村文化建设的重要性认识不足，重视不够。四是教育发展不到位。如周兢认为城乡教育资源分配差异大，农村教育投入少，农民文化教育底子薄、继续教育困难。⑤ 李鸣等指出在农村出现了一种新的“读书无用论”，导致未来新一代农民继续缺乏文化素养。⑥ 五是文化管理体制不到位。如王维、谢晶莹、苏红等认为农村文化体制不顺、机制不活；李少惠认为，农村公共文化服务缺少内生机制的培育。⑦

1.2.4 对农民文化权益保障对策的研究

目前学术界从不同角度提出了农民文化权益保障的对策，代

① 王维．新农村背景下农村文化建设研究[D]．重庆：西南大学学位论文，2009(5)：23－31.

② 谢晶莹．发展公益性文化事业：保障公民文化权益的有效途径[J]．中共福州市委党校学报，2009(1).

③ 苏红，张宏程．农村公共文化建设的问题与措施[J]．求索，2009(11).

④ 葛继红，王玉霞．当前农村公共文化建设研究——基于加强政府供给角度[J]．生产力研究，2009(4).

⑤ 周兢．农民的文化教育权益缺失及其保障问题探析[J]．晋阳学刊，2005(2).

⑥ 李鸣，何春．论新农村文化建设的意义、现状及途径[J]．甘肃农业，2006(8).

⑦ 李少惠．论我国农村公共文化服务内生机制的构建[J]．经济体制改革，2007(5).

表性观点有:沈跃春在《促进新农村文化建设,切实保障农民文化权益》中提出了推进农村文化建设的三项措施:一是加快文化服务体系建设,维护和保障农民的基本文化权益;二是推动农村文化体制改革和机制创新;三是建立稳定的农村文化投入保障机制。苏红等在《农村公共文化建设的问题与措施》中提出应加强农村公共文化服务主体建设,加快实施农村公共文化重点服务工程,完善农村公共文化服务体制和机制。于江等提出新农村文化建设的路径:树立新农村文化与城市文化和谐共生理念,提高农民思想道德素质和科学文化素质,从中国优秀传统文化中汲取营养,开展形式多样的文化活动,加大非政府组织在农村文化建设中的作用。① 葛继红等在《当前农村公共文化建设研究——基于加强政府供给角度》中提出应加强政府制度供给和财政投入。徐学庆提出应建立健全农村文化建设与经济建设、与政治建设、与和谐社会建设、与党的建设以及与城市文化建设等的互动机制。②

1.3 农民文化权益的理论内涵

1.3.1 农民文化权益的含义

虽然迄今为止还没有人对农民文化权益单独下一个确切的定义,但农民作为公民的一部分,应当享有与所有公民同样的文化权益。因此,我们可以将农民文化权益的内涵界定为:农民在社会文化生活中应当享有的不容侵犯的自由和利益。从宏观层面上讲,主要包括农民接受教育、掌握科学文化知识、确立价值观、获得审美愉悦等权益;从微观层面上讲,主要包括农民参与各

① 于江,张君,钟玉海. 新农村建设背景下的农村文化建设[J]. 武汉工程大学学报,2010(4).

② 徐学庆. 建立健全新农村文化建设的内外互动机制[J]. 河南社会科学,2008(7).

种文化活动、进行文化交流、享受文化成果等日常文化生活权益。

根据农民文化权益的定义，我们可以将农民文化权益界定为以下范畴：

1.3.1.1 农民公共文化服务权益

它是指农民享有政府提供的公共文化设施及公共文化服务，享有文化成果及科技进步的权益，享有受教育和各类培训的权益，以及享有进行文化创意的权利和自由。

公共服务(Public Service)，作为公共物品的一种非物质形态，是一种具有效用的不可分割性、消费的非竞争性和受益的非排他性的社会服务。它的具体表现形式可以是一定的信息，也可以是专门的技术或劳务。这种服务一般对公众或社会的发展有利，但具有一定的外部性，使得其提供的社会收益大于私人收益。

农村公共文化服务指的是一种向全体农民群众共同提供的在消费上不具竞争性、受益上不具排他性的农村文化服务。农村公共文化服务主要包括三个方面的内容：一是提供公共文化服务设施，满足农村社会基本公共文化需求，如政府为农民兴办图书馆、文化馆(站)、博物馆、纪念馆、体育(场)馆、电影院、文化活动场所、电视、通信、互联网、光纤等公共文化服务设施。二是面向农民群众提供公共文化产品和服务行为。它包括政府为农民提供的各类文化艺术培训、科学技术指导、信息服务及各种“送文化下乡”活动。如当前各地政府组织的“广播电视‘村村通’工程”、“农村电影数字化放映工程”及“‘农家书屋’工程”等农村文化工程，以及政府为农民提供受教育、培训的机会和条件等。三是围绕政府、社会、农民三方建立相关制度与系统。如建立农村公共文化服务的领导管理机制、服务运行机制、内外互动机制、动力激发机制、监督约束机制、群众参与机制及考评奖惩机制等。

1.3.1.2 农民文化生活权益

它是指农民享有参加各种文化活动的权益。前者主要包括政府和社会通过开展各种各样不同层次的文化活动，在发扬优秀传统文化的同时，倡导先进文化，树立乡风文明，并为农民提供参与文化活动的条件与氛围，满足农民的文化需求。

文化生活权益是文化权益的组成部分，是由文化权利中的“参加文化生活权”这一权利转化而来的。参加文化生活的权利是人的文化权利的基本内容之一，而文化生活权益，指的就是人们在参加文化生活过程中所享有的权利和利益。农民文化生活权益这一概念的核心是文化生活权益。因此，要理解农民文化生活权益这个概念，首先要弄清楚什么是文化生活。

1.3.1.3 文化生活的含义及其分类

文化生活是人们社会生活的重要方面，与政治生活、经济生活和法律生活等方面共同组成了人们社会生活的最主要的领域，并且对政治生活、经济生活和法律生活产生重要影响。[①] 目前，世界各国对文化生活的具体内涵并未形成统一认识，对其具体内容也有着不同的认识。

广义上的文化生活包括物质文化生活和精神文化生活两方面内容，而狭义的文化生活一般是指精神文化生活方面。文化生活所包括的内容十分广泛，人们在社会生活当中所涉及的各种文化活动及文化表现形式均可纳入文化生活的范畴。有研究者认为，“文化生活是指人们在社会生活中对精神文化的占有度或自由度”[②]。

本书认为，文化生活是人们生活的一种重要内容和方式，是人们在生活中创造、分配、占有、消费精神文化产品及精神文化成果等各种活动的总和。如无特殊说明，本书中所谓文化生活均指精神文化生活。

文化活动是一个与文化生活密切相关的概念。文化活动是指人们组织、参与的各种与文化相关的活动。组织、参与文化活动是人们文化生活的重要内容。而文化生活的概念范畴更大一

---

① 李滇．论文化权利[D]．长春：吉林大学学位论文，2007.

② 戴诗妍．广西少数民族地区农民文化生活满意度研究——以上林县为例[D]．南宁：广西民族大学学位论文，2009.

些，还包括观念、习惯、风俗、制度等其他方面的内容。

唱歌跳舞、读书看报、看电视电影、参观游览、体育健身、节日庆祝……这些都是农民文化生活内容的组成部分。为研究方便，本书将“文化生活”作如下分类：

(1)以文化生活的内容及其反映的时代特征为标准，可将我国农民的文化生活大致分为传统文化生活和现代文化生活。

①传统文化生活。传统文化生活主要是以传统民俗文化为主要内容的文化生活方式。民俗是“广大民众共同创造、传承和享用的生活文化”①，是在普通人民群众(相对于官方)的生产生活过程中所形成的一系列物质的、精神的文化现象。我国历史悠久，传统民俗文化源远流长，而农村是我国传统民俗文化保存和流传的主要地区。传统民俗文化生活主要包括传统节日和庙会、祭祀、婚丧嫁娶、传统民间艺术等。

②现代文化生活。广义上的现代文化生活应该包括农民的一切文化生活内容，如娱乐休闲文化、生态文化、法制文化、政治文化、生育文化等多方面内容。而狭义上现代意义上的文化生活，指的是以文娱休闲活动为主要内容的文化生活方式。本研究所谓现代文化生活，指的均是现代娱乐休闲文化生活。休闲是指生产者在劳动过程、活动过程中生理、心理的间歇，以达到恢复体力和心理平衡的一种手段。农民在农业生产之余也有“农闲”。在“农闲”和日常空闲期间，适当的文娱活动，不仅有利于农民缓解疲劳、愉悦身心，还能寓教于乐，陶冶情操，充实农民业余生活，填补因缺乏文化娱乐造成的精神空虚。

(2)以文化生活参与场所和参与群体的不同，农民的文化生活也可以据此分为公共文化生活和“私性”文化生活。

①公共文化生活。公共文化生活指的是超出家庭以上的单位(如村庄、社区、政府或民间组织)组织的具有公共性的文化活

---

① 李文．试论民族文化与构建和谐社会的关系——以温州民俗为例[D]．温州：温州大学学位论文，2007.

动,如庙会、歌舞会、民俗表演等活动。一般而言,公共文化是指由政府主导、社会参与形成的普及文化知识、传播先进文化、提供精神食粮,满足人民群众文化需求,保障人民群众基本文化权益的各种公益性文化机构和服务的总和。其中,由政府倡导和推行的文化形式我们可以称其为"官办文化"。而由社会组织、民间团体或个人所兴办的群体文化形式我们可以称其为"民办文化"。官办文化和民办文化是公共文化的两种主要形式。官办文化具有较强的意识形态性、学术性,政治地位较高,但所受限制较多。国家相关部门开展的"三下乡"活动(文化下乡、科技下乡、卫生下乡)中的文化下乡,就是官办文化的典型。民办文化则具有较强的自由性,形式丰富多彩。民间组织的各种文化活动,如高跷、灯会、赛歌等,是民办文化的重要载体。无论官办还是民办的公共文化,都具有群体性、开放性的特点。官办与民办的区别主要是文化资源的供给主体不同。区分农民的文化生活是"官办"还是"民办",其意义在于通过对比两种文化形式,找出两者的内在联系,弄清官办文化与民办文化的正确关系,从而为本书进行深入研究打下基础。

②"私性"文化生活。有研究者把与公共文化相对应的文化称为"私性"文化。[①] "私性"文化生活的文化资源主体为个人或家庭,其文化活动场所一般限于家庭内,是个人或家庭为了满足自身的文化需求而进行自我供给的文化生活方式。如在家中上网、看电视等。"私性"文化生活一般具有个体性、封闭性等特点。

1.3.2　农民文化权益的表现形式

根据农民文化权益的内涵,我们将其表现形式分为两个方面来认识:

---

① 吴理财,李世敏. 农村公共文化的陷落与重构[J]. 中共浙江省委党校学报,2009(3):94-98.

1.3.2.1　农民公共文化服务权益的表现形式

根据公共文化服务权益的基本内涵,其主要表现形式可以归纳为以下五个方面:

(1)农民有权享有政府提供的公共文化设施。政府为农民提供广播、光纤、卫星、网络等技术设备,为农民群众观看电影、收看电视、收听广播、上网提供基础条件,使农民群众在丰富文化生活的同时,能够获取知识和信息,提高文化素质。广播、电视是农民群众现阶段日常文化生活中最重要的组成部分,有的地方还为农民建立了图书馆、文化(站)馆、体育(场)馆、博物馆、纪念馆等公共文化设施。

(2)农民有权享有各种文化产品和政府提供的公共文化服务。如政府为农民提供的各类文化艺术培训、科学技术指导、信息服务及各种“送文化下乡”活动,使农民群众增长法律、文化和科学知识,提高政策水平、文化水平和艺术欣赏水平,接受更多的信息以适应社会发展,同时享受科技成果带来的好处,为农民增收、提高物质文化生活水平创造条件。

(3)农民享有文化艺术创造的权利。文化艺术创造权,是指农民有权通过个人或集体智慧,创作出文学作品和文艺作品,借以表达思想感情的权利。文化艺术创造是一种高级的文化生活方式,也是农村农民文化生活的一项重要内容。文化艺术创造的形式有文学作品(如小说、诗歌、散文等)和艺术作品(如相声、小品、歌舞等)等形式。确切地说,文化艺术创造权实际上也是一种文化生活自由选择权。其作者通过文学和艺术的形式,来表达个人的思想感情和价值观,实际上是选择了自己的文化生活方式和文化生活价值取向。

(4)农民享有文化成果拥有权。它是指农民对在参与文化生活过程中所产生的文化成果享有所有权。如文学文艺作品、文艺与体育比赛的荣誉、发明创造和专利等。农民个人或集体作为文化成果的所有者,有权对该文化成果进行自由处置。

(5)农民享有文化利益的分享权。文化利益是指农民在参与文化生活过程中的利益。文化利益包括两方面内容:一是指物质利益,包括政府、公共事业组织等为改善农民文化生活而进行的文化投资和文化供给所形成的物质利益以及农民在参与文化生活当中所产生的物质利益,前者如"文化下乡"给全国各地区农村带来了文化利益;后者如专利收益、演出收益等。二是指精神利益,是农民参与文化生活过程中在身心发展方面获得的好处。如知识增加、精神愉悦、身体健康、审美享受等。前者是有形的,后者是无形的。农民有权分享因参与文化生活而产生的物质利益和精神利益。

1.3.2.2 农民文化生活权益的表现形式

根据农民文化生活权益的内涵,本研究认为,农民的文化生活权益表现为以下形式:

(1)文化生活的自由选择权。这项权利的核心是参加文化生活的自由。国家应该尊重个体所宣称并且发展其所选择的文化生活价值取向和文化生活方式的自由。[①] 对于农民而言,国家应该尊重他们对文化价值的不同看法和表达方式,以及选择不同的文化生活方式。例如,以国家实施的"三下乡"工程为例,文化下乡包括送电影下乡、送戏曲下乡等,农民有权表达和选择自己喜欢的节目,有权选择接受或者不接受,任何人不能干涉。

(2)文化生活的平等参与权。文化生活的平等参与权,指的是任何人,不论男女老少,都有权平等地参与由政府提供的各种公共文化活动的权益,如去文化站(室)参与娱乐活动、参加乡(村)里组织举办的文化活动等。这是从参加文化生活的主体的角度而言的。同时,尤其应该指出的是,所有弱势群体,如老人、儿童、妇女以及残疾人等,均享有参与文化生活的权利。在农村尤其是一些经济落后地区,由于各方面原因,有些地区妇女、儿童等弱势群体的文化生活参与权被忽视甚至被践踏,违背了文化生活平等参与权的要求。针对这个问题,有研究者提出了公共文化

① 李滇. 论文化权利[D]. 长春:吉林大学学位论文,2007.

服务供给的均等化的概念。如蔡辉明认为,“公共文化服务供给均等化”是指“基于公平原则和社会文化平均水平的前提下,在一个地区内,政府尽可能地满足公民在公共服务领域的基本文化需求,并向公民提供大体上均等的公共文化产品和服务”①。

1.3.3 农民文化权益的基本特征

进一步研究农民文化权益的性质和特点可以发现,农民文化权益具有公益性、大众性、地域性、多样性、任务的艰巨性和工作的长期性等基本特征。

1.3.3.1 公益性

文化的本质就是公益性,文化权益是人人应该自由享有的权利。文化权益的不平等、文化权益的缺失,涉及文化公平、文化正义问题。② 正义的要义是公平,正义的论域则大于公平。社会正义就是指人与人之间、人与社会之间关系的均衡合理状态,或者社会用以分配社会成员和其他社会主体的权利与义务,调节各种利益关系所恪守的规范尺度。公平是对人们之间的社会关系的度量,公正是理念化、理想化了的公平,而公平则是现实化、具体化了的公正。③

中国古代思想家荀况提出了“义”的主张来协调这种社会合作中的利益冲突,只要人人秉“义”而行,明人己之分,就能进行有效的合作,整个社会也会处于和谐有序的状态之中。④ 古希腊思想家柏拉图认为正义问题追求等级制度与秩序的理想化,强调正义是人的社会地位及其相互关系。亚里士多德从更广泛的角度

---

① 蔡辉明. 新农村公共文化服务供给均等化的制度设计[J]. 老区建设,2008(10):47-50.

② 李海玲. 城市农民工文化权益保障研究[D]. 苏州:苏州大学学位论文,2009:14.

③ 何怀宏. 公平的正义[M]. 济南:山东人民出版社,2002:89.

④ 朱大锋. 论先秦儒家、法家的义利观及其现代价值[J]. 重庆交通大学学报,2008(5).

探讨了社会和正义[1]，认为人类的一切活动都是以追求共同善为目的的，并着重探讨了政治正义和法律正义的问题。

以洛克《政府论》为代表，近代社会契约论从社会发生的角度探讨正义问题的起源和内涵。近代社会契约论将人类生活分成自然状态和社会状态。在自然状态中，没有秩序，没有公共权力，没有判断是非的共同标准，因而也不存在正义问题。当理性发现了自然法并据以订立契约时，人就设计了自己的生存秩序，从而也创立了社会制度，自然状态也就过渡到了社会状态。伴随着契约的订立、法律的颁布、公共权力的创立，人生活在一定的关系与秩序之中，与此相应，也就产生了对于社会关系和人的行为正义与否的评价。洛克认为在社会状态中，为了保障每个人的平等权利以及社会秩序的稳定，需要一个有实力的作为公断人的权威机构，这就是政府或国家权力。[2]

罗尔斯提出了两个正义原则：①每一个人对于一种平等的基本自由体系相容的类似自由之完全适当体制（Scheme）都拥有相同的不可剥夺的权利，而这种体制与适于所有人的同样的自由体制是相容的（自由原则）。②社会和经济的不平等应满足两个条件：第一，它们所从属的公职和职位应该在公平的机会平等的条件下对所有人开放（机会的公正平等原则）；第二，它们应该有利于社会之最不利成员的最大利益（差别原则）。[3] 他认为第一原则优先于第二原则，第二原则的公平机会又优先于差别原则，只有在充分满足了前一原则的情况下才能考虑后一原则。罗尔斯对公平的认识突出了机会公平的重要性。正义总是意味着某种平等，设计一种正义的社会制度就是要使其最大限度地实现平等。但他同时肯定了“差别”及其条件。他对社会及其财富分配的不平等提出了两个主要的限制条件，即机会的平等，以及社会及其

---

① 王淑芹．柏拉图与亚里士多德正义观之辨析[J]．哲学动态，2008(10)．

② 洛克．政府论[M]．瞿菊农，叶启芳，译．北京：商务印书馆，1964：39.

③ 周少来．人性、政治与制度[M]．北京：中国社会科学出版社，2004：192.

财富分配的不平等要符合每一个人的利益。①

庇古的公平分配理论从经济学角度研究了公平问题。他认为福利是人们对满足的一种评价。如果分配的结果增加了社会的经济福利,则这种分配就是公平的,否则就是不公平的。②

农村文化产品具有很强的公益性质,其原因如下:

首先,农村文化产品消费主要是以与文化事业相关的公共文化产品消费为主,而不是以与文化产业相关的私人文化消费为主。③ 因为在二元城乡体制下,城乡经济差别显著,农民生活水平普遍较低,对于大部分的私人文化产品消费水平较低,甚至为零。加之,大量有劳动能力的青壮年进城务工或继续深造等,使得农村出现了严重的空壳化现象,主要剩下老人、妇女和儿童,因而,即便是在物质条件允许的情况下,留守农民也较少做出对私人文化产品的选择。

其次,农村公共文化产品的属性为纯(准)公共文化产品。因为农村公共文化产品的消费具有非排他性特点,在一定范围内,个体消费文化产品时,如看电影电视、听广播、去图书馆,并不影响他人消费。而且,农村公共文化产品消费具有正外部性。一个个体消费者通过消费农村公共文化产品来自娱自乐,获得精神愉悦,随之而产生平和心情、充实知识、更高素质,有利于和谐生活环境、良好文化氛围、淳朴民风的产生,有利于乡风文明的建设。而这些纯(准)公共产品若由市场提供,必然存在着消费者"搭便车"的"市场失灵"问题,致使其供给不足。④ 农村公共文化产品

---

① 张燕,于博. 从罗尔斯《正义论》分析如何缩小贫富差距[J]. 石家庄经济学院学报,2007(3).

② 纳哈德·埃斯兰贝格. 庇古的《福利经济学》及其影响[J]. 何玉长,汪晨,译. 上海财经大学学报,2008(5).

③ 葛继红,王玉霞. 当前农村公共文化建设研究——基于加强政府供给角度[J]. 生产力研究,2009(4).

④ 葛继红,王玉霞. 当前农村公共文化建设研究——基于加强政府供给角度[J]. 生产力研究,2009(4).

的公共属性决定了农民文化权益保障主要应该由政府提供。

1.3.3.2 大众性

农村文化的主体是共同劳动和生活的乡村农民，具有主动性和自发性。由于广大农民的科学文化素质整体水平不高，因而农民群众对文化形式和内容的接受，会有一个较长时间的理解、消化、认同的过程。而且由于农民单纯朴实的小农意识，一旦接受某种思想、文化，就会积极参与并融入自己的生活中。[①] 加之农村经济发展落后，农民文化水平有限，农民对文化信息和内容的接受和反馈只能与其自身的文化水平相适应，也就是说与当地农村社会经济基础相适应。复杂深奥的文化难以让农民理解接受，而简单易懂、大众化的文化形式则易于被农民接受。因此，农村文化具有明显的大众性。

新时期农村文化是中国特色社会主义文化的重要组成部分，农村文化更表现出民族性、科学性、大众性特色。原因在于农村文化植根于人民群众之中，有着深厚的群众基础。新农村文化的兴起、发展和繁荣，本身缘于众多的农民群众，缘于农村广袤的生存环境而造成的普遍认同的农民心态，缘于农村文化得以生根和成长的众多民众的追求和愿望。可见，群众性、大众性是新农村文化的重要特征。

尽管农村文化的大众性早已存在，但在新中国成立前，广大农民连温饱问题都解决不了，自然不会有多少闲情逸致从事文化娱乐活动，因而那时大众文化的大众性是极其有限的。改革开放以来，农村发生了翻天覆地的变化，农民的物质文化水平显著提高，农村文化的大众性真正得到了充分体现。农村文化的消费主体由具有一定密集度的、能够形成一定的群体性力量和潮流的农民大众所构成。新农村文化大众性的形成，最重要的因素在于广大农民对这种特殊文化形态认同、交流、使用以及由此带来的精

---

① 于江，张君，钟玉海. 新农村建设背景下的农村文化建设[J]. 武汉工程大学学报，2010(4).

神或利益的既得实惠,而“大众性”一旦形成,就有了不同于它的每个个体的特性。由不同的个体所组成的大众,其思想意识一旦形成群体性的意识,便会相互影响,相互感染,相互传播观念、感受和欲望,从而在一定程度上形成大家都可以相互认同的共同心理和群体欲求。如农民中普遍存在的攀比心理。这种心理无论是在物质上还是在精神上都很典型。从文化消费来看,缘于共同的生活空间、文化传统和生活习俗,富裕之后,农民的攀比由物质领域转向文化领域,尤其是中青年农民,他们在文化消费上很容易产生“斗富”之类的情绪。文化是物质生活的折射,文化消费在一定程度上体现和反映着经济生活水平,这就自然形成了一定的消费潮流或趋势,形成从众或赶时髦的心理意识和现实行为。正是这种群体心理、欲求、从众以及行为的存在,才能形成满足这类心境和行为的文化,即大众性或大众的文化。

新农村文化的大众性是农民生活方式和心理结构、行为方式的集中反映。从本质上说,文化的大众性,尤其是文化的大众化,是农村生活城市化、现代化对农民人格、人性进行现代重组的文化反映,是农村生活城市化、现代化的产物。从中国农村情况看,这种产物是现代西方工业文明和中国传统文明的交织与融汇、是城市文化与乡村文化的历史结合在当代的现实反映。从特点上看,新农村文化的大众性不仅仅是一种参与人数的大众化、普遍化,而且更是一种消费型、娱乐型以及有着一定商业性的文化。因此,娱乐、流行、大众、通俗、形象以及生活化构成了新农村文化的大众性的基本存在方式。

首先,新农村文化具有较强的娱乐性。娱乐是文化的大众性的基本前提和鲜明特点。作为广大农民参与的文化形态,它的大众性基础、目的和基本指向,就是要赢得多数农民的喜爱,贴近农村现实生活,反映农民的喜怒哀乐,体现农民的所思所为,适应农民的欣赏水平和文化层次,以达到让农民高兴满意的基本目的。同时,也要起到解除农民心理压抑、苦闷情绪的作用。因此,新农村文化中轻松活泼、精神内涵平和、浅显易懂的内容和形式最容易被农民接受，最受农民欢迎。当然，农村文化的大众性所具有的民主、平等、通俗、大众的内容，更多的在于它的娱乐性和参与性，但普遍创造性差、艺术水准较低，虽能给人提供一定程度的精神快感、放松和享受，但难以让人在思想认识上产生震撼，一般不会有太高的艺术品位和精神层次。①

其次，新农村文化具有较强的流行性。一是从空间上看范围较为广泛、普遍，流行的区域较多，影响面较大，接受对象的层次多、人数多；二是从时间上看影响较为集中，有很强的时效性，或者说它可以在较短的时间内迅速传播和普及，传播内容的侧重点、着重点在某一时期内也会有所不同，往往会在较短的时间内形成时尚性的文化浪潮。与流行性相伴随的是它的时效性。流行本身就是一个动态的概念，它意味着某种东西总是处于不断的运动、变化和发展的过程中。农村文化的时效性与高雅文化、传统文化的时效性有明显的区别。一般来说，能称得上高雅文化的文化种类或文化形态，大多能经得起时间和历史的考验，具有长效性，形成传统文化，是经过了历史淘汰和选择后形成的文化精粹，是人类文化的精华。②

最后，新农村文化具有直观性和形象化的特点。这也是区别于高雅文化的一个显著特征。就文化来说，形象与直观，往往是相对于抽象和高雅而言的。从文化的追求来看，往往是追求内容与形式尽可能的和谐与统一，无论是大众的、通俗的文化，还是高水准的、高品位的文化，这种统一都是它们共同追求的目标。我们常说，形式总是蕴含着深刻的内容，形式总是在不断调整中尽可能完美地、恰到好处地体现和表达有一定目的指向的内容。内容与形式的这种结合就是我们通常所说的艺术形象。艺术形象

---

① 徐学庆．社会主义新农村文化建设研究[D]．武汉：华中师范大学学位论文，2007：40.

② 徐学庆．社会主义新农村文化建设研究[D]．武汉：华中师范大学学位论文，2007：40.

中总是蕴含着、体现着丰富的意蕴。那些能让人反复品味,并能从中发掘出新的含义、新的魅力的,就是我们所说的高雅文化;而那些形象并不能直接或者说根本就不能表达内容,或是在形象的外观下缺乏深长的意蕴,难以找到启迪人们智慧的思想,体味不到心灵的震撼的文化,往往就是大众性的文化。可见,形象化是大众性的典型标识。失去了形象化,也就失去了大众性。农村文化正是以其形象化、直观化、生活化、贴近乡村风情、反映农民心声的特点,才赢得了广大农民的喜爱,使农民做到想参与、能参与、会参与,参与了能愉快,参与了能有所提高。①

因此,在农村文化建设的过程中,应当为农民提供大众化的文化形式和文化内容,以满足农民的精神文化需求。

1.3.3.3 地域性

与城市文化相比,农村文化具有明显的地域性。农村文化的地域性是其在空间分布上所显示的特征。这样特征也可以叫做文化的地理特征或文化的乡土特征。因为这个特征是在文化的地域环境中形成并显示出来的。俗话说的"十里不同风,百里不同俗",正是对这种地域性特征的很好说明。

我国地域辽阔、地形复杂、人口众多、民族众多,自然条件千差万别,经济和科学文化发展很不平衡,区域性文化历史传统各具特色,形成了中原文化、三晋文化、巴蜀文化、荆楚文化、湖湘文化、齐鲁文化、燕赵文化、岭南文化等大地域文化圈间的差异。尤其是广大农村,山水阻隔,交通、通信不便,经济文化相对落后,居住分散,受传统文化影响较深,而我国传统文化又具有明显的封闭性,因而农村文化的地域性特征更加明显。农村文化的地域性是由包括自然、社会、历史心理等方面的地域性差异造成的。②

---

① 徐学庆．社会主义新农村文化建设研究[D]．武汉:华中师范大学学位论文,2007:41.

② 徐学庆．社会主义新农村文化建设研究[D]．武汉:华中师范大学学位论文,2007:32.

第一,自然差异。这主要是指由于自然地理环境、语言或方言、不同民族等差异造成的不同的地域文化。自然环境的差异对文化总要产生不同程度的影响,是文化按地域空间组合的自然基础。我国地域辽阔、地形复杂、海域广大、气候类型多种多样,资源分布极不平衡,地理环境差异巨大,导致人们开发利用自然资源的文化活动的产生、发展、传授、结果、形式都包含着地域上的不同的烙印。生活在不同自然环境中的人们的性格、气质、感情、观念、习俗、生活方式、行为方式等都不可避免地受到各自所处自然环境的包围、陶冶和影响,并深深地打上环境的烙印。在环境的熏陶下,生活在某一地域的人们形成了较为一致的心理倾向和生活态度,恰好就是地域文化内容的一部分。例如山西省,得黄土高原之利,享太行山林泽被,受黄河、汾河滋润,民风淳朴敦厚,民性乐观豪放,千百年来形成了灿烂的戏曲文化。全省 50 多个大小剧种,披荫三晋大地,流布冀蒙陕豫。“山乡庙会梆子腔整日不息;村镇戏场流水板至晚犹敲”这副对联,生动地描绘了山西农村文化的地域性特征。

不同民族的存在是自然差异的又一内容。我国是一个统一的多民族国家,虽然在长期的历史发展进程中,各民族相互间有着密切的联系和文化交往,形成了不可分割的血肉联系,结合为伟大的中华民族,但是各民族又有很不相同的文化,突出表现在语言、宗教、艺术、习俗的不同上。由于我国各民族经济文化发展水平不同,加上少数民族小聚居、大杂居的居住状况,因而各民族文化的特性,很自然地通过不同的地域鲜明地展现出来。自然的差异性很难改变,并一代代延续下来,至今还在相当大的程度上保留着。

第二,社会差异。这主要指在生产方式、经济结构和人口分布等方面的差异造成的地域文化不同。由于各地的自然条件不同,因而各地生产力布局也不可能一致;由于今日之生产力布局是在原有生产力分布的基础上进行的,因而免不了带有历史的继承性。因此,地区间经济发展的不平衡性,使得各地域间必然存在生产方式的先进与落后之分。生产方式的差异决定着各地域文化的性质、内容以及发展状况，造成文化在地域间先进与落后的差别。

地域间自然优势或经济优势的不同，决定了人们只能因地制宜地发展生产，因而又必然形成各具特色的地域经济结构。或者是以粮食作物、经济作物为主，或者是以林木为主，渔村则是以捕捞、养殖为主。他们从生产工具、交通工具等生产方式，到居住、服饰、饮食等生活方式都有明显的地域差异。

同自然环境一样，人口对经济文化来说，也是一个不可忽视的重要因素。一个地区人口的数量和质量，直接影响到该地区文化的发展。我国人口的地域分布极不平衡，全国人口的80%集中在只占全国土地面积17%的平原地区，而西北广大地区只生活着不到全国5%的人口。这种因长期以来历史和自然条件形成的人口分布不平衡状况，导致地域间文化的很大差异，于是形成了人口稠密地区工农业生产发达，具有经济文化优势，人口稀少地区则经济文化相对落后的局面。

第三，历史心理差异。这主要指民俗、家庭社会体制、艺术、心态等方面的差异造成的地域文化不同。民俗即人民群众的风俗习惯，它是人们在长期社会生活中形成的一种民间传承文化，属于社会上层建筑。我国是一个统一的多民族国家，由于语言、历史和文化上的诸多差异性，使得我们的民俗纷繁复杂，呈现出“十里不同风，百里不同俗”的景象。在我国，不仅每个民族有自己世代传承的极其丰富的民俗，而且每一地域都有自己世代相传的多彩习俗。“入乡随俗”的说法，生动地反映出风俗习惯的地域性特征。民俗与人们的生产生活有着密切的联系，具有社会整合和导向功能，是一定地域或一定民族的社会稳定器，是一种规范或模式，是一种群体的凝聚力，增强着群体内成员的归属感、义务感和亲切感，增大了群体组合的强度，具有顽强的承袭性和相对的稳定性。

家庭社会体制是指家庭或社会中具有持久性的社会惯例，可以称为制度民俗。家庭或社会民俗在人们约定俗成的基础上往往形成制度,如不同的家庭婚姻制度等。作为一种地域文化现象,它们的差异突出地表现在少数民族聚居的地区。

地方艺术形式是地域文化的显著特征,这种地域性特征,主要是由于农村文化艺人长期在一个地方生活并传徒授艺,逐渐演变为某种独特的文化传统而形成的。尤其是风景秀丽、多民族、多人群的聚集带,地域性的民情、风情文化氛围十分浓厚,地域色彩鲜明的农村文化相当普及。以民间艺术为例,山区的山歌、平原的田(秧)歌、湖海的渔歌、草原的牧歌、高原的藏歌、黄土高坡的威风锣鼓等反映出不同地域居民的生活内容和精神气质。

不同地域间的经济文化发展的差异,导致农民文化权益也存在较大的地域差异,这种差异具体表现在以下两方面:

一是农民文化权益保障程度的差异性。由于经济、文化发展水平和发展速度的差异,导致不同地区间的文化建设程度、速度及农民文化权益保障程度存在较大差异。从宏观上看,我国东部地区经济、文化最发达,农民文化权益保障程度也最高,西部地区最落后,农民文化权益保障程度总体最低,而中部地区间则处于中间状态;从微观上看,同一地区内不同地理位置、不同经济发展水平的农村文化建设水平存在差异,一般来说,大城市周边的农民文化权益保障程度比偏远山区高,经济发展水平高的区县比经济水平落后的区县农民文化权益保障程度高,而且农民文化权益保障的程度与各级政府及农村集体经济组织对农村文化建设的重视程度和投入力度呈正相关关系。

二是农民文化权益保障目标及内容的差异性。我国各地农村的发展情况千差万别,东、中、西部地理位置不同,各地农村资源禀赋、环境条件、经济发展速度和实力不同,农民群众生产和生活方式不同,人文历史和文化传统不同,因此,各地制定的农民文化权益保障的目标和内容不尽相同,包括新农村文化建设的标准、进展及模式都会有较大差异。这种差异是不可避免的,我们应当承认并接受这种差异,坚持实事求是的原则,从各地农村的实际出发,分类指导农村文化建设和农民文化权益保障。

1.3.3.4　多样性

我国疆域辽阔,民族众多,地理环境复杂多样,由此对人们的生产和生活方式产生了不同的影响。每种文化都是在特定的地理环境和特定的人群中产生和发展的。农村文化形式的多样性是客观存在的。由于生活方式、价值体系、宗教信仰、工艺技能、传统习俗等的差异,导致不同地域、不同民族农村文化形式的多样性,中国农村文化是由多因子组成的多元复合文化。

首先,地理环境的多样性决定了农村文化的多样性。不同的地理环境和物质条件,使人们形成了不同的生产方式、生活方式和思想观念。马克思曾经指出:“不是土壤的绝对肥力,而是它的差异性和它的自然产品的多样性,形成社会分工的自然基础,并且通过人所处的自然环境的变化,促使他们自己的需要、能力、劳动资料和劳动方式趋于多样化。”①不同的地理环境,为人们的生产活动提供不同的物质基础和物质条件,直接影响着当地的生产劳动。与不同的生产方式相适应,各地的社会、政治、行政制度也大不相同,环境闭塞的边远地区,不仅生产方式和生产技术落后,而且社会发展也相当缓慢,文化生活也相对贫乏。我国各地的人们在衣食住行等方面,历来就存在着很大的差异,有着不同的风俗习惯。

其次,多民族性决定了农村文化的多样性。我国是一个拥有56个民族的多民族国家,不同民族在各自的发展过程中,都创造了自己的文化。“民族是人们在历史上形成的一个有共同语言、共同地域、共同经济生活以及表现于共同文化上的共同心理素质的稳定的共同体。”②任何民族都有着与其他民族相互区别的文化传统。当我们以整个中华民族作为实践活动的主体来考察文化时,文化就显出共通性或共性。各个民族,不论其生活在哪一个

---

① 马克思恩格斯选集:第2卷[M]. 北京:人民出版社,1995:219.

② 斯大林全集:第2卷[M]. 北京:人民出版社,1953:294.

地理空间中，他们之间都有着某些共同的可以互通的文化内容，存在着某些共同的文化现象。比如，任何民族都要从事生产活动，都有自己的道德、法律规范，都有自己的宗教信仰、风俗习惯、价值追求、审美观念。从人类文化发展的历史看，人类文化相互融合、吸收，其间的共同特征越来越明显地表现出来。这种文化的人类性和共通性的根据，在于人类共同的实践活动，而人类共同的实践活动，主要就在于人的生命存在的共同性质。这种共同性质主要表现为人类具有共同的生命特征，具有相同的身体构造，身体各部件分工方式相同。这些共同的自然特征，构成了人类共同实践活动的自然基础。人类共同的实践活动还基于人类面临共同的外部环境。人类面临的外部环境是大致相同的，差别只是各民族、国家和地区所处的具体地理环境的不同。当我们以一定的地域为文化存在的空间，以不同群体作为文化活动的主体来考察文化时，就会发现，文化具有明显的差异性、民族性、地域性特征。在当代社会，任何一种文化都具有民族性，文化的民族性特征就内在地存在于民族共同体的含义之中。我国是个多民族的国家，文化的多样性是客观必然的存在。要实现各民族的团结和繁荣，就必须尊重各民族文化、发展各民族文化。

当前，我国农村文化的多样性主要表现为以下几个方面：

其一，经济成分及文化表现形式的多样性。改革开放以来，农村经济生活的市场化程度不断提高，集体经济、个体经济、私营经济、合作经济、股份制经济及家庭经济等各种经济成分蓬勃发展，农民生活水平普遍提高。“富而思进”、“富而思乐”，广大农民更加崇尚文化和科学技术，各种文化活动开展得红红火火，文化娱乐种类和方式更加多样化。文化与经济联姻，文化为科技助力，文化与市场结合，文化为文明开道，促进了各种形式的文化活动的开展。同时，一些本地的传统文化应运回归和变革，或原封不动或改头换面，登上新农村文化建设的大舞台。城市文化、外来文化也随着农村经济活动的频繁交流而进入农村这个广阔天地，不断被农民改造、认同与吸收，成为新农村多样化文化中的新

景观。

其二,各民族、各地区、各村镇农民生产、生活方式的多样性。我国是一个多民族国家,地域广阔、发展不平衡,不同地区、不同民族、不同文化传统、不同经济发展水平和不同文化素养的各种农民,有着不同的利益、不同的物质和精神需求,因而具有不同的生产、生活方式和不同的价值观念。

其三,各民族、各地域农民崇神信仰的多样性。所谓崇神,泛指对神道的信仰和崇拜。中华民族是善于造神的民族,历代祖宗为后人造出了各种各样的神。新中国成立前,中国大地庙宇遍地,崇神意识、崇神活动广泛渗透于中国人日常生活的各个领域,衣食住行、婚丧嫁娶、生老病死无处不弥漫着崇拜神道之风。[①] 新中国成立后,经过移风易俗包括“文化大革命”在内的历次运动的洗礼,农村崇神文化活动大部分被取缔,有的转入地下。20 世纪 80 年代以后,农民们在满足了部分物质生活需要的同时,多种精神需求欲望也随之膨胀起来,一时间,传统的、本地的、外地的甚至外国的崇神文化活动纷至沓来,各类宗教(包括一些邪教)也广泛向农村渗透。每种宗教都有自己特殊的教义,由此形成宗教文化的多样性。由于宗教在农村中所具有的特殊的心理安慰作用、伦理教化作用及维系和组织团体力的作用,使宗教得以在广大农村生存和发展。

其四,广大农民审美需求的多样性。多种经济成分、多种消费层次、多种文化传统、多层次的知识结构及多样化的文化管理体制,造就了农民多种审美情趣和多种文化需求,使几乎每一种文化形式都有自己的欣赏者和追随着。不同层次农民的精神需求是不同的,同一层次农民的消遣、娱乐方式也各不相同。

其五,各种外来文化涌入,对农村文化形成巨大撞击和渗透,给农村文化带来多方面的影响。外来文化的涌入,既使农民们大

---

① 徐学庆. 社会主义新农村文化建设研究[D]. 武汉:华中师范大学学位论文,2007:38.

开眼界,汲取了各种优秀文化养分,给农村文化带来活力,又带来了一些负面影响,外来文化的糟粕与农民性格中的阴暗面相结合,便会产生对农村有害的后果。尽管对外开放不可避免地会出现泥沙俱下的现象,但是又不能不开放,只有在引进、消化、认同、吸收甚至撞击、竞争的过程中,才能有比较和鉴别,从而大力发展农村先进文化,支持农村健康有益文化,改造农村落后文化,抵制农村腐朽有害文化。

其六,农村文化发展格局的多元化,形成了国家、集体、个人兴办文化的格局。农村文化曾经是官办一统的,文化活动的内容、形式、规模、经费等都由各级文化主管部门统一安排,全社会的文化活动只许文化部门一家经营。改革开放后,随着市场经济的发展,这种单一的文化体制远远不能适应新农村文化建设的需要。今日之农民已具备了一定的文化消费能力,基本上改变了过去那种日出而作、日落而息的传统生活方式,已有了从事文化活动和文化消费的精力和时间。各种自娱自乐的、自发的群众文艺活动,如雨后春笋般发展起来,庙会文化、节日文化、村落文化、集镇文化、农村社区文化、农民家庭文化、乡镇企业文化、社火节庆文化等让人眼光缭乱,社会各界的“三下乡”活动一浪高过一浪。社会文化社会办、群众文化群众办,国家、社会、集体、个人一起办文化的多元文化格局已初步形成,在相当大程度上满足了广大农民对精神文化生活的需求。

1.3.3.5 任务的艰巨性

农民文化权益保障是一项艰巨而复杂的系统工程。其艰巨性体现在以下几方面:

其一,农村文化的乡土性决定了农民接受新事物、新观念的被动性和滞后性。费孝通认为,“从基层上看去,中国社会是乡土性的”[①]。这里的“乡土”包含两层含义,即农村固有的生活方式和生产方式。“乡”指农民聚村而居的生活方式,“土”则指农民

① 费孝通. 乡土中国[M]. 北京:北京大学出版社,1998:1-4.

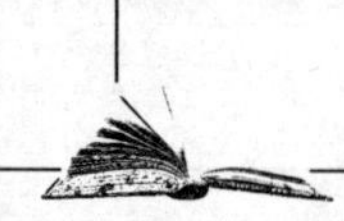

以土为生的生产方式，两者相辅相成。中国农村的单位是村落，从几家人到上千家的大村落，这其中包含着信任、认同等文化资源和合作、交往的社会功能。农民在村落中又是以家族为单位的，家族思想影响着广大中国农民的思想意识，家族承载着乡土文化的精髓。从一定程度上说，农民围绕土地所形成的价值观和思维方式，决定了农民接受新事物、新观念的被动性和滞后性。[①]当前，受人口流动以及信息传媒的影响，城市文明中的一些糟粕，已经侵蚀并导致一部分农村传统文化消失。根深蒂固的农村传统文化又成为抵抗城市文明进入的屏障，传统文化糟粕部分与现代文明的优良部分不相容，农村文化既逐步丧失了中国传统优良文化的特色性，又未能建立起两种文化的整合性，目前农村文化表现出来的状态是畸形的。这种畸形的文化状态对于农民的素质教育——世界观、价值观、人生观，以及构建新农村乡风文明都具有不利的影响[②]，加大了农民文化权益保障的难度。

其二，在农民文化权益保障中要正确处理和协调各种关系。农民文化权益保障是一个大的系统，要处理好文化建设与经济建设、政治建设、社会建设、生态文明建设四个大系统之间的关系，同时还要处理好系统内部各个子系统之间的关系[③]，其复杂性和艰巨性相当大。

其三，农民文化权益保障的方法和道路存在多样性。农村各地区间不同程度地存在着各种差异，因此我国各地区的农民文化权益保障模式和道路不可能一样，各地的具体方法和道路要结合当地实际去探索，而我国农村面积广大，人群众多，这项任务更加复杂、艰巨。

---

① 张君．新农村文化建设的现状及路径[J]．沈阳农业大学学报：社会科学版，2009，11(5)．

② 崔海兴，郑风田．"三农"视觉下的农村文化建设：问题与出路[J]．现代农业科学，2009(2)．

③ 王维．新农村背景下的农村文化建设研究[D]．重庆：西南大学学位论文，2009：10．

1.3.3.6 工作的长期性

与城市文化建设相比,农村文化建设的任务不仅更艰巨,而且道路更漫长。这主要是因为:

其一,在农村文化建设进程中,有一项时刻不能放松而又要经过长期努力才能完成的任务,那就是:克服旧的习惯势力。就我国农村来说,所谓"旧的习惯势力"主要是指在中国两千多年的封建社会中形成的具有广泛影响的社会习气、习惯、传统。而作为思想文化意识形态的东西,旧的习惯势力并不会随着旧社会的灭亡而消亡,它仍在散发毒气,时刻毒害着人们。① 当前我国农村仍然明显存在旧习惯势力与社会主义思想道德格格不入的问题:旧习惯势力与建设社会主义新农村的要求相去甚远;旧习惯势力的经济根源和观念根源这两大根系相当发达。这说明要克服旧习惯势力是个长期的过程,而要铲除旧势力的经济和观念根源这两大根系更是一个长期的过程。

其二,从一定意义上说,保障农民文化权益,实现社会主义新农村建设目标的过程,就是要彻底改变我国农村面貌并使农村社会从一个层次向更高层次发展、农民生活从一种水平向更高水平过渡的过程,这个过程长短并不取决于人们的主观意志——从根本上说,取决于生产力发展水平。而我国正处于社会主义初级阶段,社会生产力从低级到高级的发展将是一个长期的过程。同时,我国城乡差距大、地区之间发展不平衡,制约农业和农村发展的深层次矛盾尚未消除,促进农民持续稳定增收的长效机制尚未形成,农村经济社会发展滞后的局面还没有根本改变。因此,农民文化权益保障不可能一蹴而就,也必将是一个长期的过程。②

---

① 王维. 新农村背景下的农村文化建设研究[D]. 重庆:西南大学学位论文,2009:10.

② 王维. 新农村背景下的农村文化建设研究[D]. 重庆:西南大学学位论文,2009:17.

1.3.4 农民文化权益与经济权益、政治权益及社会权益的关系辨析

农民文化权益与经济权益、政治权益及社会权益同属于农民的基本权益,它们之间关系紧密,相互影响、相互渗透、相互促进、相互融合。只有大力发展社会主义先进文化与和谐文化,才能为经济、政治、社会建设提供精神支撑。

1.3.4.1 农民文化权益与经济权益的关系

文化是政治和经济的反映,又对经济和政治有着重要的影响。毛泽东揭示了经济、政治、文化建设相互促进的关系。毛泽东在《新民主主义论》中指出:“一定的文化(当作观念形态的文化)是一定的政治和经济的反映;又给予伟大影响和作用于一定的政治和经济:而经济是基础,政治则是经济的集中表现。”①在党的十七大报告中,胡锦涛也指出:“当今时代,文化越来越成为民族凝聚力和创造力的重要源泉、越来越成为综合国力竞争的重要因素,丰富精神文化生活越来越成为我国人民的迫切愿望。”②

(1)农民文化权益与经济权益同等重要,缺一不可

根据马斯洛的需求层次理论,人的需求可以分成五个层次:生理的需求、安全的需求、感情的需求、尊重的需求、自我实现的需求。同一时期,一个人可能有几种需求,任何一种需求都不会因为更高层次需求的发展而消失。各层次的需求相互依赖和重叠,高层次的需求发展后,低层次的需求仍然存在。总体而言,这些需求有物质层面的,也有精神层面的,说明人的需求既包含物质需求也包含精神需求。如果说对经济权益的保障更多的是为了满足人的物质需求,那么对文化权益的保障则主要是满足人的

① 毛泽东选集:第2卷[M]. 北京:人民出版社,1991:663.

② 胡锦涛. 高举中国特色社会主义伟大旗帜 为夺取全面建设小康社会新胜利而奋斗——在中国共产党第十七次全国代表大会上的报告[M]. 北京:人民出版社,2007:33.

精神需求。因此,农民的文化权益同经济权益同样重要,都是农民的基本权益,是提高农民物质生活水平和精神生活水平缺一不可的两个方面。

农民权益包括生存权和发展权,发展权和生存权同等重要,而文化权是发展权中最重要的一项。1986 年 12 月 4 日,第 41 届联合国大会通过的《发展权利宣言》第一条宣布,“发展权是一项不可剥夺的人权”。发展权是生存权的必然要求,因为只有获得发展权,生存权的实现才能获得持续的、可靠的保障,并进一步改善和提高生存权的质量。我国属于发展中国家,既面临着部分人口的生存问题,又面临着整个社会的发展问题,因此我们必须对生存权与发展权同等重视。[①] 在发展权中,文化权是最为重要的一项权利,脱离人和文化背景的发展,是一种没有灵魂的发展。许多人认为,我国农村经济仍然很落后,农民整体仍然很贫穷,因此应当重视农民的生存权,忽视发展权;对农民文化权益的保护通常是附带的,而且仅限于受教育权利。从发展角度看,要解决农民的弱势群体地位问题,就必须保护农民的文化权益,因为弱势群体之所以陷入弱势困境,就是由于他们失去了发展的能力或被剥夺了发展的机会。未来世界的竞争将是文化生产力的竞争,提高农民的科学文化素质,将是促进农业生产力和农村经济发展的根本途径。

(2)农村经济发展是文化权益保障的基础

文化权益的保障与社会的政治、经济发展水平紧密相关。人们对文化权益的要求不能超越经济发展水平,但随着经济发展水平的提高,人们自然会提出与之相适应的文化权益要求。改革开放以来,我国农村经济迅速发展,农村经济实力不断增强,不仅使农民的物质生活水平大大提高,相应地,农民的生活方式也发生了很大变化,文化已经成为农民大众生活的重要部分,农民对文化生活的需求也越来越迫切和多样化。同时,经济的发展为文化

---

① 徐海东. 农民文化权益保护中三大悖论之破解[J]. 中国农业教育,2006(1).

建设打下了良好的基础,农村经济实力的不断增强为农民文化权益保障提供了必要的财力支持。

(3)农民文化权益促进和推动农村经济发展

农民文化权益保障对农村经济发展有着重大的推动作用。这种作用是其他社会要素无法取代的,因为文化具有凝聚、整合、同化和规范社会群体行为和心理的功能。[①] 可以说,农村文化是推动农村发展的一种生产力。首先,农村文化是农村制度变迁的牵引器,而制度的变迁则是经济发展的前提。[②] 其次,农民文化权益保障有助于提高农民的科学文化素质,促进农业生产力发展,为农村经济增长及农民增收提供强大的智力支持。再次,农民文化权益保障为农村经济发展提供良性秩序。文化具有约束和规范人们的行为、调控社会秩序的功能。农民文化权益保障有助于农民提高思想道德素质,缓解农村的贫富差距和敌视情绪,有助于形成和谐的人际关系,还有助于在农村形成互帮互助互济的风尚,缓解社会冲突压力,维护农村社会稳定。最后,农民文化权益保障能够直接推动农村经济增长。21 世纪是知识经济的时代,科学技术的应用、生产理念的创新、产业结构的调整,都促进了经济的发展。而地方文化资源的开发利用、文化产业的打造发展,也可以直接转化为经济效益,产生经济价值,推动地区经济增长。有条件的农村可以利用当地特色文化资源,发展乡村旅游文化,增加文化对经济发展的贡献。

综上所述,保障农民文化权益和经济权益,加强农村文化建设与经济建设是推动农村经济发展和精神文明进步的两个轮子,二者缺一不可。文化建设为经济发展提供强大的精神动力、智力支持和思想保证,对经济发展具有积极的促进作用。文化是综合

① 崔海兴,郑风田."三农"视觉下的农村文化建设:问题与出路[J]. 现代农业科学,2009(2).

② 徐家梅,方章东. 论社会主义新农村文化建设的三重辩证关系[J]. 常熟理工学院学报:哲学社会科学版,2010(1).

国力的重要指标，是一个民族的灵魂，也代表着一个国家和民族的文明程度、发展水平。当今世界，文化经济一体化趋势越来越明显，文化与经济、政治相互交融，在综合国力竞争中的地位和作用越来越突出。在构建和谐社会、全面建设小康社会、建设社会主义新农村的历史进程中，繁荣和发展社会主义先进文化具有全局性、战略性的地位和作用。而经济是一切政治、文化、社会生活的前提和基础，离开了经济的支撑，文化建设寸步难行。只有在经济不断发展的基础之上，文化建设才有可靠的保障。文化建设与经济建设之间要形成良性的互动关系，以经济发展促文化建设，以文化建设促经济发展。①

1.3.4.2 农民文化权益与政治权益的关系

(1)农民文化权益为政治权益奠定文化知识基础

我国是工人阶级领导的以工农联盟为基础的人民民主专政的社会主义国家，我们要建立的是社会主义的民主政治制度。民主制度包括民主与法制两个方面的内容。民主既是一种国家制度，又是一种文化。因此，民主制度的完善既要有硬件，即法律化、制度化的建设，又要有软件，即全体公民民主观念、法制观念的教育和培养。文化知识是公民学法、守法、用法的前提条件。如果农民没有文化，愚昧无知，头脑简单，就容易做出不理智甚至违法的事。要真正实现农民享有广泛的民主和自由，同时又自觉用社会主义法制和纪律约束自己，就必须加强对农民的法制观念和思想道德教育。因此，农民文化权益保障是实现政治权益的基础。

(2)农民政治权益为文化权益提供政治、法律保证

农民文化保障主要靠教育，但是，单纯的宣传教育手段是不够的，还要靠法制。农民文化权益保障首先要靠国家从法律上给予保障，而且国家民主制度的完善也为农民文化保障提供了更有

① 徐学庆．建立健全新农村文化建设的内外互动机制[J]．河南社会科学，2008(7)．

力的政治保证。

1.3.4.3 农民文化权益与社会权益的关系

教育权益是农民社会权益的基本内容之一,农民文化、科技、知识水平的提高有助于社会保障权益、就业权益、迁移权益等其他社会权益的实现,促进农村和谐社会建设。文化与教育是相互促进的,文化事业的发展状况与教育事业有很大的关系。新闻、出版、广播、电视、网络和文学艺术等,在教育中发挥着越来越重要的作用。同样,教育是提升农民文化、科技、知识水平的必要手段,是农民文化权益保障的基础。教育事业的发展,提高了人们的文化修养,增强了人们的欣赏力、鉴别力,促进了文化事业的健康发展。在农民文化权益保障中,要强化文化的教育功能,把教育人、培养人作为文化建设的重点。作为社会主义和谐农村建设的重要组成部分,农民文化权益与社会权益保障都有着不可替代的功能和作用,二者相互融合、相互促进。

1.4 城乡一体化中农民文化权益保障的意义

尽管改革开放30多年来,我国经济保持了持续高速发展的势头,城市化进程也出现加快发展的态势,但是,由于城市化明显地相对滞后于经济发展水平,也导致了城乡差距的逐步扩大。面对这样的现实,2002年11月,党的十六大首次提出了统筹城乡经济社会发展的方略,明确指出“统筹城乡经济社会发展,建设现代农业,发展农村经济,增加农民收入,是全面建设小康社会的重大任务”。党的十六大明确提出“要进一步提高城市化水平,坚持大中小城市和小城镇协调发展,走中国特色的城市化道路”,自此,城市化进程稳步快速发展,2009年我国的城市化率达到46.6%。在2003年1月召开的中央农村工作会议上,胡锦涛指出,要统筹城乡经济社会发展,充分发挥城市对农村的带动作用和农村对城市的促进作用,实现城乡经济社会一体化发展。2003年10月,中共十六届三中全会通过了《中共中央关于完善社会主义市场经济体制若干问题的决定》，提出了“统筹城乡发展、统筹区域发展、统筹经济社会发展、统筹国内发展和对外开放”的要求。2004 年 9 月，十六届四中全会通过的《中共中央关于加强党的执政能力建设的决定》进一步提出要推动建立统筹城乡发展、统筹区域发展、统筹社会经济发展、统筹人与自然和谐发展、统筹国内发展和对外开放的有效体制机制。2005 年 10 月，十六届五中全会又提出“要从社会主义现代化建设全局出发，统筹城乡区域发展。坚持把解决好‘三农’问题作为全党工作的重中之重，实行工业反哺农业、城市支持农村，推进社会主义新农村建设，促进城镇化健康发展”。中共十七大报告进一步提出“建立以工促农、以城带乡长效机制，形成城乡经济社会发展一体化新格局”。十七届三中全会通过的《中共中央关于推进农村改革发展若干重大问题的决定》提出：“必须统筹城乡经济社会发展，始终把着力构建新型工农、城乡关系作为加快推进现代化的重大战略。”统筹城乡发展的战略目标在于促进城乡协调发展，逐步实现城乡一体化。

在城乡一体化进程中，农民文化权益保障有着十分重要的战略意义，它本身就是社会主义新农村建设的题中应有之义，而且有助于推动农村经济的健康、和谐、良性发展，具体体现在以下几个方面：

1.4.1 农民文化权益保障是社会主义新农村建设的重要目标

社会主义新农村建设不仅包括物质层面的建设，还包括提高农民精神层面的收益即农村文化建设。这是当前新农村建设中的一个重要领域，也是新农村建设的根基和灵魂之所在。农村问题，说到底就是农村的贫困问题。而农村贫困，不仅仅体现在农村的物质层面，更重要的是体现在文化层面，文化贫困是制约农村发展的一个重要因素。① 作为农业发展、农村进步、农民致富的重要推动力,先进文化应始终坚持扎根农村、服务农民,为农村经济发展和社会全面进步发挥作用。

党的十六届五中全会提出按照生产发展、生活宽裕、乡风文明、村容整洁、管理民主的标准构建社会主义新农村,实际上就是提出了社会主义新农村建设的经济、政治、文化、社会和党的建设五位一体的建设目标。新农村需要新文化,引导广大农民树立现代社会观念、积极的人生态度和科学的人文观念,创造丰富多彩的文化娱乐等,是社会主义新农村建设中文化建设的题中应有之义。改革开放以来,虽然我国农村社会经济获得了长足发展,农民的温饱问题基本解决,正朝着全面建设小康社会迈进,农村文化建设却相对滞后,农民文化生活十分贫乏,农民文化权益保障严重缺失,制约着我国农村经济的进一步发展。建设社会主义新农村必须注重文化建设,保障农民文化权益,使新农村文化建设与农村经济社会协调发展。文化作为一个有机整体,有其自身的运动规律和特点,不能仅仅把它看成社会主义新农村建设的条件,它本身就应当成为社会主义新农村建设的重要目标,也是社会主义新农村建设的关键环节。在新农村建设中保障农民文化权益,就是要不断提高农民的思想观念、伦理道德、文化修养,重建农村精神家园,丰富农村文化生活,形成崇尚文明、崇尚科学、健康向上的社会风气。中央提出的促进"乡风文明",具有丰富的内涵,是新农村建设的重要目标,其实质就是构建以新的生产方式和生活方式为特征的新农村,不断塑造有文化、懂技术、会经营的新型农民。

1.4.2 农民文化权益保障推动农村经济发展

文化与经济发展是相互影响、相互促进的,经济与文化是密不可分的,经济的健康发展离不开文化的支撑。在文化经济一体

① 高金龙,汪晓莹. 文化建设:新农村建设之魂[J]. 农业考古,2006(3):122.

化的当今时代,文化反映经济发展的水平,文化也会反过来影响经济的发展。

首先,农民文化权益保障有助于培养新型农民,提高农村人口素质,为农村经济发展提供智力支持。人的素质最终决定社会生产力和区域经济发展的水平,因此提高农村劳动者的素质是至关重要的。新农村建设的重要基础和核心是培养和塑造"有文化、懂技术、会经营"的新型农民,加强基础教育,提高农民职业技能素质。随着农民生活水平的提高,他们也愿意进一步加大对文化教育的投入;同时,科学文化技术又有助于推动农业生产的发展和农民收入的提高,二者相辅相成,这也促使农民加大在教育培训方面的投资力度。[①] 农民综合素质的不断提高是农村经济发展的根本途径。

其次,农村文化产业直接推动农村经济的发展。文化具有经济力,人们的经济行为渗透着文化的因素。文化产业正在成为新的经济增长点,在市场经济继续深入发展的今天,人们对文化的经济属性已形成了共识,在保障农民文化权益的过程中,农村可以大力发展文化旅游、特色文化产品等文化产业,推动农村经济增长。

再次,农民文化权益保障为社会主义新农村经济的持续发展创造良好的人文氛围。文化对社会主义新农村经济发展的作用,表现在文化能够为新农村经济发展提供正确的精神导向。我国现阶段社会的主要矛盾是人们日益增长的物质文化需要同落后的社会生产之间的矛盾,因此必须以经济建设为中心,大力发展生产力。而社会主义的本质是最终达到共同富裕,因此不能以牺牲精神文明为代价来换取经济的暂时发展。通过精神的导向作用,文化建设可以发挥经济发展的道德含量,从而保证社会主义新农村经济发展的内在质量。同时,农民文化权益保障能够为社

① 李昊.四川新农村文化建设现状分析[J].西南石油大学学报:社会科学版,2009(6).

会主义新农村建设提供精神动力、智力支持,加强农村文化建设,培育有文化、懂技术、会经营的新型农民,提高农民的整体素质,从而赋予社会主义新农村经济以强劲的活力与生机,为农村经济的持续发展营造良好的人文氛围。

最后,农村文化权益保障能够推动社会主义新农村经济、社会和环境的协调发展。实现经济、社会和环境的协调发展是社会可持续发展的根本要求,社会主义新农村要持续发展,就必须使社会主义新农村的经济、社会与环境协调发展,而不能偏向某一方面。以农民文化权益保障为侧重点的新农村建设是一条不同于现有城市发展模式的新的发展理念和道路。不以对资源的过度消耗、对物质的无限追求、对环境的过分透支为"发展"的体现,而是依据农村相对较好的资源环境生态条件,总结历史经验,走一条人与自然、人与人、人与内在世界和谐相处的发展道路。文化取向的树立,有助于消除从单一的物质生产与消费中获得满足的生活方式,以更健康的生活方式与农村环境和谐相处,从根本上保证农村、农业的协调可持续发展。① 因此,加强农村文化建设,保障农民文化权益,树立新的发展理念,能够促进社会主义新农村经济、社会和环境协调发展。

1.4.3 农民文化权益保障是农村社会可持续发展的强大精神动力

农村的可持续发展迫切需要文化动力。随着物质生活的改善,农民对精神生活表现出强劲的需求。更为重要的是,当前的市场经济及现代价值观的侵入,使农民传统的生存价值被边缘化,农民作为自己生活主体的地位,被一种强有力的外来力量所压抑和排斥,而不能成为自己生活的主人,他们因此有着强烈的

① 袁红涛,赵萍丽. 论文化建设在新农村建设中的重要意义[J]. 邓小平理论研究,2006(4):43.

证明自己人生意义的内在需求。[①] 在继续全面建设小康社会和发展中国特色社会主义的关键时期,我们肩负着深入贯彻落实科学发展观、建设社会主义新农村、构建社会主义和谐社会等一系列的重大历史任务,其工作重点和难点都在农村。而要完成这些任务,关键是提高农民的素质。

人是需要文化滋养的,因为文化可以提高人的修养、气质、能力;开阔人的视野;拓展人的思维等,对人的各个方面产生潜移默化的影响。农村文化是新农村社会发展的灵魂和根基。科学的、先进的和民族的文化,犹如一面旗帜主导着人们的思维,决定着我们的行为模式和生活方式,能鼓舞人、激励人去热爱自己的家园,并且尽力为其做出自己的贡献。因此保障农民文化权益,全面提高农民素质,也成为经济社会快速发展的重要前提。

1.4.4　农民文化权益保障有助于构建农村和谐社会

和谐社会是一个以人为本的社会;是一个有序、稳定,经济、政治、文化、社会全面发展;是一个"实现经济社会全面协调和可持续发展"的社会;是人们富于理想、富于创造、富于智慧的社会。农民文化权益保障是农村和谐社会建设的重要内容和手段。

首先,农民文化权益保障有助于构建一个有序的社会。文化使社会有了系统的行为规范,为社会成员提供了行动的蓝图。文化使一个社会的规范、观念更为系统化。有了文化,人们便有了行为的标准。文化提供给人们判断对与错、美与丑、合理或不合理等的尺度和规范,使人们的行为有了可以遵循的依据。社会化对于个人和社会都是十分重要的,一方面,社会化是个人在社会中生存和发展的必要准备;另一方面,对于社会来说,作为人类生活共同体,必须培养出合格的社会成员。文化包含的风俗、道德、法律、价值观念、宗教以及物质产品等诸要素,可以有效地影响社

---

① 王维．新农村背景下的农村文化建设研究[D]．重庆:西南大学学位论文,2009:19.

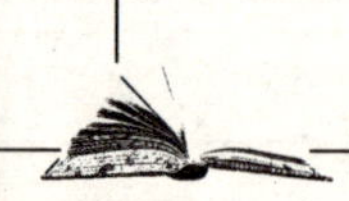

会中个人的人格,从而为社会化提供物质基础和精神养料。可以说,个人社会化的过程是通过学习生活技能和价值规范等实现的。人是在按照文化的要求与期望来塑造自己的过程中完成社会化的。正是由于文化的作用,才使一个生物人演变成社会人。通过文化,人们不仅学会了人际互动的知识,比如在什么时间、地点和时机,做某种行为和动作,才是正当适宜,否则就是失礼不当的,而且人们也会发现社会与个人生活的意义和目的。通过文化,人们可以预测社会中他人对我们行动的反应。文化给我们一个预测他人行动的准绳,进而可以修改自己的行动。文化提供生存必需的知识和技能,教育使我们掌握专业技能,在社会生活中可以有一技之长,有赖以生存的手段。尤其值得注意的是,文化具有共享性,共享一种文化的社会成员能够相互认同,因此对于事物能够产生普遍一致的意见,这就为统一行动、步调一致、共同配合提供了自觉自愿的基础。正因如此,文化集合并解释着一个社会的全部价值观和规范体系。文化使社会形成一个整体,社会的各个要素之所以能联结成社会,正是靠了文化的维系作用。社会上的各种机构、组织、规范、制度等文化要素形成一个整体的体系,各个构成部分互相依存,都从各个不同的侧面对社会产生整合的功能。在一个社会内,文化维持社会秩序的正常运转。正因如此,文化建设有助于良好道德风尚、和谐人际关系的形成,从而有助于社会的安定有序,有助于形成“全体人民各得其所而又和谐相处的局面”。

其次,农民文化权益保障有助于农村社会的稳定。就农村社会稳定而言,文化具有其他社会要素无法取代的作用。一是农民文化权益保障有助于农民摆脱贫困,有利于农村社会稳定。农民文化权益保障有助于农民突破技术贫困的瓶颈而增收;有助于农民思想观念的转变,摆脱精神贫困的困境,养成勇于进取、勤于劳动、乐观向上等优良品质,促进其增收;还有助于增加农民受教育机会进而实现增收。据统计,农民参加培训比不参加培训可增加

27.89%的收入。[①] 给低收入者提供取得高收入所需的教育机会是西方税务专家普遍推崇的缩小贫富差距的主要手段。据测算，读书年限与收入的关系系数 R-Square 已由 1997 年的 0.1% 提高到 2000 年的 0.6%。[②] 每提高 1 个百分点的农村义务教育普及率，可带来 6.5% 的当期收入增长和 8.4% 的延迟收入增长。[③] 农民文化权益保障不仅可削减绝对贫困人口数量，而且有利于农民提高思想道德素质，缩小贫富差距。通过农村文化建设引导人们选择正确的利益追求手段，减少非法收入；使先富者积极带动未富者而缩小收入差距；促使高收入阶层在第三次分配中扮演重要角色，有助于缓解农村的贫富差距和敌视情绪，有助于形成和谐的人际关系；在农村形成互帮、互助、互济的风尚，有助于缓解社会冲突压力，有助于维护农村社会稳定。二是农民文化权益保障具有社会控制效应[④]，有利于农村社会稳定。通过农村文化建设，促使农民自觉地将社会主体文化规范内化为农民的心理结构和行为方式，把自己的欲求纳入这种文化规范的控制之下，并以此抑制犯罪动机的膨胀和外化，维护农村社会稳定；通过农村文化建设，能促使农民在实践中自觉、主动地进行思想转化和行为控制；通过文化建设，可提高农民对人口控制重要性的理解，改变他们的生育观念和养育观念，改善当前我国农村人口结构上存在的严重问题，如农村性别比例严重失调、过多老年人口的赡养问题等，有利于农村社会稳定。

再次，农民文化权益保障有助于构建以人为本的和谐社会。以人为本是科学发展观的核心，也是文化建设的核心价值取向。诚然，文化具有诸多社会功能。但是，文化体系的核心目标和功

---

① 侯风云．中国农村人力资本收益率研究[J]．经济研究，2004(12)．

② 陆学艺．当代中国社会阶层研究报告[M]．北京：社会科学文献出版社，2002.

③ 完善农村义务教育财政保障机制课题组．普及农村义务教育对农民增收的实证分析[J]．中国农村经济，2005(9)．

④ 王鸿．农村文化建设与农村社会稳定的关联研究[J]．农村经济，2008(2)．

能,无疑在于培养和塑造全面发展的人。以人为本是文化建设的核心价值取向,也是和谐社会的核心价值取向。发展先进文化的目的,就是要为广大人民群众提供丰富的精神文化产品,不断满足人民大众日益增长的精神文化需求,让人民大众享受充分的文化权利和文化利益。

最后,农民文化权益保障有助于构建一个富于理想、富于创造、富于智慧的社会。通过发展社会主义先进文化可以为和谐社会建设提供强大的精神支撑。构建和谐社会,重点在农村,难点也在农村,这就要求我们加快农村和谐文化建设步伐,为建设和谐新农村提供强大的精神支撑。

1.5 城乡一体化中农民文化权益保障的目标及内容

1.5.1 城乡一体化中农民文化权益保障的目标

党的十五届三中全会通过的《中共中央关于农业和农村工作若干重大问题的决定》明确指出:"农村精神文明建设的根本任务,是全面提高农民的思想道德素质和科学文化素质,为农村经济社会发展提供强大的精神动力、智力支持和思想保证。"这同党的十二届六中全会决议及其他一系列重要决议中坚持把"培育有理想、有文化、有道德、有纪律的社会主义公民,提高全民族的思想道德素质和科学文化素质"作为我国文化建设的根本任务是一致的。这也表明,我国文化建设的根本任务是明确的、一贯的。《关于进一步加强农村文化建设的意见》指出:"农村文化建设的目标任务是,按照建设社会主义新农村的要求,经过五年的努力,基本形成适应社会主义市场经济体制、符合社会主义精神文明建设规律的农村文化建设新格局。县、乡、村文化基础设施相对完备,公共文化服务切实加强。农村文化工作体制机制逐步理顺,现有文化资源得到有效利用。文化队伍不断壮大,农民自办文化更加活跃。文化产业较快发展,看书难、看戏难、看电影难、收听收看广播电视难的问题基本解决。农村文明程度和农民整体素质有所提高,文化在促进生产发展、生活宽裕、乡风文明、村容整洁、管理民主等方面发挥重要作用。”显然,该意见提出的是新农村文化工作五年内的具体工作目标,是短期的目标任务,具有很强的现实针对性。中共中央国务院《关于推进社会主义新农村建设的若干意见》则提出“提高农民整体素质,培养造就有文化、懂技术、会经营的新型农民,是建设社会主义新农村的迫切需要”。这一“迫切需要”就是新农村建设的根本任务,即提高农民素质,培养新型农民。只有明确了新农村文化建设的近期目标和根本任务,才能干有方向,确保新农村文化建设的顺利进行。2006年9月出台的《国家“十一五”时期文化发展规划纲要》提出要“以科学发展观为统领,牢牢把握社会主义先进文化的前进方向,紧紧围绕实现全面建设小康社会宏伟目标和构建社会主义和谐社会的要求,弘扬以爱国主义为核心的民族精神和以改革创新为核心的时代精神,树立新的文化发展观,解放思想、实事求是、与时俱进、开拓创新,发展面向现代化、面向世界、面向未来的民族的科学的大众的社会主义文化,不断满足人民群众日益增长的精神文化需求,努力培育有理想、有道德、有文化、有纪律的社会主义公民,提高全民族的思想道德和科学文化素质。”《我国国民经济和社会发展十二五规划纲要》也将提高全民族思想道德素质、科学文化素质和健康素质,加快文化事业发展作为重要目标,并提出要“全面持续有效地提高全民族文明素质,为现代化建设提供有力的思想保证、精神动力和智力支持”、“适应群众文化需求新变化新要求,弘扬主旋律,提倡多样化,使精神文化产品和社会文化生活更加丰富多彩”。由此可见,文化建设的主要目标包括全民文化素质的提高和精神文化需求得到满足。

我国是个农业大国,13亿人口中有9亿是农民,农民构成我国人口的主体,农民素质的高低直接决定和影响着我国人口的整体素质,影响和决定着新农村建设的进程,乃至整个国家全面建

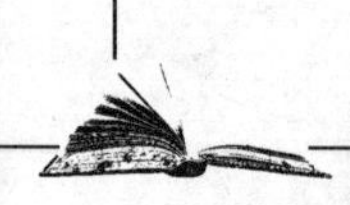

设小康社会的进程。没有新文化，就没有新素质；没有新素质，就没有新农民；没有新农民，就没有新农村。培养新型农民是新时代的要求。首先，培养新型农民是建设新农村的迫切要求。党的十六届五中全会对新农村建设提出了“生产发展、生活宽裕、乡风文明、村容整洁、管理民主”的要求。新农村建设离不开新农民，因为广大农民是新农村建设的主体，农民素质不提高，没有农民的现代化，就不可能实现农业和农村的现代化乃至整个国家的现代化。培养有文化、懂技术、会经营的新型农民，提高农民的整体素质，是把农村巨大的人口压力转化为人力资源优势的根本途径，也是持续推动社会主义新农村建设的根本力量。所以说，我国农村全面建设小康社会的根本在于提高农民素质。其次，培养新型农民是建设现代农业的根本要求。现代农业是以相对完善的生产条件和物质装备为基础，有效运用现代化的生产手段、科学知识和管理方式等要素来组织生产和经营并符合可持续发展原则的农业。现代农业的生产经营和管理需要具备农学、机械学、管理学、信息学等多方面的知识和技能，因此，高素质的农业劳动者是建设现代农业必不可少的条件。要加快现代农业发展，必须以提升农业科技水平、加速农业科技成果转化、提高农民科技素质为重点，进一步加强农民职业教育和技能培训，大力提高农民群众科技文化素质和转产就业能力，培养一大批掌握现代农业科技的骨干农民，为现代农业发展提供创新经营主体。最后，培养新型农民是全面落实科学发展观的必然要求。党的十六届三中全会提出了坚持以人为本，树立全面、协调、可持续的科学发展观，这是从新世纪新阶段党和国家事业发展全局出发提出的重大战略思想。而全面建设农村小康社会的一个重要内涵就是要提高农民素质，促进农民的全面发展。目前我国农民素质偏低，严重制约着农村经济和社会的发展进步，制约着城乡和经济社会的统筹协调发展。这必然要求我们切实落实科学发展观，把提高广大农民的全面素质放在优先位置。

培养新型农民，提高农民素质，必须有符合形势要求的具体内容,而非抽象谈论。只有这样,才能找准提高农民素质的切入点。新型农民有别于传统农民,是综合各种要素的新生产者,党的十六届五中全会通过的建议明确指出的“有文化、懂技术、会经营”的农民应当就是新型农民的具体内涵,培养新型农民要从国民经济和社会发展的需求出发,从农民增收的愿望出发,从建设新农村的宏伟战略出发,其最本质、最核心的内容体现在以下五个方面:第一,有文化。主要指拥有一定的知识,具有辨别是非的能力。文化素质是反映我国农民整体水平的基本素质,没有良好的基础教育和文化水平,也就没有新农民。目前我国农民平均受教育年限只有7.3年,与城市相差3年,全国92%的文盲、半文盲在农村。农民的文化素质低,已经不能适应建设新农村和现代农业的需要。由此可见,大力发展农村基础教育,提高农民的文化素质,是培养新型农民的重要前提。第二,懂技术。主要指农民掌握一定的科学、技术知识和劳动经验、生产技能。技术素质是农民素质的主体部分,在实现农村小康过程中发挥着关键性作用。第三,会经营。主要指农民具有一定的市场意识、信息接受与反馈能力、能够参与市场竞争的能力。由于长期受计划经济与小农经济的影响,再加上文化程度低等方面的原因,我国农民的经营管理素质较差,市场意识比较淡薄,信息接受与反馈能力差,适应和参与市场竞争的能力弱,因而难以适应现代化农业发展和参与国际竞争的需要。因此,提高农民的经营管理素质是今后培养新型农民的重要内容。第四,讲文明。主要指农民以现代意识在社会生活、社会行为中发挥重要作用,具体体现在思想观念、精神风貌、移风易俗、民主选举、提高修养等方面。社会主义新农村的一个重要标志就是乡风文明,因此,加强农村精神文明建设,倡导健康、文明、科学的生活方式,创造一个农民群众安居乐业、物质文化生活丰富多彩、邻里之间和睦相处的良好环境是建设社会主义新农村的重要目标,新型农民要在这个过程中发挥主导作用。第五,守法纪。主要指农民具备一定的法制观念,又体现在两个方面,一是遵守法律,二是学会用法律武器来捍卫自己的正当权益。作为建设新农村主体的农民，与城市居民一样，充分享有法律赋予的权利。建设新农村，调动农民的积极性、创造性，首先要还权于民，让农民与城市居民一样，享有平等的教育权、健康权、就业权、发展权。要提高农民群众的法制意识和民主意识，在农村建立起守法制、重权益的社会组织制度和管理机制。

总的来说，培养新型农民要以提高技术素质、经营管理素质为重点，兼顾其他素质的提高，也就是说，不仅要提高农民的技术能力素质、经营管理能力，还要提高农民文化素质、思想道德素质和法制观念。只有这五个方面的工作都取得了重大的进展，新型农民才会有一个全新的风貌，农村小康社会和社会主义新农村才会得到较高程度的实现。

综上所述，城乡一体化中农民文化权益保障的总体目标，就是要不断增加农村文化设施、文化产品和公共文化服务供给，满足农民不断增长的文化需求；还要不断提高农民的思想观念、伦理道德和文化修养，重建农村精神家园，丰富农村文化生活，形成崇尚文明、崇尚科学、健康向上的社会风气，从根本上提高农民的文化精神生活质量。

1.5.2 城乡一体化中农民文化权益保障的内容

根据农民文化权益保障的目标，城乡一体化中农民文化权益保障的主要内容包括以下几方面：

1.5.2.1 增强农村公共文化服务能力，满足农民文化需求

在坚持时代精神与民族精神结合的基础上，坚持先进文化的前进方向，创造丰富多彩的文化生活，是社会主义新农村建设的重要内容，其中最重要的手段是要健全农村公共文化服务体系。从现实来看，与城市公共服务设施相比较，我国农村的公共服务设施相对缺乏，文化方面的公共服务设施尤为不足。为此，以“硬件”建设为基础，完善文化物质设施，形成完善的文化服务体系，才能为农村文化建设与发展提供基础性物质支撑。为此，大力改善农村公共文化服务网络，增强公共文化产品供给能力，是社会

主义新农村建设的基本前提,也是解决人民大众最关心、最直接、最现实的基本文化权益,推进农村文化建设与发展的物质基础。

保障农民文化权益,首先就是要保障农民的文化精神需求得到满足。农民对文化的需求是多种多样的,本研究认为,根据农民文化需求所指向目标的不同,农民的文化需求主要表现为以下内容:

(1)农民对文化的第一类需求为"求知"

求知欲是人类的本性。农民虽然整体文化水平偏低,但并不代表其没有求知欲。实际上,农民的求知欲是很强烈的。"求知"在这里的含义为"获取信息、进行了解",即农民的"信息需求"。

农民获得信息的方式多种多样,比如看电视、听广播、读书看报、上网、聊天等。尤其是电视已经进入千家万户,且电视本身所传播的信息量非常大,已经成为广大农民主要的信息获取渠道之一。调查显示,在一些较为富裕的农村地区,电脑和网络已经开始走入农村家庭,成为农民又一获取信息的新兴渠道。经分析,本研究认为农民的信息需求主要包括以下方面:

一是农业经济、科技信息。农业生产和农产品销售都离不开市场,因此农民必须了解农业经济信息,包括种子质量和价格、购买渠道、化肥和饲料的功效、农产品的销售价格和渠道等。只有了解了这些信息,才能合理安排种植结构。农业科技信息与农业生产密切相关,因此备受农民关注。农业科技信息包括很多方面内容,如土壤类型、气候变化、化肥使用、育种播种、林木管理等。虽然农民在实践中积累了大量经验,但也越来越认识到科学技术在农业生产上的巨大作用,因此通过各种渠道了解农业科技信息的需求非常强烈。我们在调查中了解到,农民对文化、科技、信息服务的需求很强烈,75%的被调查者希望政府提供更多农业实用技术方面的科技指导(51%),以及求职、就业信息(52%)、政策法规信息(46%)、市场信息(24%)、科技信息(23%)等服务。目前政府为农民提供的文化、科技、信息服务在数量上、质量上和结构上还不能满足农民的需要。

二是教育信息。绝大多数农民认识到了教育的重要性。他们比以往更加重视对子女的教育,希望子女通过接受更多的教育改变命运。同时,很多农民自身在农业生产实践中发现知识欠缺,亦存在接受教育和培训的必要性,因此,比较重视教育类信息。我们调查发现,91%的受访者希望政府提供更多的各类免费培训。

三是国内外政治和社会时事信息。随着农村经济社会的发展,农民对国内外政治和社会时事信息越来越关注,参政议政的意识越来越强。对于国家各项政策,尤其是涉及"三农"问题的各项政策和措施,农民会从自身的角度进行解读。

四是法律法规信息。法律、法规与农民的切身利益密切相关。在当今"依法治国"的理念下,农民的权利意识和法律意识越来越强,在各项农业活动和其他活动中农民也迫切需要懂得更多的法律知识以维护自己的权益。主动学法、知法、守法、护法,摘掉"法盲"的帽子,成为农民的现实需求。

此外,其他一些信息,如娱乐信息、生活信息等,也受到农民的关注。

(2)农民对文化的第二类需求为"求技"

"求技"指的是农民获取或提高生存技能、生产技能的需求。我国农业几千年来几乎全部依赖人力和经验。但是,随着农业科技的发展,现代农业耕种技术不断创新,农业新品种不断诞生,农民头脑中原有的传统的经验知识、生产技能已不足以解决农业生产实践中所遇到的新问题。很多农民认识到必须"充电",学习新的知识。在"终身学习"成为人们共识的背景下,农民对农业科技知识、农业生产技能进行终身学习也成为必然。农民学习的方式通常有政府和社会(如养殖协会、种植协会等)组织的农业培训、阅读书籍、收看广播电视、网络查询等。尤其值得指出的是,农民学习电脑和网络的基本操作,也是一种技能学习。在条件比较好的农村地区,一些家庭安装了电脑和网络,并将其作为学习、娱乐和获取信息的重要方式。

（3）农民对文化的第三类需求为“求乐”

“求乐”是农民文化生活的另一大需求。娱乐休闲，如今已经成为人类的一种重要生活方式。对于农民而言，在农闲时节也需要休闲娱乐，来缓解身心疲劳、调剂生活。老年农民更是需要娱乐，才能幸福度过晚年。有文章指出，休闲的本意是“于‘玩’中获得身心的放松，以达到生命保健和体能恢复的目的”①。可见，休闲的本质就在于“求乐”。

娱乐的内容和形式都是多种多样的。就类型而言，一般可以分为知识性、消遣性、体育性三种形式。② 知识性的娱乐，指的是以知识和技能为载体的娱乐形式，如读书看报、写作、书法、绘画等；消遣性的娱乐是以消遣时光、解闷去乏为主要内容，如旅游参观、养花种草、养鱼、养虫、养鸟等；体育性的娱乐形式则以体育健身活动为主要内容，同时兼具趣味性、娱乐性，如各种球类比赛、棋类比赛、运动会等。

农民“求乐”的需求是多方面因素共同作用的结果。首先，追求快乐是人类本性的需要。追求快乐是人类的本性，是人们生活的目标。古希腊哲学家伊壁鸠鲁将快乐解释为“身体的无痛苦和心灵的无烦忧”③，认为“快乐幸福是人生的最高价值、最高目标”④。其次，适当的休闲娱乐，有益于身心健康。列宁说过一句名言：不会休息的人就不会工作。要完成好农业生产的繁重任务，必须有充足的休闲时间作为保证。在农民的休闲时间，通过一些娱乐活动来获得快乐，能够缓解身体疲劳和心理压力，是一

---

① 邹雪云．试论休闲娱乐活动在全民健身运动中的地位和作用[J]．体育文史，1999(4)：33－34.

② 邹雪云．试论休闲娱乐活动在全民健身运动中的地位和作用[J]．体育文史，1999(4)：33－34.

③ 毛华萍．论伊壁鸠鲁快乐主义的人生哲学[D]．无锡：江南大学学位论文，2008.

④ 毛华萍．论伊壁鸠鲁快乐主义的人生哲学[D]．无锡：江南大学学位论文，2008.

种很好的休息方式。再次，现代农业科技的发展，使得农民有了大量可自由支配的空闲时间。如果没有适当的娱乐休闲，农民的生活就会单调乏味，生活质量不高。尤其是老年农民，在晚年有大量的时间，也需要丰富的娱乐生活。最后，从我国大部分农村地区的现状来看，农民的业余文化生活显得很单调，缺乏合适的休闲娱乐内容。“求乐”成为他们现实而迫切的需求。

(4)农民对文化的第四类需求为“求健康”

健康权是人的一项基本权利。《经济、社会、文化权利国际公约》第十二条规定：“人人有权享有能达到的最高的体质和心理健康的标准。”追求健康是与文化生活分不开的，或者说，健康权中有着文化的因素，具有文化的性质。①

如今，农民越来越重视自身健康，尤其是在文化生活中越来越注意加强锻炼身体，保持身体健康。但现阶段农民的身心健康状况仍不容乐观。一方面，随着农村经济社会的发展，以及全民体育健身运动的推广，农民的健康意识越来越强，以往农民那种“小病不治，拖成大病”的情况有所改观。同时，农民还通过体育健身运动等方式保持身体健康，“防病胜于治病”的理念越来越受到农民的认可。另一方面，很多农民因为经济和其他方面的原因，“小病不去看，大病看不起”。农民的身心健康特别是农民的心理健康没有受到应有的重视。这导致了部分农民身体、心理在不健康状态时不能得到及时的专业治疗。提升农民的整体健康水平，从现实来看还是一件艰巨的任务。

人的健康应当包括身体健康和心理健康两大方面。大多数农民认识到了保持身体健康的重要性，在日常生活中注重体育健身锻炼，如打篮球、扭秧歌等。农民对身体健康的需求表现较为强烈。但是，农民的心理健康在农村仍然很少受到重视，不仅社会重视较少，农民自身对此也没什么概念。因此，农民在这一层次的需求表现很少。但是现实情况却是，在市场经济和大量农民

① 张英洪．农民权力论[M]．北京：中国经济出版社，2007：304.

工进城务工的背景下,农村家庭生活发生了巨大的变化。农民工及其家人面临着情感、养老、子女教育等诸多问题,给农民造成了巨大的心理压力。这种压力长期存在,必然导致心理问题。遗憾的是,心理健康的这种需求尚未真正引起人们的重视。

综上,农民在文化生活中的需求主要是信息需求、技能需求、娱乐需求及健康需求。这几种需求已成为农民参与文化生活的动力。

1.5.2.2 不断加强农民思想道德教育,构建社会主义核心价值体系

思想道德集中体现着新农村文化建设的性质和方向,对农村经济政治的发展具有巨大的能动作用。只有大力加强农民思想道德教育,才能在农村形成共同理想和精神支柱,才能使广大农民团结一致,在党的领导下努力建设社会主义新农村,提高物质、精神生活质量。农民思想道德教育主要包括三方面内容:

(1)对农民进行党的基本理论、基本路线和农村基本政策教育

首先,对农民进行党的基本理论教育,就是用马列主义、毛泽东思想、邓小平理论、"三个代表"重要思想和科学发展观来教育和武装农村干部、群众。

其次,教育农民理解党的基本路线、基本纲领,一是始终坚持以经济建设为中心不动摇,二是坚持科学发展观,强调协调发展,越是集中力量发展经济,越要加强文化建设,为经济建设的顺利进行提供强大的精神动力、智力支持和有力的思想保证。

最后,让农民了解党的农村基本政策。强调农业在我国国民经济中的基础地位,长期稳定并不断完善以家庭承包为基础、统分结合的双层经营体制,依法保障农民对土地承包经营的各项权利,在确保粮食稳定增产的同时,积极发展多种经营,鼓励和引导乡镇企业健康发展,实行最严格的耕地保护制度,健全农业社会化服务、农产品市场和对农业的支持保护体系,减轻农民负担,强化科教兴农,实行村民自治以及近年来中央制定的一系列"三农"

政策。当前尤其要宣传好新农村建设的有关政策和农村富余劳动力转移就业的有关政策。

(2)对农民进行爱国主义、集体主义、社会主义教育

爱国主义、集体主义、社会主义是我们时代的主旋律,新农村思想道德建设就是要弘扬这一主旋律,激发广大农民的爱国主义情感,强化他们的集体主义精神,引导他们树立中国特色社会主义理想和道德标准,帮助他们逐步形成正确的世界观、人生观、价值观。这是新农村文化建设的灵魂。

现阶段在农村进行爱国主义教育,应当包括以下内容:一是进行现代化建设伟大成就和宏伟目标的教育;二是进行中国历史特别是中国近代史和中共党史的教育;三是进行基本国情教育。

在农村开展集体主义教育应包括以下内容:一是使农民群众弄清集体主义与家庭联产承包责任制的关系;二是使农民明白国家繁荣、集体富裕和个人幸福之间的关系。

对农民进行社会主义教育包括以下主要内容:第一,走社会主义道路是中国人民的历史选择;第二,社会主义制度的优越性;第三,社会主义一定能够战胜资本主义。

(3)对农民进行社会公德、职业道德和家庭美德教育

农村越发展,公共生活领域越扩大,社会公德规范就越多,要求就越高。广大农民社会公德水平的高低,直接影响着社会秩序、社会风气、社会凝聚力,是农村精神文明水平的外在表现,良好的社会公德是一个文明健康农村所必不可少的。在农村开展社会公德教育应包括文明礼貌、助人为乐、爱护公物、保护环境等内容。

在市场经济条件下,良好的职业道德非常重要。我们在一定场合下为人们服务,在另外的场合又会接受别人服务。人们期待着各行各业的从业人员都能在自己的岗位上,模范遵守职业道德,尽心尽力,为他人解决困难,送去温暖。这样,我们的人际关系就会如春风拂面,我们的社会风尚就会变得更加美好,社会就会和谐起来。农村职业道德教育应包括爱岗敬业、诚实守信等

内容。

家庭道德是调整家庭成员之间关系的原则和规范。家庭美德对社会安定团结具有十分重要的作用;同时,弘扬家庭美德是加强社会主义道德建设的需要;家庭美德也是美满幸福生活的力量源泉。因此,必须加强家庭美德教育。在农村开展家庭美德教育应包括夫妻平等互爱、尊老爱幼、邻里团结、勤俭持家等内容。

(4)对农民进行法制教育

遵纪守法是社会主义社会的本质要求,也是社会公德的基本要求,更是社会主义道德风尚形成、巩固和发展的重要手段,特别是在市场经济条件下,加强法制建设更为迫切。社会主义市场经济是法制经济,我们要建立的是法治国家,农村法制建设是农村文化建设的重要组成部分。

法制是一种具有国家强制力的特殊社会规范,它能有效地保证农村经济建设、政治建设、文化建设和社会建设顺利地进行。对农民进行法制教育具有十分重大的意义:加强农村法制教育是加快新农村建设进程的重要保证;有利于强化农民的集体主义意识,保证党在农村的方针政策有效实施;是实现普法目标的重要举措;是确保社会稳定和谐的重要措施。因此,在农村文化建设中,要引导农民在参与市场经济活动中树立新的道德风尚,就必须对农民进行法制教育。

1.5.2.3 发展农村教育,提高农民科学文化素质

《中共中央关于制定国民经济和社会发展第十一个五年规划的建议》明确指出:“发展科技教育和壮大人才队伍,是提升国家竞争力的决定性因素。”教育科学文化既是物质文明建设和政治文明建设的条件,又是提高人民群众思想道德觉悟水平的重要前提。没有广大农民科学文化水平的普遍提高,社会主义新农村建设是不可能搞成的。

(1)发展农村基础教育

党的十六大报告指出:“教育是发展科学技术和培养人才的基础,在现代化建设中具有先导性全局性作用,必须摆在优先发

展的战略地位。”这是我们党对教育的地位和作用的高度概括。

百年大计,教育为本,国运兴衰,系于教育。中小学教育属于基础教育,基础教育是其他各类教育的基础,也是提高国民综合素质的前提。基础不牢,地动山摇。要培养适应新农村建设要求的新型农民,首先必须夯实基础教育这一“地基”。

(2)发展农村职业技术教育

职业技术教育是我国现行各类教育中培养技术和技能应用型人才的主渠道,是科技成果转化为现实生产力的桥梁。与普通教育相比,农村职业技术教育同发展农村商品生产有着更为密切的联系,因为它直接为农村劳动者提供从事商品生产的知识、技术和能力。只有根据生产力发展的需要大力发展农村职业技术教育,使农民获得一技之长,才能将人口压力转化为人力资源,转移农村富余劳动力,使更多的农民走出土地,从事其他产业,增加农民收入。同时,提高农民职业技术水平,有利于促进传统农业向现代农业转变,有利于科学种田,有利于提高农民的素质,为社会主义新农村建设提供人才支撑。

(3)发展农村成人教育

成人教育是基础教育的延续。大力发展农村成人教育对于提高农民素质,推进新农村建设具有重大的现实意义。

首先,大力发展农村成人教育是贯彻落实科学发展观的必然要求。随着农业科技创新步伐的加快,农业和农村经济的发展转到主要依靠科技进步和提高农民素质的轨道上来,农村的生产方式将进一步向集约化转变,这将会更加迫切地要求提高农民的文化科技素质。作为建设我国先进文化的主渠道和基本阵地之一的农村成人教育,要为农村物质文明建设和农村精神文明建设服务,要着眼于我国农民的根本和长远利益,着眼于他们对接受教育的愿望和需求,这是农村成人教育工作的出发点和归宿。

其次,大力发展农村成人教育是农村经济社会发展的必然选择,是实施科教兴农战略的重要措施。近年来,党中央和国务院相继提出了科教兴农战略、小城镇发展战略,制定了新农村建设的宏伟目标,出台了一系列农业产业结构调整的重大举措。这些举措,都对农民的素质提出了更高的要求。同时,广大农民群众在基本实现小康生活后,要求进一步提高生活质量的愿望更加迫切,要求掌握农村实用科技、发展生产的愿望更加迫切,要求学习信息技术、市场营销、商务金融等知识的愿望更加迫切,要求参加农村成人教育、不断提高自身素质的愿望更加迫切。我国农村成人教育外部环境的深刻变化,成为推动我国农村成人教育蓬勃发展的巨大动力。

最后,大力发展农村成人教育是构建终身教育体系,建设学习型社会的重要组成部分。《我国国民经济和社会发展第十个五年计划纲要》明确指出:要"逐步建立终身教育体系"。党的十六届六中全会提出要积极发展继续教育,努力建设学习型社会。成人教育是终身教育体系和学习型社会的主体部分。我国人口的70%在农村,农村成人教育体系的建立和完善,对我国终身教育体系的建立和完善具有决定性的作用。

(4)开展科普教育,推广农业科学技术

现代农业是以现代科技武装农业和农民,不断提高农业的科技水平和农民的素质的高科技化农业。要加快现代农业发展,必须以提升农业科技水平、加速农业科技成果转化、提高农民科技素质为重点,深化农业科技推广体制改革,培育和发展多元化的农业科技创新与推广主体,为现代农业发展提供科技支撑。经过20多年的改革和发展,我国农业科技的研究开发、科技服务和科技推广等都有了长足进步,为农村经济发展奠定了坚实的基础。但从总体上看,农村科技的现状与新农村建设的要求相比,仍有很大差距。因此,必须大力推广科学技术知识,逐步提高农民科技意识,把农业发展转到依靠科技进步上来。

(5)发展农村各项文化事业

这里所说的文化是指文化艺术活动及其设施,是与教育科学并列的,主要包括理论宣传、传播知识信息、从事文化活动的场所设施及体现文化建设发展程度的智力积累的物质形态,如文学艺

术、广播影视、新闻出版、博物馆、图书馆及群众性娱乐活动等。发展农村文化事业的目的就是向农民提供更多更好的精神产品，以满足广大农民日益增长的文化生活需要，提高农民的文化素质和精神境界，推动农村文化建设顺利发展，培养新型农民。农村文化建设的目的决定了农村文化建设在新农村建设中的地位和作用。首先，发展农村文化事业是丰富农民文化生活、满足农民精神需求的重要手段；其次，大众传媒是影响和塑造农民现代人格，促进农民接受现代文明的重要工具；最后，文化建设对形成良好社会风气和文明生活方式，抵制各种腐朽思想侵蚀，维护农村社会稳定，具有重大意义。

1.5.2.4　移风易俗，树立农村乡风文明

风俗习惯作为社会意识的重要组成部分，以独特的方式对社会生活诸多领域发生着重要的影响。习俗不仅渗透于社会生活的各个方面，而且具有重要的社会作用。移风易俗，就是改变旧的风俗习惯，克服社会风俗习惯中落后愚昧的东西。移风易俗，培育农村良好的社会风气，既是农村文化建设的重要内容，也是建立良好的生活秩序，形成科学文明的生活方式，推进农村三个文明协调发展的重大力量。

我们党一直高度重视移风易俗工作，不仅在新中国成立后开展了大规模的移风易俗活动，而且在新时期也高度重视这一问题。1991 年 10 月 26 日，江泽民在浙江视察时指出："在农村的精神文明建设中，要十分重视和认真解决好移风易俗问题，有力地抵制封建残余思想和资本主义腐朽思想的影响和侵蚀。"他还指出："当前，有些农村除了宗教现象比较突出以外，封建迷信、宗族势力以及一些早已绝迹的社会丑恶现象，也开始滋长，有的地方甚至泛滥起来。这必须引起我们的高度重视。否则，任其发展下去，就会严重败坏社会风气和影响农村的安定。努力消除这些现象，是农村移风易俗、推进精神文明健康发展的重要内容和条件。"

在城乡一体化进程中，移风易俗对农民文化权益的保障有着

重要意义：

第一，移风易俗是新农村文化建设的一项重要内容。社会风俗习惯从来就是人类文化的组成部分，是人们精神生活的重要内容。进步的习俗能够帮助人们形成高尚纯洁的道德情操，使人保持昂扬的斗志，促进社会各项事业的发展；落后的社会习俗只会败坏人们的道德情操，使人养成不求进取、我行我素、玩世不恭的作风，对前途失去信心，在社会上形成单纯追求物质享受等不良风气，阻碍生产力的发展和社会的全面进步。因此，农村文化建设必须把移风易俗作为一项重要的内容。

第二，移风易俗是树立和发扬社会主义道德风尚的重要任务。列宁《在全俄省、县国民教育厅政治教育委员会工作会议上的讲话》中指出："教育工作者和斗争的先锋队的基本任务，就是帮助培养和教育劳动群众，使他们克服旧制度遗留下来的旧习惯、旧风气——那些在群众中根深蒂固的私有者的习惯和风气。在考虑党中央和人民委员会十分注意的那些局部问题的时候，决不能忽视这个整个社会主义革命的主要任务。"①斯大林也说过，旧社会遗留下来的旧的习气、习惯、传统和偏见是社会主义最危险的敌人。这些传统和习气控制着千百万劳动群众。在我们各方面的工作中必须克服这些传统和习气，并且以无产阶级的社会主义精神教育新的一代。毛泽东曾经赞扬湖南农民运动在同封建政权作斗争的同时所进行的反对神权、族权和夫权的斗争，高度评价其移风易俗的作用。新中国成立以来，针对社会习俗中一些愚昧落后现象，党和政府曾多次发动群众开展移风易俗活动，对于推动经济建设、创建社会主义新生活起到了积极作用。目前中国正处于社会大变革的时代，同时也是新旧风俗习惯呈现变革的时代，更应当重视移风易俗，培育良好的社会风气，促进农村文化建设。

① 列宁选集：第4卷[M]. 北京：人民出版社，1995：303.

2 城乡一体化中农民文化权益保障的现状

随着我国经济实力不断增强,国家不断加大对文化事业的投入,近几年农民文化权益得到较大提升。而一直以来,我国城乡之间未能建立起均衡增长的良性互动机制,经济持续增长的同时也产生了严重的社会失衡。重庆和成都是典型的大城市带大农村,城乡二元结构矛盾突出,城乡差距大,集合和叠加了我国东部现象与西部现象。2007 年 6 月,国家发改委下发通知,宣布批准重庆市和成都市设立全国统筹城乡综合配套改革实验区。选择西部地区这两个具有重大影响和带动作用的特大中心城市作为继浦东新区和滨海新区后又一国家综合配套改革试验区,对重大政策措施先行试点,具有全局和典型意义。在城乡一体化进程中,成渝两地在不断发展经济的同时,也看到了农村地区文化发展的重要性。两地政府积极响应国家号召,实施文化工程建设,构建农村公共文化服务体系,尽力为广大农民群众文化与城市接轨创造良好的条件,切实保障农民文化权益。本书在研究城市化进程中我国农民文化权益保障的问题时,选择了成渝地区进行实地调研,对成渝地区城市化进程中农民文化权益保障的现状及问题进行了重点考察。

2.1 国家日益重视农民文化权益，法律保障日益增强

我国政府分别于1997年和1998年签署了《经济、社会和文化权利国际公约》和《公民权利和政治权利国际公约》。1998年11月26日，文化部发布了《关于进一步加强农村文化建设的意见》，指出"搞好农村文化建设，发展农村文化事业，对于丰富农民的文化生活，提高农民的思想道德素质和科学文化素质，对于促进农村经济发展和社会全面进步，具有重要的作用"。近年来，党和政府强调以人为本，全面建设小康社会，构建社会主义和谐社会，更加重视农民的文化权益。2005年11月7日，中共中央办公厅、国务院办公厅联合发出《关于进一步加强农村文化建设的意见》，进一步强调加强农村文化建设的重要性和紧迫性。2006年，《中华人民共和国国民经济和社会发展第十一个五年规划纲要》中，规划了公共文化建设重点工程。2007年10月，胡锦涛总书记在党的十七大报告中提出："要坚持社会主义先进文化前进方向，兴起社会主义文化建设新高潮，激发全民族文化创造活力，提高国家文化软实力，使人民基本文化权益得到更好保障。"[①] 2009年4月，国务院新闻办公室发布了《国家人权行动计划（2009—2010年）》，将保障公民基本文化权益纳入人权范畴。2008年8月，新闻出版总署出台了《"农家书屋"工程建设管理暂行办法》。2009年8月，文化部发布了《乡镇综合文化站管理办法》，对农村文化建设进行具体的部署和指导。以上政策的出台和落实，表明党和国家日益重视农民文化权益的保障，把维护农民的经济权益、政

① 胡锦涛．高举中国特色社会主义伟大旗帜　为夺取全面建设小康社会新胜利而奋斗——在中国共产党第十七次全国代表大会上的报告［OL］．http://www.xinhuanet.com，2007－10－24．

治权益和文化权益作为密切联系群众的最重要的内容。

法律规范包括宪法、法律、法规、行政规章、部门规章等,在规定公民文化权利、调整农村文化建设中各方主体的行为和相互关系、保障农民文化生活权益方面发挥着重要作用。

第一,《宪法》对国家在文化建设中的责任和公民的文化权利作出了规定。例如,《宪法》第十四条规定,“国家合理安排积累和消费,兼顾国家、集体和个人的利益,在发展生产的基础上,逐步改善人民的物质生活和文化生活”,明确规定了国家逐步改善包括农民在内的所有公民文化生活的责任。

《宪法》第十九条规定,“国家发展社会主义的教育事业,提高全国人民的科学文化水平”,并详细规定了普及和发展义务教育、中等教育、职业教育、高等教育等各类教育,发展教育设施,扫除文盲,鼓励集体经济组织、国家企事业单位和其他社会力量发展教育。

《宪法》第二十二条规定,“国家发展为人民服务、为社会主义服务的文学艺术事业、新闻广播电视事业、出版发行事业、图书馆博物馆文化馆和其他文化事业,开展群众性的文化活动。国家保护名胜古迹、珍贵文物和其他重要历史文化遗产”。

《宪法》第二十四条规定,“国家通过普及理想教育、道德教育、文化教育、纪律和法制教育,通过在城乡不同范围的群众中制定和执行各种守则、公约,加强社会主义精神文明的建设”。

《宪法》第三十五条规定,“中华人民共和国公民有言论、出版、集会、结社、游行、示威的自由”。

《宪法》第四十六条规定,“中华人民共和国公民有受教育的权利和义务”。

《宪法》的这些规定包括了国家在文化建设中的责任,也包括了公民在文化教育方面的基本权利和义务。这些规定体现了文化权利的平等、自由等基本思想,在农民文化生活权益的保障方面,提供了法律支持。

第二,《民法》、《经济法》、《物权法》、《专利法》、《商标法》等法律对公民的生活交往和文化活动中涉及的民事、经济等法律关系进行调节,同样适用于农民。在农村中,文化企业、剧团、民间文化组织等在相关文化活动中也会涉及各种利益关系,尤其是会涉及农民的文化生活方面的权益,必须依靠法律调整,加以规范。这些法律在保障农民的合法权益过程中发挥了重要作用。

第三,通过法律规范文件,对全国(包括农村)文化建设中的相关事项作出规范。这保证了农村文化建设中的相关事项按照法律规范要求进行,避免了随意行为的发生。如国务院在2006年1月19日颁布的《娱乐场所管理条例》(国务院令第458号)、文化部在2009年8月28日颁布的《营业性演出管理条例实施细则》(文化部令第439号)、2009年9月8日颁布的《乡镇综合文化站管理办法》(文化部令第48号)等。这些规范性文件在农村文化建设中同样适用,并发挥着重要作用。

2.2 农村文化工程实施现状

长期以来,公共文化产品与公共文化服务的城乡二元结构,使得农村公共文化服务处于被边缘化的困境。党的十七大提出,要坚持把发展公益性文化事业作为保障人民基本文化权益的主要途径,加大投入力度,加强社区和乡村文化设施建设;着眼于满足人民群众文化需求,保障人民文化权益,逐步建立覆盖全社会的公共文化服务体系。2007年8月,中共中央办公厅、国务院办公厅印发了《关于加强公共文化服务体系建设的若干意见》,明确提出要实施广播电视"村村通"工程、社区和乡镇综合文化站建设工程、全国文化信息资源共享工程、农村电影放映工程、"农家书屋"工程五项重大公共文化工程,其中"农家书屋"工程与社区和乡镇综合文化站建设工程是最具共同性的文化工程。这五项重大公共文化工程的建设和实施,满足了农民群众日益增长的文化需求,改善了农民的文化生活条件,使得农民群众能够共享文化发展成果,对社会主义新农村的建设、社会主义新农民的塑造具有重大意义。

2.2.1 “村村通”广播电视工程实施现状

广播电视是传播社会主义先进文化、加强社会主义精神文明建设的重要阵地,是人民群众日常生活的重要组成部分。确保政令畅通、确保公共服务、确保人民群众的基本文化权益是政府的首要职责和基本任务。

1998 年 10月,国家广播电影电视总局主持启动了一项跨世纪工程——“村村通”广播电视工程(以下简称“村村通”),以解决全国农村、老少边穷地区广大群众听广播、看电视难的问题。这项被誉为“得民心、顺民心、暖民心、稳民心、聚民心”的重要工程,通过提高农村广播电视网络覆盖来推动农村文化建设,促进社会主义新农村的发展。“村村通”工程对于我国构建广播电视公共服务体系有着重要意义。

表 2-1 “村村通”三个阶段实施状况

阶段	建设范围	覆盖人数(万人)	投入资金(亿元)	节目建设标准
第一阶段(1998—2003 年)	通电行政村 11.7 万个	7 000	17.6	“1+1”:中央一套广播电视节目;省级一套电视节目;
第二阶段(2004—2005 年)	50 户以上通电自然村 93 926 个	2 700	7.5	“4+2”:中央电视台第一、七、少儿频道和本省一套;中央和省级一套电台
第三阶段(2006—2010 年)	20 户以上通电自然村、“盲村”71.6 万个(计划)	4 200	11.3*	“8+4”:在“4+2”基础上再增加中央和省级广播电视节目

*注:该项数据截至 2006 年 6 月。

[数据来源]根据《中国广播电视年鉴》(1998—2007 年各版)整理。

从表2-1可以看出,截至2006年6月,“村村通”完成了11.7万个已通电行政村和近10万个50户以上已通电自然村的广播电视覆盖,有效解决了近亿农民群众收听收看广播电视难的问题。“村村通”工程有力地提高了各地广播电视覆盖水平和农村广播电视公共服务水平。1998年,全国广播综合人口覆盖率为94.05%、电视综合人口覆盖率达到95.29%,而到了2009年,全国广播综合人口覆盖率达到了96.31%、电视综合人口覆盖率则达到了97.23%,比1998年分别上升了2.26个和1.94个百分点①。

2006年9月,国务院办公厅下发《关于进一步做好新时期广播电视“村村通”工作的通知》(国办发[2006]79号),明确了第三阶段“村村通”工程的各项目标任务、具体要求和工作措施。根据党中央、国务院的部署,从2006年到2010年末,要全面完成20户以上已通电自然村、“盲村”的“村村通”工程建设,实现广播电视公共服务均等化的目标,确保广大人民群众的基本视听权益。要完成这个任务,较为艰巨的是解决“盲村”的广播电视覆盖问题。这是因为,“盲村”大都处在边远山区和贫困地区,地形复杂,交通不便,经济欠发达,无论采用无线还是有线方式都很难解决“村村通”。为解决这些地区的广播电视覆盖问题,促进“村村通”工程顺利实施,国家有关部门决定针对“盲村”采用卫星直播方式。卫星直播方式传送的节目套数多、接收质量好、建设运行维护成本低,并且采用了我国自主研发的卫星信号传输标准,可以保障信息安全,便于加强管理,是“盲村”群众接收广播电视最经济、最方便、最有效的方式。“村村通”卫星直播平台,从技术手段上根本解决了边远地区群众收听收看广播电视难的问题,为实现“户户通”、“长期通”创造了条件、打下了基础。卫星直播技术的采用,带来了信号传输方式的改变,使“村村通”实现了跨越式发展,节

① 加强公益性文化事业建设系列报道之二:“村村通”惠民连心[OL]. 光明网(http://www.gmw.cn/),2010-08-23.

目套数由过去的 1 + 1、4 + 2、8 + 4 变为了 40 + 40,“村村通”由“临时通”、低水平向“长期通”、高水平发展,有利于改变边远地区广播电视的落后局面,缩小城乡差距,为边远地区建立公共文化服务体系发挥重要的作用①。2008 年 6 月 9 日,我国成功发射“中星 9 号”直播卫星,并已通过调试、试运行、试点接收等工作。这也意味着“盲村” 的“村村通”工程进入实质性建设阶段。2009 年底前,首批 383 万套卫星直播接收设备安装调试完成,19 万个“盲村”的群众受益。

在我们调查的成都市,近几年加快推进广播“村村响”、电视“户户通”、电影“人人看”三大重点基础工程,进一步增强广播影视覆盖能力和服务能力,全面提升城乡广播影视公共服务均等化水平。成都市创新工作思路和工作模式,采取各项有效措施,奋力推进 20 户以上广播电视自然“盲村”建设,取得显著成效。截至 2009 年 8 月 24 日,全市完成 3 015 个“盲村”77 804 户建设任务,约占全年目标任务总数 2 129 个“盲村”的 141.6%,提前 4 个月超额完成 2009 年度市委、市政府广播电视民生工程“盲村”建设目标任务②。在此基础上,2010 年 3 月又积极安排部署成都市第二批“盲村”建设工作。

成都“试验区”建设启动以来,市广电局以扶持全市对农节目、繁荣发展农村文化作为广播电视公共服务体系建设的重要手段和具体措施,充分发挥文化专项资金杠杆作用,组织市、县两级播出机构陆续开设了 16 个对农专题栏目,全域成都广播电视对农节目制、播体系初步形成。据统计,近年来,成都市广电局共划拨文化专项资金 532 万元,大力扶持对农节目建设,成都电视台《新农村全接触》、成都人民广播电台《城乡好生活》及邛崃《走进

① 张海涛同志在全国广播电视“村村通”工作会议上的讲话[OL]. 国家广播电影电视总局网(http://www.sarft.gov.cn/),2008-06-30.

② 成都市提前超额完成广播电视民生工程“盲村”建设任务[OL]. 成都市广播电视局(http://www.cdgdj.chengdu.gov.cn/),2009-09-29.

“三农”》、彭州《农事春秋》、龙泉驿《本乡本土》、双流《都市农业》、新都《农家顾问》、金堂《农广天地》等对农节目均在当地产生了较大影响。

与此同时,成都市还不断深化宣传思想工作“走进基层”——广播“村村响”送节目下乡和电影放映下基层等系列活动,不断创新广播影视公共服务的载体。成都的农村电影放映队伍,如今已有 200 余支,放映场次达到年均 40 000 余场。值得一提的是,胶片放映正在朝数字化放映迈进。2008 年,全市农村放映 56 000 场(其中为灾区群众和救灾部队放映 15 000 场),实现了一村一月一场电影的目标。

重庆市近几年也在大力推进广播电视“村村通”工程。1998 年至 2006 年,重庆市相继完成了广播电视“村村通”工程的第一、第二阶段任务,“十一五”期间,继续攻克 20 户以上通电自然村、“盲村”卫星直播建设的第三阶段任务。截至 2009 年底,卫星直播建设相关设备累计到货数量为 377 098 套,占合同签订设备数(441 826 套)的 85.3%。从设备安装情况来看,截至 2009 年底,累计安装完成户数 238 144 户,占计划建设任务户数 441 826 的 53.9%,未完成安装任务数 203 682 套。①

根据“村村通”实施计划,2010 年底全部完成全国 71.66 万个 20 户以上已通电自然村、“盲村”的“村村通”建设任务,其中通过卫星直播方式将解决 1 349 万户、近 5 000 万人听广播看电视难的问题。中央财政投入资金还将投入 32 亿元对中部地区国家级贫困县和西部地区“村村通”建设给予补助。②

---

① 重庆市 20 户以上通电自然村、“盲村”直播卫星建设进展情况[OL]. 重庆市文化广播电视局(http://www.cqcrtv.gov.cn/),2010-08-05.

② 加强公益性文化事业建设系列报道之二:“村村通”惠民连心[OL]. 光明网(http://www.gmw.cn/),2010-08-23.

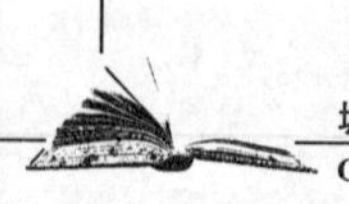

2.2.2 乡镇综合文化站建设工程实施现状

乡镇综合文化站是农村公共文化服务体系的重要组成部分，是党和政府开展基层文化工作的基本阵地，对满足农村群众基本文化需求，推动农村经济社会协调发展、构建社会主义和谐社会具有重要作用。党中央、国务院对乡镇综合文化站建设高度重视。2007 年，文化部与国家发改委共同制定了《全国"十一五"乡镇综合文化站建设规划》，在全国组织开展乡镇综合文化站建设工程。工程目标是从 2007 年到 2010 年，中央计划安排投资 39.48 亿元，地方配套资金 24.8 亿元，在全国新建和扩建 2.67 万个农村乡镇综合文化站，到 2010 年实现乡乡有乡镇综合文化站的建设目标。

2006 年中办、国办《关于进一步加强农村文化建设的意见》中，指出乡镇综合文化站的功能是"集书报刊阅读、宣传教育、文艺演出、科普教育、体育和青少年校外活动等于综合性文化服务一体"；2009 年，文化部结合建设管理实际经验，出台了部门规章《乡镇综合文化站管理办法》(文化部令第 48 号)，从公共服务的角度，对乡镇综合文化站的功能作了进一步定位，指出"(乡镇综合文化站)是指由县级或乡镇人民政府设立的公益性文化机构，其基本职能是社会服务、指导基层和协助管理农村文化市场"。

2007 年，中央安排 1 亿元资金，地方自筹配套资金 5 300 万元开展乡镇文化站建设试点工作，20 个省区 534 个项目列入试点建设项目。2008 年，中央投入 2 亿元，安排 1 250 个乡镇综合文化站建设项目。2008 年 11 月，为进一步扩大内需、促进经济增长，中央专门安排 8 亿元用于乡镇综合文化站建设。至此，中央财政累计投入 11 亿元，支持全国 7 000 多个乡镇综合文化站设施建设。2009 年和 2010 年这两年，中央还安排了 28 亿元，支持乡镇综合文化站建设。目前，全国共有乡镇文化站 32 976 个，村级文化室

10 360个。①

在我们调查的成都市,2007 年就出台了《成都市人民政府办公厅关于做好基层文化设施建设有关工作的通知》[成办函(2007)303 号],将“两馆一站”建设纳入市委市政府督办督察目标。经过两年的建设,成都市基层文化阵地建设取得可喜成果,基本形成覆盖城乡两级的基层公共文化服务网络。迄今为止,成都市共建成 19 个文化馆,其中一级文化馆 6 个、二级文化馆 9 个、三级文化馆 4 个。建成 19 个图书馆,其中国家级图书馆 10 个、省级图书馆 1 个,还有 8 个县级公共图书馆已完成文化部 2009 年的评估定级检查。成都市第二、第三圈层 14 个区市县 238 个乡镇的综合文化站在 2009 年年底已全部建成。每个文化站包括“六大功能”:图书阅览室、电子阅览室、多功能厅、活动展览室、工作室、室外宣传栏或广场艺术长廊,以及一个 2 000 平方米的文化广场。全市郊区市县(除都江堰、彭州、崇州、邛崃、大邑地震重灾区外)共 1 558 个村(社区)综合文化活动室已全部建成开放,实现了郊区(市)县村一级公共文化服务网络硬件的全面覆盖。剩下的 5 个灾区的村(社区)综合文化活动室也在 2010 年全部建成开放。②

在对成都市龙泉驿区的乡镇综合文化站建设的调研中我们了解到,龙泉驿区至 2009 年底已建成 12 个乡镇综合文化站,2010 年还有 5 个在建设中。2009 年 12 月底前龙泉驿区已全面完成了村(社区)级文化活动室(图书“一卡通”、图书室、信息共享工程服务点、体育 1 + 1 工程)全覆盖。2008 年、2009 年两年里政府共投入 2 000 万元,其中:12 个文化站新建、改建,中央和地方政府投入 1 287 万元;147 个文化站(室)和 29 个农民集中居住区文化

① 乡镇综合文化站建设工程[OL]. 中华人民共和国文化部网(http://www.ccnt.gov.cn/),2009 - 05 - 14.

② 我市基层文化阵地建设基本情况[OL]. 成都市文化馆(http://www.ct17.com/),2010 - 07 - 21.

室基本文化体育设施设备配备,政府投入 712 万元。[①] 所调研的文化站,文化专干人员基本落实(大多只配备 4 人),配备了基本的办公设备和活动设施,能够开展一些基本的日常群众文化活动和组织节假日的演出、表演。在活动内容方面,主要以政府、文化主管部门的要求和安排为主,如电影放映、红歌传唱等活动,同时也依托各种社会团体,建立了一些群众文化活动艺术团,如腰鼓队、锣鼓队、合唱团等,还不定期地开办一些家政、农业科技等免费培训活动。

在对重庆市的调查中我们了解到,重庆市早在 2006 年就率先启动了乡镇综合文化站建设工程。按照规划,全市共需建设乡镇综合文化站 915 个,截至 2009 年底,已建成 823 个,在建 92 个。其中,2003 年至 2005 年,重庆市根据中央文明办关于组织实施“百县乡镇宣传文化工程”,中共中央、国务院关于促进小城镇健康发展的若干意见,建设了符合国家发展改革委、文化部要求的 300 平方米以上的文化站共 21 个;2006 年实施并建成 110 个;2007 年实施并建成 222 个;2008 年实施并建成 235 个;2009 年启动建设 327 个,已建成 235 个,在建 92 个。到目前为止,全市已累计投入资金 11 292 万元,其中国家财政投入 9 220 万元,市级财政投入 4 342 万元,区县财政投入 1 530 万元。[②]

2.2.3 全国信息文化资源共享工程实施现状

全国信息文化资源共享工程(以下简称“文化共享工程”)应用现代科学技术,将中华优秀文化信息资源进行数字化加工整合,通过工程网络体系,以互联网、卫星、移动存储、镜像、光盘、有线电视/数字电视网等方式,实现优秀文化信息资源在全国范围

---

① 林永方. 完善运行机制 加强载体建设 有效发挥乡镇综合文化站的功能作用[OL]. http://www.ct17.com/,2010-07-30.

② 乡镇综合文化站建设情况[OL]. 重庆市文化广播电视局(http://www.cqcrtv.gov.cn/),2010-08-10.

内的共建共享。文化共享工程总体目标是充分利用现代高新技术手段、国家骨干通信网络系统，整合中华优秀传统文化以及现有的各类文化信息资源，扩大网上中华文化信息资源的存储、传播和利用，实现全国文化信息资源的共建共享，建成互联网上的中华文化信息中心和网络中心，实现优秀文化信息通过网络为大众服务的目标。

文化共享工程是由文化部和财政部从2002年4月启动的，是新形势下构建公共文化服务体系、惠及千家万户的一项重要文化基础工程，是政府提供公益性服务的重大文化项目，是实现广大人民群众基本文化权益的重要途径。它对于打破落后地区信息闭塞的状况，缩小“数字鸿沟”，提高广大人民群众的科学文化素质，推进社会主义文化大发展、大繁荣和建设和谐社会，具有重要作用。2005年至2006年期间，中办、国办先后下发、转发了《文化部、财政部关于进一步加强全国文化信息资源共享工程建设的意见》、《关于进一步加强农村文化建设的意见》、《中共中央、国务院关于推进社会主义新农村建设的若干意见》、《2006—2020年国家信息化发展战略》等重要文件，推动共享工程建设。

文化共享工程总体目标主要是由政府出面搭建好三个框架：

一是网络框架。实现网络联网的“135”计划，即实现1个国家中心，30个以上省级分中心和5 000个以上县、乡、街道和社区基层网点的联网。即在建设国家中心的基础上，建设30个以上省级分中心或专业分中心；借助国家骨干通信网，在分中心的周围搭建起一个包括全国5 000个以上的县、乡、街道和社区图书馆或文化馆、文化站的联网系统，实现数字文化信息资源的广泛传播与利用。

二是资源框架。完成全国图书馆、博物馆、美术馆、艺术研究等机构的文化信息资源联合目录；完成以“百万册(件)文献共建”与“四个一优秀作品”为核心的数字资源建设，即完成100万册(件)文献、1 000台优秀地方剧目、1 000部优秀音乐作品、1 000部优秀美术作品、1 000件珍贵文物的数字化制作，并提供网上服务；整合贴近大众生活的社会文化信息资源；建设支持文化信息资源共建的基础信息资源。数字资源建设是“共享工程”的核心内容，要根据社会需求，建设包括文化法规、图书、音乐、美术、戏剧、戏曲、文物、文化旅游、文化科技、艺术教育、文化市场、对外文化交流、文化史料、全国知名艺术家等信息的全方位文化数字资源库。

三是服务框架。通过文化信息资源联合目录，建立网上文化信息资源导航系统；利用由国家中心、省级分中心以及基层中心组成的网络开展服务。通过在各级中心之间建立交换和通信机制，在各中心之间实现信息的高速共享，从而充分发挥各级中心的服务职能，满足基层群众对于科普、教育、文艺等多方面的资源需求。同时利用文化信息资源联合目录和各级中心的信息导航功能，建立网上资源导航系统，促进科技、教育、农业等已有的专业网络信息资源的传播，并开展网上参考咨询工作。

为保障全国文化信息资源共享工程的顺利实施，由文化部、财政部牵头建立健全了相关组织机构——成立了全国文化信息资源共享工程领导小组、全国文化信息资源共享工程专家咨询委员会，建立了全国文化信息资源共享工程国家中心，并设立了“文化共享工程”专项基金。

全国文化信息资源共享工程已初步形成省有中心、地县有分中心、乡镇和街道有基层中心、村和社区有服务点的格局。中央财政累计投入已达 15.6 亿元，地方累计投入已超过 15.3 亿元。全国农村党员干部现代远程教育工程、农村中小学现代远程教育工程合作共建乡村基层服务网点超过 51.6 万个，辐射人群上千万，其中绝大多数是边远地区的农民，农村的服务范围得到进一步扩大。[①] 截至 2009 年底，文化共享工程的数字资源总量已达到 90TB（TB 指万亿字节，1TB 数据量相当于 25 万册电子图书或 926

① 文化部全国文化信息资源建设管理中心．全国文化信息资源共享工程技术工作材料汇编［G］．北京：出版者不详，2008．

个小时视频节目)。共享工程依托各地图书馆、乡/镇/街道文化站及村文化室,建立起辐射全国的服务网络,包括国家中心1个、省级分中心33个、市/县支中心2 814个,覆盖率为96%,乡镇基层服务网点15 221个,覆盖率为44%,而村基层服务点也达到79万个。[①] 到2010年,已基本形成资源丰富、技术先进、服务便捷、覆盖城乡的数字文化服务体系,县有支中心,乡村有基层服务点,实现了文化信息"村村通"。

在我们调查的成都市,按照中央关于文化信息资源共享工程建设有关要求,提前两年完成建设任务,已于2008年7月已全面完成9个区支中心和所属乡镇(街道)122个基层服务点的建设,并通过了四川省文化共享工程督导组的检查验收,全部合格。全国文化信息资源共享工程成都市支中心根据成都市9个城区电信网络覆盖率高、拥有1.5Mbps以上带宽的实际情况,采用B/S的网站发布和因特网的访问模式对基层点进行服务,使得广大群众能便捷、快速、免费地享受到容量达18.5TB以上的各类信息资源和电子图书及电子文献服务。

重庆市的文化信息资源共享工程建设于2006年7月启动,截至2009年12月底,重庆市文化共享工程已建成1个重庆市分中心、1个市分中心少儿部、40个区县支中心、乡镇基层服务点321个以及村级基层服务点6 995个。重庆市储藏资源达30.62TB,其中储藏国家中心资源12TB、外购数字资源15TB、自建地方特色资源3.62TB。与此同时,利用文化共享工程平台建成了万州区、涪陵区、南岸区、北碚区、渝北区、巴南区、永川区、南川区、开县、巫山县10个国家数字图书馆县级馆。文化共享工程已实现市级、区县100%,乡镇35%,村78%的覆盖。其中,黔江区、大渡口区、江北区、沙坪坝区、九龙坡区、南岸区、北碚区、万盛区、渝北区、巴南区、长寿区、江津区、合川区、永川区、南川区、双桥区、綦

① 陈原. 我国公共文化服务体系建设日益成熟[OL]. 人民网(http://cpc.people.com.cn/),2010-08-04.

江县、璧山县、梁平县、丰都县、武隆县、忠县、云阳县、巫溪县24个区县村基层服务点已实现全覆盖。重庆市文化共享工程建设走在了西部的前列。①

2.2.4 “农家书屋”工程实施现状

为深入贯彻落实中共中央、国务院《关于推进社会主义新农村建设的若干意见》和《关于进一步加强农村文化建设的意见》，切实解决广大农民群众“买书难、借书难、看书难”的问题，2007年3月，新闻出版总署会同中央文明办、国家发展改革委、科技部、民政部、财政部、农业部、国家计生委联合发出了《关于印发〈“农家书屋”工程实施意见〉的通知》，开始在全国范围内实施“农家书屋”工程。“农家书屋”是为满足农民文化需要，在行政村建立的、农民自己管理的、能提供农民实用的书报刊和音像电子产品阅读视听条件的公益性文化服务设施。被称为“民心工程、德政工程”的“农家书屋”建设以提高农民素质为重点，用知识改变农村面貌，推动农村政治、经济、社会、文化各方面协调持续发展，是加快我国社会主义新农村建设和全面建设小康社会的重要举措。

“农家书屋”工程按照“政府组织建设，鼓励社会捐助，农民自主管理，创新机制发展”的思路组织实施，把各部门、各地区在农村文化建设中的类似项目结合起来，相互补充，同步推进，实现资源整合。同时，广泛动员社会力量参与，鼓励国内外各界采用多种形式、多种渠道进行捐助。“农家书屋”建立之后，将按照农民自主管理、自我服务的模式进行管理和运行。具备条件的书屋，政府将鼓励支持其开展出版物经营活动，通过经营收入进一步支持“农家书屋”的良性发展。每一个“农家书屋”原则上可供借阅的实用图书不少于1 000册、报刊不少于30种、电子音像制品不

① 文化信息资源共享工程建设概况[OL]. 重庆市文化广播电视局(http://www.cqcrtv.gov.cn/),2010-08-10.

少于100种(张),具备条件的地区,可增加一定比例的网络图书、网络报纸、网络期刊等出版物。工程计划“十一五”期间在全国建立20万家“农家书屋”,到2015年基本覆盖全国的行政村。

“农家书屋”工程于2007年正式启动,中央财政当年安排资金1 000万元。2008年,工程建设开始在全国大规模展开,中央专项资金达到61 280万元。考虑各地区自身财力状况和文化事业发展的基础条件,“农家书屋”工程经费实行了有区别的中央和地方分担办法,对于中部和西部地区中央财政分别承担了50%和80%的经费,对于东部地区,则结合各省市“农家书屋”工程建设情况,由中央财政采取“以奖代补”的方式,给予适当的奖励。

2010年8月,新闻出版总署印刷发行管理司司长王岩镔在接受《中国新闻出版报》记者采访时说:“目前全国已建成‘农家书屋’近30万个,覆盖了近50%的行政村,完成了原定的‘十一五’建设任务,而且2010年就将提前启动‘十二五’工作,计划到2012年基本覆盖所有行政村。这比原定计划提前了整整3年。”①

结合“农家书屋”工程,文化部、财政部还为进一步解决基层群众看书难问题而实施了送书下乡工程。2003—2008年工程已累计安排资金1.2亿元,为国家级扶贫开发重点县和乡镇配送图书总数超过890万册,这些图书内容健康,实用性、可读性强,为农村群众提供了丰富的精神食粮,受到农民群众的广泛欢迎。

在我们调查的成都市,从2008年起,在全市每个行政村(涉农社区)均已建成1个“农家书屋”。截至2009年底,成都市(县)两级财政共筹措资金2 624.25万元,为全市所有行政村(涉农社区)配置了出版物、阅读设施,创造了基本的阅读条件。截至2009年6月底,成都已新建“农家书屋”2 037个,加上之前建设的“农家书屋”,在四川省率先实现了全市2 837个行政村(涉农社区)

① “农家书屋”建设呈东中西地区齐头并进态势[OL]. 中国农家书屋网(http://www.zgnjsw.gov.cn/),2010-08-11.

"农家书屋"全覆盖,比全国提前6年实现"农家书屋"全覆盖的目标。① 为充分发掘城市潜在的文化资源,进一步提升"农家书屋"的水准,成都市还在全市20个区(市、县)范围内发起"好书赠农家——成都市文化资源再利用"活动,广泛发动机关、企事业单位、高校、街道(乡镇)、社区和社会各界,积极捐赠内容健康、有实用价值、外观完好的正版图书、期刊、音像等各类可再利用的文化用品,充实全市2 837家"农家书屋"。"农家书屋"的运行主要依靠政府集中采购出版物,虽然满足了大部分农民朋友的需求,但不能满足群众差异化的阅读需求。于是成都市免费发放了200万元"农家书屋"购书卡,用于各地"农家书屋"自主采购书籍。

重庆市各区县把"农家书屋"工程建设作为推进城乡公共文化服务体系建设的重要抓手,从实际出发,科学规划,统筹管理,整体推进,切实抓好"农家书屋"的"建、管、用"。通过设置书刊外借点,便利农村居民借阅。同时,利用书屋平台,开展多种形式的读书讲座活动,努力用活书屋,促进社会主义新农村建设。比如组织书刊作者、编辑到书屋办讲座,农技人员到书屋为农民群众解答种植、养殖中遇到的实际问题,医疗工作者为农民群众讲授卫生健康、生育保健知识,在寒暑假期间组织学生开展课外主题学习活动等。2007年,重庆市"农家书屋"建设工作取得了阶段性成果,落实配套经费340万元,在9 986个行政村中建成"农村书屋"1 363个,配置图书140多万册、期刊2.88万册,书柜2 800余个、杂志柜1 400余个。重庆市大部分"农家书屋"依托村级公共服务中心而建。在2008年,重庆市进一步将村文化室作为村级社会公共服务中心的重要构成部分,与"农家书屋"合二为一,统一推进。到2008年底,重庆市已建成1 400个"农家书屋",同时提高了2006—2007年已建成的3 000个村文化室("农家书屋")出版物配置,使其基本达到新闻出版总署"农家书屋"出版

① 四川成都新建"农家书屋"2 037个[OL]. 中国农家书屋网(http://www.zgnjsw.gov.cn/),2009-08-12.

物配置标准,并在2010年实现9 986个行政村全覆盖。

2.2.5 农村电影放映工程实施现状

农村电影放映工程是国家为丰富农村文化生活,解决农村群众看电影难而实施的公益性工程,也是一项德政惠民工程。"十五"期间,为解决广大农牧民群众看电影难的问题,广电总局提出了跨世纪的农村电影放映"2131 工程",即在21世纪初,基本实现全国农村一村一月放映一场电影的目标,通过五年的实施取得了积极的成效。2000年,国家计委、国家广电总局、文化部联合下发通知,要求各地将"2131 工程"纳入当地经济与社会发展计划,认真组织实施,并按照工程总体规划,国家设立农村电影"2131 工程"专项基金,用于扶持中西部22省区的632个国家级低收入县,开展农村电影放映活动。农村电影"2131 工程"正式启动。2008年,农村电影放映工程纳入公共文化服务体系建设,意味着农村电影发展从工程建设层面上升到了体系建设和政府保障层面。

在"十五"期间,国家投入农村电影放映工程的资金达2.38亿元(其中国家计委1.48亿元,财政部1 200万元,广电总局7 200万元,中影集团600万元),主要用于采购电影放映设备和拷贝。与此同时,国家还向中西部地区资助了16毫米电影放映机6 983台、放电机2 593台、流动放映车1 068辆、35毫米放映双机207套、16毫米电影放映双机1 507套、放映大篷376个、数字放映设备54台、幻灯机159台、电影拷贝22 818个,同时为西藏、新疆等8个少数民族语译制中心更新了民族语译制设备。通过资助,目前农村电影放映条件得到了极大的改善,电影放映能力明显提高,放映场次不断增加,农村电影放映队和放映点也逐步得到恢复。目前全国共有农村电影放映队3.7万支,其中由"2131 工程"资助的新建队7 500余支。"十五"期间共放映电影近1 500

万场,平均每年300万场。①

在我们调查的重庆市,将公益性电影送到农村、社区和学校。2009年全年累计放映电影场次181 629场,其中到农村放映电影场次109 418场,占全部放映场次的60.2%。观看电影观众人数全年累计数为4 801.88万人,其中农村观看人数累计为2 635.69万人,占全部观影人数的54.9%②。2010年重庆市继续贯彻实施农村电影放映工程,计划到万州区、城口县等18个贫困县区的5 285个行政村放映场次数63 420场,并计划到这些贫困县区的农村中小学放映电影36 510场,惠及178.74万农村中小学学生;计划到渝北区、巴南区等15个非贫困县区的3 269个行政村放映电影39 228场,农村中小学放映23 122场,惠及这些地区的120.91万农村中小学学生。③

在我们调查的村中,有71%的村接受过当地政府的"送文化下乡"服务,包括放映露天电影(39%)、综合性文艺演出(20%)、送图书下乡(18%)、举办知识讲座(15%)等。此外,各级文化部门还积极发掘民间文化,培育古镇文化,发展农家乐文化等特色资源,利用各种节庆日,尤其是民族传统节日,开展各种民俗活动、传统文化活动,丰富了农民群众的精神文化生活。

2.3 农村公共文化设施现状

农村公共文化设施是农民开展文化活动的载体,也是推进农村公共文化建设的基础工程。我国现阶段公共文化设施主要有

① 电影局副局长张丕民谈"农村电影放映工程"[OL]. http://news.chinafilm.com/,2007-07-20.

② 2009年重庆市农村电影放映工程(城市社区)统计表[OL]. 重庆市文化广播电视局(http://www.cqcrtv. gov.cn/),2010-08-13.

③ 2010年计划放映场次[OL]. 重庆市文化广播电视局(http://www.cqcrtv.gov.cn/),2010-08-13.

三大类：

(1)社区文化中心(含社区信息苑)、乡镇文化站、村文化室等基层文化设施网络，就近便利地向人民群众提供书报刊阅览、影视放映、文化信息查询等基本服务。

(2)公共图书馆、博物馆、文化馆、美术馆、群众艺术馆等设施建设，满足人民群众公共文化鉴赏、求知等需求。

(3)广播电视设施网，以有线或无线方式实现村村、户户通广播电视，满足人民群众看电视、听广播的需求。①

随着农村经济社会的不断发展，农村居民的生活水平和生活方式发生了重大改变。基本解决了温饱问题以后，农村居民丰富文化生活的需求进一步凸显。在这种情况下，没有进一步的农村公共文化设施建设，就难以满足农村居民日益增长的文化需求。近年来，从中央到地方，各级政府愈来愈重视农村公共文化设施建设问题，农村公共文化基础设施建设成绩显著。

2.3.1 国家对农村文化建设的投入不断增加

各级财政不断加大对农村文化建设的投入力度，为农村文化建设提供了有力保障。

第一，文化事业经费日益增长。据统计，1998 年，我国的文体广播事业费用为 225.379 2 亿元②，到了 2008 年我国的文体广播事业费用③为 1 095.74 亿元，增长了 386.2%，是十年前的近 5 倍。近年来，我国的文体广播事业费用更是逐年上涨，从表 2-2 中可以看到，除 2007 年外，其余各年的文体广播事业费用增速达 20% 以上，其中 2009 年同比增速达 27.14%。同时，文化事业费用来自中央财政转移支付的比例大致为 12%。逐年增长的文化

① 国家“十一五”期间文化发展规划纲要：公共文化服务部分[N]. 人民日报，2006-09-14.

② 国家统计局. 中国统计年鉴(1999)[M]. 北京：中国统计出版社，1999.

③ 2007 年起，文体广播事业费用改称文化体育与传媒，但其统计指标内容与之前的文体广播事业一致。详见《中国统计年鉴(2008)》。

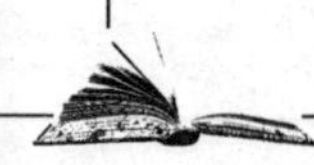

事业费用为我国农村公共文化设施建设提供了重要的资金支持。正如温家宝总理在2008年政府工作报告中所指出的,要加大政府投入力度,加快构建覆盖全社会的公共文化服务体系,加强公益性文化事业建设,特别是加强社区和乡村文化设施建设。这表明我国文化事业费用将进一步向农村地区倾斜。当前文化部的工作重点在农村,以解决农民文化生活贫乏为重点,加强农村公共文化服务体系建设。

表2-2　　财政对文化体育传媒的经费投入情况

项目 \ 年份	全国				重庆市				成都市			
	财政支出总额(亿元)	文体传媒支出			财政支出总额(亿元)	文体传媒支出			财政支出总额(亿元)	文体传媒支出		
		金额(亿元)	同比增减%	占财政支出%		金额(亿元)	同比增减%	占财政支出%		金额(亿元)	同比增减%	占财政支出%
2005	33 930.28	703.40	–	2.07	487.35	10.44	–	2.14	195.24	*	–	–
2006	40 422.73	841.98	19.7	2.08	594.25	12.14	16.28	2.04	252.24	*	–	–
2007	49 781.35	898.64	6.73	1.81	768.39	10.58	-12.85	1.38	356.05	7.39	–	2.08
2008	62 592.66	1 095.74	21.93	1.75	1 016.01	16.54	56.33	1.63	506.43	8.05	8.93	1.59
2009	76 299.93	1 393.07	27.14	1.83	1 318.09	19.04	15.11	1.45	600.97	7.55	-6.21	1.26

注:成都市2005年、2006年文化支出数据未单独列出。

[数据来源]根据《中国统计年鉴》、《四川统计年鉴》、《重庆统计年鉴》历年数据整理。

第二,国家对农村文化建设的投入力度也在不断加大。2007年农村文化投入共计56.13亿元,比2006年的44.6亿元增加11.53亿元,增长25.9%。国家发展改革委从2002年到2005年共投资4.8亿元,用于扶持1 086个县级文化馆、图书馆设施建设,到"十五"期末,县县有图书馆、文化馆的目标基本实现。"十一五"期间,又实施乡镇综合文化站建设规划,国家通过转移支付39.48亿元,新建和扩建2.67万个农村乡镇综合文化站。2007年,中央安排1亿元资金,地方自筹配套资金5 300万元开展乡镇文化站建设试点工作,20个省区534个项目列入试点项目。2008年,中央投入2亿元,安排1 250个乡镇综合文化站建设项目。2008年11月,为进一步扩大内需、促进经济增长,中央专门安排8

亿元用于乡镇综合文化站建设。[①] 在我们调查的成都市，先后筹集10亿多元资金，区(市)县配套4.5亿元，对全市农村中小学校实施标准化建设，努力实施免费义务教育、帮困助学等工程，同时加大了农村图书馆(图书室)、农产品特色产业科技示范、星火科技培训、农村科技服务体系、宽带网等文化基础设施的建设力度。[②]

2.3.2 广播电视事业不断发展

广播电视公共服务体系是公共文化服务体系的主要组成部分，而农村广播电视公共服务体系又是广播电视公共服务体系中的重中之重。近年来，我国广播电视事业不断发展，农村广播电视公共服务体系不断完善。从表2-3中可以看到，农村广播、电视节目综合人口覆盖率逐年上升。农村有线广播电视入户率、农村有线广播电视用户数近年来也呈较大幅度的增长态势。2007年，农村有线广播电视入户率、农村有线广播电视用户数年增长速度分别为11.9%、12.6%。

表2-3　2005—2009年全国及农村广播电视发展概况

年份	广播节目综合人口覆盖率(%)		电视节目综合人口覆盖率(%)		全国有线广播电视用户数(万户)		有线电视入户率(%)	
	全国	农村	全国	农村	全国	农村	全国	农村
2006	95.04	94.11	96.23	95.56	13 995	5 490	37.02	22.86
2007	95.43	94.12	96.58	95.60	15 325	6 180	39.90	25.57
2008	95.96	94.74	96.95	96.06	16 398	6 568	41.63	26.81
2009	96.31	95.10	97.23	91.90	17 523	6 863	43.99	27.77

[数据来源]国家统计局．中国统计年鉴[M]．北京：中国统计出版社，2006—2010各年．

① 新华网．加强农村文化建设 维护农民群众文化权益[OL]．http://www.xinhuanet.com，2009-03-16．

② 王国敏，黄基秉，李玉峰．成都新农村文化建设的经验与建议[J]．成都大学学报：社科版，2009(2)．

2010 年 5 月，国家广电总局发展研究中心出版的《2010 年中国广播电影电视发展报告》（广电蓝皮书）指出，在广播影视公共服务方面，2009 年，广播影视以重点工程建设为抓手，以建立长效机制为核心，在促进公共服务均等化发展、保障人民群众基本文化权益方面取得了重大进展和突出成效。2009 年全年财政投入 245.18 亿元，同比增长 17.71%，占全国广播电视总收入的比重为 13.23%，与上年基本持平。2009 年、2010 年广播电视综合人口覆盖率分别为 96.31%、97.23%，比 2008 年分别增长 0.37%、0.29%。全国共有广播电台 251 座，电视台 272 座，广播电视台 2 087 座，教育台 44 座。开办了 3 985 套公开播出的广播电视节目，其中广播节目 2 675 套、电视节目 1 310 套，此外还有付费电视 139 套、付费广播 39 套，有线电视网络 400 多万千米。20 户以上自然村“村村通”建设以卫星直播为手段，已按计划完成首批近 370 万套卫星直播接收设备的配售与安装任务，使 19 万个“盲村”农户受益，第二批 865 万套也已完成招标工作，全国 20 户以上通电自然村“村村通”2010 年年底全面实现。中央广播电视节目全国无线覆盖工程目标 2009 年已基本实现，中央人民广播电台第一套节目，中央电视台第一套、第七套节目的无线覆盖人口分别超过 11 亿、11 亿、9 亿。以农村数字电影放映工程为抓手，农村电影公共服务体系建设取得重大成果。2009 年已完成了对 4 个直辖市、310 个地级市、2 333 个县级地区、2.61 万个乡镇、43.65 万个行政村的覆盖，农村数字电影流动放映体系和覆盖全国的农村数字电影服务网络初步形成。2009 年全年落实中央财政公益性放映场次补贴专项资金 3.3 亿元，共放映农村电影 781 万多场，比 2008 年增加 66 万场；观众达 18.15 亿人次，比 2008 年增加 2.15 亿人次。①

在我们调查的 470 个村中，近几年文化基础设施发展较快，其中电话网、“锅盖”式天线、电视光纤及文化活动室的覆盖率较

① 国家广电总局发展研究中心．2010 年中国广播电影电视发展报告［M］．北京：新华出版社，2010.

高,分别为72%、61%、59%和47%(见图2-1)。

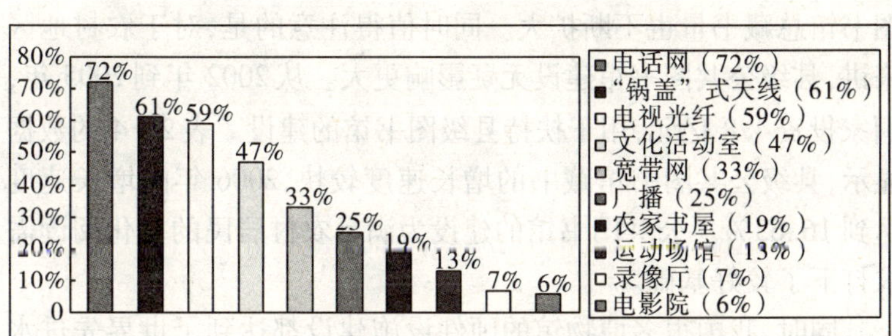

图2-1 被调查村文化娱乐设施覆盖率

2.3.3 学习阅览设施增长较快

中共中央《关于进一步加强农村文化建设的意见》明确指出:"坚持以政府为主导,以乡镇为依托,以村为重点,以农户为对象,发展县、乡镇、村文化设施和文化活动场所,构建农村公共文化服务网络。到2010年,实现县有文化馆、图书馆,乡镇有综合文化站,行政村有文化活动室。"按照这一要求,各级政府加强了图书馆、文化馆、文化站、"农家书屋"等学习阅览设施建设,进一步着力推进农村文化设施建设。

表2-4 2005—2009年我国公共图书馆、博物馆发展情况

年份	公共图书馆(个)	公共图书馆总藏书(万册)	增长率(%)	其中县级图书馆总藏书(万册)	增长率(%)	博物馆(个)
2005	2 762	48 055	4.12	16 919	3.11	1 581
2006	2 778	50 024	4.10	19 736	16.65	1 617
2007	2 799	52 053	4.06	21 200	7.42	1 722
2008	2 820	55 064	5.78	–	–	1 893
2009	2 850	58 521	6.27	–	–	2 252

[数据来源]国家统计局.中国统计年鉴[M].北京:中国统计出版社,2006—2010各年.

从表2-4可以看到,近年来我国公共图书馆建设不断发展,图书馆总藏书量也不断扩大。同时值得注意的是,对于农村地区来讲,县级公共图书馆建设无疑影响更大。从2002年到2005年,国家投资4.8亿元,用于扶持县级图书馆的建设。表2-4的数据显示,县级公共图书馆藏书的增长速度较快,2006年的增长速度达到16.65%。公共图书馆的建设为满足农村居民的文化阅读需求打下了较好基础。

同时,我国很多博物馆的硬件设施建设都达到了世界先进水平。从2004年起,各类国有博物馆、纪念馆、美术馆逐步实行了免费制度,到2009年底,全国各级公共博物馆、纪念馆已有1 444座向社会免费开放,充分显示了公共文化资源的公益性①。

近几年,农村公共文化设施状况有了很大改善,公共文化服务基础设施已现网络化格局雏形,服务全社会的公共文化设施如图书馆、文化馆硬件及其服务有很大提升,初步形成了覆盖乡村的农村公共文化服务体系。到2009年末,乡镇文化站的覆盖率已接近100%(见表2-5)。乡镇文化站作为农村群众文化工作

表2-5　　乡(镇)文化站机构数及覆盖率　　单位:个

数据 区域	2006年末		2007年末		2008年末		2009年末	
	数量	覆盖率%	数量	覆盖率%	数量	覆盖率%	数量	覆盖率%
全国	32 706	79.69	32 976	95.92	33 367	97.28	33 378	97.68
重庆	131	14.54	353	39.35	588	67.51	823	97.40
成都	230	96.64	223	93.7	223	93.7	238	100

[数据来源]根据《中国统计年鉴》、《四川统计年鉴》、《重庆统计年鉴》历年数据整理。

网络的重要组成部分,是开展农村文化工作的基本阵地。按照《"十一五"全国乡镇综合文化站建设规划》要求,乡镇综合文化

① 陈原.我国公共文化服务体系建设日益成熟[OL].人民网(http://cpc.people.com.cn/),2010-08-04.

站活动面积不低于500平方米,应包括多功能活动厅、书刊阅览室、培训教室、信息资源共享服务室和管理用房,并且"在有条件的地方还可适当建设2 000平方米的室外活动场地、宣传栏、黑板报等配套措施"。从中可以看出,乡镇文化站的服务功能的综合性,可以满足农村居民的学习阅读、文化娱乐及体育活动等需求,足见乡镇文化站在农村公共文化设施建设中的重要地位。在"十一五"期间,为实施乡镇综合文化站建设规划,政府共投资39.48亿元,用来新建和扩建2.67万个农村乡镇综合文化站;2009年,县级图书馆、文化馆修缮专项资金已达到3.03亿元;2009年到2013年将安排资金10.59亿元,专门补助中西部地区社区文化设施建设。①

2.4 农民文化生活现状

2.4.1 一些地方农民文化生活单调贫乏,农村公共文化衰落

尽管随着农村经济的发展,农民对生活品质的要求不断提高,对文化生活的需求不断增长,但是我们在调查中发现,在城乡一体化进程中,由于多方面原因,当前农民文化生活总体较单调贫乏,主要表现在以下方面:

2.4.1.1 不少农民以看电视等"私性"文化活动为主

随着经济的发展,农民的物质生活得到了较大改善,但由于农村文化建设滞后,农民的文化生活仍十分单调贫乏。对于很多农民而言,文化生活就是闲暇时候的文娱活动。文娱活动是农民业余文化生活的重要组成部分,是当前我国农民文化生活的主体。但是,在调查中我们发现,农村中大部分农民业余文娱休闲

① 陈原. 我国公共文化服务体系建设日益成熟[OL]. 人民网(http://cpc.people.com.cn/),2010-08-04.

生活非常单调,绝大多数农民都有较多的休闲时间,每天空闲时间1~3小时的占54%,3~5小时的占24%,5小时以上的占11%,但农民的休闲娱乐方式却十分单调,经常参加的文化娱乐活动以看电视(84%)、打扑克或麻将(53%)、聊天(51%)等“私性”文化活动为主,而诸如读书看报、看电影、体育健身、唱歌跳舞、旅游观光等其他文娱活动所占比例较少。单调、沉闷成为农民文化生活最大的特点(见图2-2)。

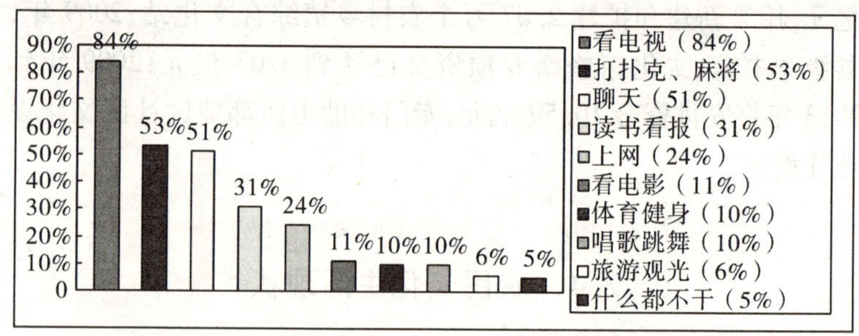

图2-2 受访农民空闲时经常参加的文化娱乐活动

2.4.1.2 一些地方农民公共文化生活和群体文化生活萎缩

农民的社会接触面相对狭窄,文化生活空间较为狭小,精神文化生活空间封闭,农民经常参与的看电视、上网、读书看报等文化活动大部分可以纳入“私性”文化的范畴。相反,农民的公共文化生活和群体文化生活却在不断萎缩。在城市化进程中,出现了一个农村文化发展不和谐、不均衡的格局:农村的“私性”文化在蓬勃发展,农村的公共文化在萎缩倒退。农村公共文化的衰落已成为当前农村文化的一个鲜明特点和重大不足。① 调查中我们发现,农民对村里的公共文化活动参与度较低(见表2-6)。被调查农民中,60%以上的人从不去村里的文化活动室或“农家书屋”,也不参加村里组织的各类集体文化活动,只有8%~9%的人

① 吴理财,李世敏. 农村公共文化的陷落与重构[J]. 中共浙江省委党校学报,2009(3):94-98.

经常参加这类公共文化活动,表明了农民在消费公共文化,享受政府、社会、集体社区所提供的文化资源方面,是相当欠缺的。

表2-6　受访农民参加公共文化活动的情况

选项	参加文化活动室活动	去"农家书屋"看书报	参加村里集体文化活动
经常去	9%	9%	8%
偶尔去	23%	16%	18%
从不去	60%	68%	65%
未填	8%	7%	9%

[数据来源]据问卷调查结果统计。

2.4.2 一些地方农村传统民俗文化生活越来越少

改革开放以来,随着农村经济的发展、城市化进程的加快,农民的生产与生活方式发生了巨大的变化,农民的思想观念、审美情趣等也随之发生改变。同时,外来文化、网络文化给传统民俗文化带来了巨大冲击。我国农村地区的传统民俗文化和本土文化在发展过程中常常受到忽视,遭受冷遇。甚至一些农村地区的优秀传统文化正在趋于消亡。如戏曲等艺术形式在很多老年人中较受欢迎,在大部分年轻人当中却少有市场。如今呼吁拯救民间艺术的文章经常见诸报端,与此相反,除了逢年过节,农民尤其是年轻一代农民的文化生活中却越来越难以看到传统民俗文化的影子。有研究者在文章中指出,"在一些传统民间文化底蕴丰富的地方尤其是少数民族地区,在现代化环境长期忽视的情况下,很多传统民间文化走向衰落。过去家家户户懂山歌、唱山歌的福建某村,如今会唱山歌的居然都是90多岁的老人,而年轻人都听不懂"①。而老年人普遍喜欢的戏曲节目,在年轻人的文化生

① 黄永林.农村文化建设与传统民间文化[J].学习月刊,2006(10):28-29.

活当中也少有市场。

2.5　农民文化需求现状

2.5.1　农民文化需求总体水平不断提高

农民对文化的需求可以分为通俗文化与高雅文化。人们常把高雅的文化艺术称为“阳春白雪”，把通俗的文化艺术称为“下里巴人”。而农民所喜欢的文化恰恰是“下里巴人”。有调查表明，农民特别喜欢通俗的、贴近自己生活的、浅显易懂的文化产品，对那些高雅的、专业性较强的、离自己生活较远的所谓“阳春白雪”类的文化，则不感兴趣。[①] 究其原因，首先，通俗文化多源于农民生活，语言生动鲜活，朗朗上口，易于传播，容易引起农民共鸣。近几年来“草根文化”方兴未艾，正是对通俗文化大受百姓欢迎、大受农民欢迎的最好注释。其次，通俗文化浅显易懂，对于文化水平偏低的农民而言更加容易理解。农民限于其自身经济条件和农村教育条件，总体知识文化水平偏低。所谓“高雅文化”对农民而言过于艰涩难懂，而通俗的、大众的文化则适合了农民的口味。值得指出的是，通俗并不等于低俗。低俗文化与通俗文化虽然都是“俗”，但前者追求积极向上的精神，后者却追求低级颓废的乐趣。[②] 当前农民文化产品鱼龙混杂，部分文艺节目、书籍、音像制品存在低俗倾向，应当引起警惕。

总体而言，我国农村经济发展水平较为落后，大部分农村农民的文化生活水平很低，文化生活单调贫乏。农民对精神文化生活的需求水平与城市居民相比仍然存在较大的差距。所谓农民文化需求水平，就是指农民对文化生活需求的强烈程度。有研究

---

① 王廷兴，等．农民呼唤文化小康——襄樊市农民文化需求调查[J]．湖北社会科学，2004(7)：140－142.

② 陈长生．文艺的通俗与低俗[J]．文艺理论与批评，1997(5)：105－106.

指出,由于经济条件的限制,农民对文化的消费仍然不够旺盛。统计显示,超过一半的被调查成都地区农民年文化消费在200元以下。[①] 但是,随着我国农村经济的发展,绝大部分农民的温饱问题早已得到解决。与过去相比,农村家庭逐渐富裕、生活水平逐渐提高,在文化方面的需求也越来越多。农民文化需求水平的提高集中表现在以下几个方面:

一是文化消费支出在农民总支出中所占的比重越来越大。农民收入的增长带动了消费支出的扩大,尤其在文化消费支出上越来越多。很多农民家庭中不仅有了收音机、电视机、DVD、音响,还安装了网络,购置了电脑,从多种渠道了解信息。一些城市郊区的农民的文化消费水平已经与城市居民相差不大。

二是农民用于文化生活的时间越来越多。随着农业机械化的推广,农业生产效率大幅度提高,农民客观上有了更多的闲暇时间,而用于文化生活上的时间也相应增加。

三是农民文化生活的内容越来越丰富,空间范围越来越广。从农民文化生活的内容上,总体而言也更加丰富。除了官办文化,许多地区农民还自办各种文化活动。

2.5.2 不同地区、不同群体的农民文化需求差异较大

本研究认为,影响农民文化需求水平的因素主要有三个方面:一是农村的政治经济发展现状;二是农村的文化建设发展状况;三是农民的群体特征和个体特征。因此,不同经济发展水平的地区之间、不同群体及不同个体特征的农民之间,文化需求差异较大。

2.5.2.1 不同地区之间经济发展水平的差异导致农民的文化需求差异

改革开放以来,我国农村家庭联产承包责任制由试点到全国铺开,并逐步形成了社会主义农村市场经济体制。近年来,由于

---

① 蔡少远,等. 成都市农民文化需求调查报告[J]. 中华文化论坛,2007(1):136-148.

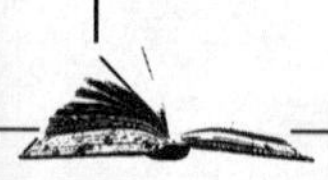

国家对农村的发展越来越重视,包括农村税费制度改革在内的各项农村惠农富农措施接连出台,大力促进农村经济发展,农村经济因而得到较快发展。但是我国农村人口基数巨大,农村经济基础十分薄弱,以农业种植为主的农村在经济发展的道路上困难重重。这些年来,农业和农村的深层次矛盾限制了农村经济的发展,农村与城市居民在社会财富分配上的差距不仅没有缩小反而还在扩大,农村与城市二元结构依然没有得到根本扭转。这些情况都使得农村经济社会的发展受到束缚。

首先,农村经济发展水平决定了该地区农民文化生活的需求水平。根据马斯洛需求层次理论,人们只有在满足了衣、食、住、行等基本生活需求后,才会产生更高层次的需求。文化需求是较高层次的需求。在经济欠发达地区,农民将更多的精力投入到如何致富方面,文化需求相对就变得不是那么重要。有研究显示,经济发展水平高的地区农民文化需求旺盛,而经济发展水平较低的地区农民文化需求较弱。①

其次,农村经济发展水平还决定了该地区农民文化需求的内容。一般而言,贫困地区的农民精神文化生活相对贫乏。因为文化建设资金投入的不足,很多贫困农村相关文化设施和文化队伍建设以及文化活动的宣传组织都处于空白状态。而相对富裕的农村地区公共文化设施较为齐备,农民对文化生活的内容丰富程度和质量水平提出了更高的要求。

2.5.2.2　不同地区之间农村文化建设水平的差异导致农民的文化需求差异

在文化建设比较落后的地区,农民的闲暇时光通常是聊天、看电视、打牌等活动。由于文化设施、资金、人员、场地的缺乏和相关制度的欠缺,丰富的文化生活对于农民而言常常是奢望。而这种贫乏的文化生活反过来又使农民的文化生活需求受到抑制。

---

① 阳畅宏,刘晓忠.当前农民精神文化生活需求状况调查[J].学习导报,2006(2):34-35.

而在文化建设比较好的农村地区,农民在业余有了更多的文化生活内容。农民可以选择不同的文化生活的方式和内容,满足自身对文化生活的需求。这在客观上就刺激了农民文化需求的不断增长。也就是说,农村文化建设越好,农民文化生活越丰富,农民的各种文化需求越强烈;反之,农民的文化需求则相对较弱。

2.5.2.3 农民的群体差异和个体差异造成了农民的文化需求差异

农民文化需求的群体差异指农民内部不同群体对文化生活有着不同的需求,主要表现为三类群体差异:

一是农民工群体和留守农民群体的文化需求差异。按照一般理解,农民就是具有农村户口、从事农业生产的人。但在我国城市化进程中,出现了大量进城务工农民即"农民工"这一特殊农民群体。如果对我国现阶段的农民群体进行划分,最具意义的无疑是农民工和传统农民两个群体的划分。这两个群体的生产生活方式不同,对文化生活的需求也存在显著差异。传统农民的文化生活需求具有浓厚的农村特征。而农民工群体虽具有农村户口,却以进城务工为主要生活来源,基本脱离了农业生产。他们的文化需求既有传统农民的特点,又有城市居民的色彩。

二是不同年龄段的农民群体文化需求差异。调查显示,不同年龄段的农民,其文化生活内容显现出不同特征。相对于老年农民,年轻农民总体文化水平较高,且很多年轻农民有外出打工的经历,因此对多样性的文化生活接受较快,上网、K 歌等许多城市居民的文化消费方式,也成为他们文化生活的一部分。例如,虽然看电视在所有农民文化生活中都占有很大比重,但老年人看电视所用的时间更多一些。

三是不同文化水平的农民文化需求差异。我们的调查显示,农民学历水平越高,去"农家书屋"读书看报,去村里文化活动室参加活动,参加村里组织的集体文化活动,接受政府组织的科技指导、各类培训及信息服务的积极性越高。其中看书报、看电影和上网的差异更加突出。例如,小学文化程度的农民中只有 14%

上过网，而大专以上文化程度的农民中有81%经常上网。而且，文化程度越低，对封建迷信活动越感兴趣（见图2－3）。

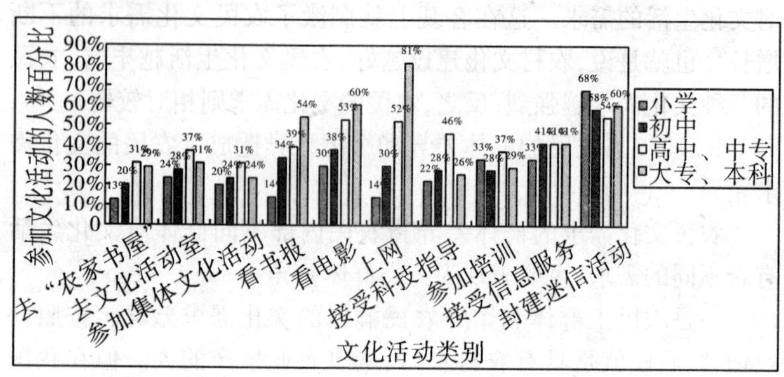

图2－3　不同学历的受访农民参加各类文化活动的比例

调查还显示，绝大多数农民都希望政府提供更多的科技指导、信息服务及各类培训，也希望村民能够参与文化活动民主管理，但不同学历的农民的上述需求也有一定差异，存在学历越高，需求越强烈的趋势。而在对待各类红白喜事的态度上，多数农民都倾向于举办各种仪式，甚至大操大办，其中小学文化程度的人偏好更强一些（见图2－4）。

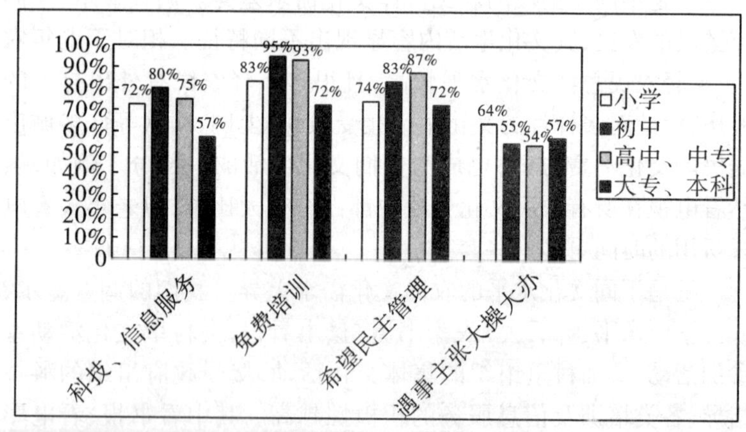

图2－4　不同学历受访农民的文化偏好及对文化服务的需求

农民文化需求的个体差异指每个农民不同的个体特征对文化的需求有影响。比如,有的农民喜静,其文化生活就倾向于读书、看电视、下棋等较为“安静”的内容;有的农民喜动,其文化生活就倾向于唱歌跳舞、体育运动等相对“热闹”的内容;又如有的农民擅长表演,有的农民擅长创作,等等,这些不同特点导致其文化生活需求也不尽相同。在本书中,个体特征对文化生活的影响不是研究的重点,故不再赘述。

3 城乡一体化中农民文化权益保障存在的问题

在城乡一体化进程中,农民的文化需求增长迅速,且向多样化方向发展,国家对农民文化权益日益重视,对农村公共文化服务的投入力度也在不断加大,农民文化生活水平不断提高。然而通过对成渝地区的实地调研和问卷调查,我们发现一些地方在公共文化建设和公共文化服务中仍存在诸多问题,损害了农民文化权益。

3.1 农村文化基础设施滞后于经济发展的需要

随着改革开放的深入和农村社会经济的发展,农村文化设施建设取得了很大成就,初步形成了多层次、多体制的文化网络和国家、集体、个人一起举办文化事业的新格局。但是一些地方农村文化基础设施仍相当落后,滞后于经济建设发展的需要,与农民群众的精神文化需求不相适应。

3.1.1 农村公共文化设施建设落后,不能满足农民需要

农村公共文化设施既是农民文化生活的载体,又是农村文化建设的物质载体。文化设施建设的情况,与农民文化生活的状况息息相关。文化场所、装备、器具等文化设施建设的状况,是该地区农村文化建设和农民文化生活水平的重要依据之一。总体而言,农村公共文化设施主要分为四大类:一是艺术表演设施,主要

指戏曲、歌舞、杂技等各种文化艺术表演所用的场地、设备等；二是学习阅览设施，主要指供人们学习文化、了解时事、获取知识的阅览室和图书馆等；三是文化娱乐设施，主要指供人们休闲娱乐的场所和设施，如网吧、老年之家、舞厅等；四是体育健身设施，如运动场地、篮球、乒乓球等。

农民文化生活活动的良好开展，离不开相应的基础设施。随着国家和政府对农村文化设施的建设越来越重视，农村文化基础设施建设有了较大发展。农村基础文化设施已开始承担起农村农民学习知识、休闲娱乐、健身强体等功能。但是，总体而言，农村文化设施建设与城市相比还是落后很多。当前我国农村普遍面临的情况是资金投入不足，文化基础设施不够完善，结构不合理，不能满足农民文化生活需要。当前我国农村公共文化设施建设存在的问题主要体现在两方面：

3.1.1.1　部分地区农村公共文化基础设施逐步萎缩，且现代化水平低

一方面，原有文化站等场所被挪作他用或由于建筑规划调整等原因而被拆除，却由于资金等原因没有新建。我们在调查中了解到，许多乡镇文化站已经名存实亡，或者根本就没有。另一方面，由于重视程度不够，缺乏资金支持，相关文化设施年久失修，设备简陋，欠缺维护，失去功能；现代化的高科技产品尚未广泛进入农村文化设施中，如计算机网络、多媒体等设备，乡镇文化站很少配备。这成为多数农民很少参加公共文化活动的另外一个客观原因。

从前文的表2－6可以看出，多数农民从不去村里的文化活动室参加活动（占60%），其主要原因就是文化活动设施太差。在关于农民“从不去或很少去村里文化活动室参加活动的主要原因”的调查中，“村里没有文化活动室”占比重最高（占43.89%），其次是“活动室房屋太小、拥挤，设备简陋，环境差”（占12.54%），还有的村文化活动室由于经费等原因，开放一段时间后就关闭了（占19.76%）（见图3－1）。

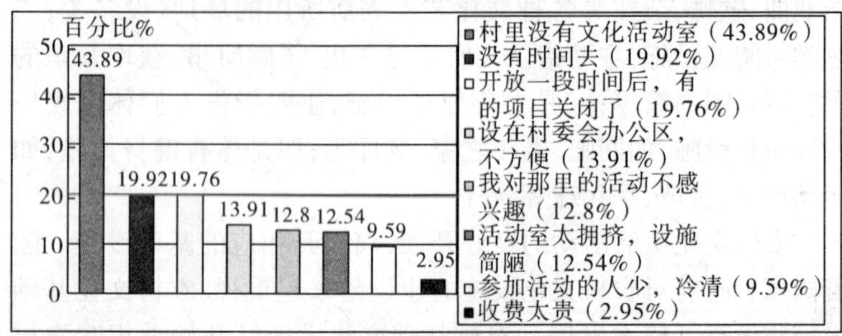

图 3－1　受访农民从不去或很少去文化活动室参加活动的主要原因

表2－6还显示，有68%的被调查者从不去“农家书屋”看书报，还有16%的人很少去，其主要原因还是设施不足，高达53.37%的被调查农民选择“村里没有‘农家书屋’”，有8.69%的人认为“去那里看书太远，不方便”，5.95%的人选择“书屋面积太小、拥挤，设备简陋，环境差”。此外，“书报种类少，不喜欢”、“书报很陈旧，很少更新”也成为少部分农民拒绝去“农家书屋”看书的原因（见图3－2）。

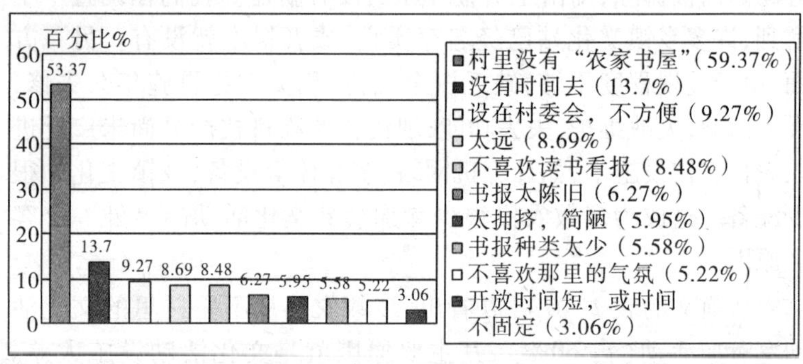

图 3－2　受访农民从不去或很少去“农家书屋”读书看报的主要原因

3.1.1.2　农村公共文化设施的结构体系不合理

农村公共文化设施的供给与农民文化生活对文化设施的实际需求之间产生脱节与错位。图3－1和图3－2反映了部分农村的农民文化活动室和"农家书屋"设在了村委会办公区,不方便农民参加活动和读书看报。不愿去村里文化活动室参加活动的被调查者中,有13.91%是由于"文化活动室设在村委会办公区,不方便参加活动";而不愿去"农家书屋"看书报的被调查者中,有9.27%的人是因为"'农家书屋'设在村委会办公区,不方便去"。

3.1.2　农村公共文化设施利用率低

前已述及,近几年农村文化基础设施建设步伐不断加快,农村文化基础设施得到极大改善。从表2-3也可以看出,与全国平均水平相比,农村的广播、电视节目综合覆盖率相差无几,但有线电视入户率却有较大差距,其原因主要是光纤入户费及收视费用太高,其结果当然会影响到农民观看电视节目的数量和质量,最终影响到农民从电视节目中获取的信息量,从而与城市居民有较大差距。

虽然近几年农村文化设施有了很大改善,但是由于观念不新、机制不活、投入不配套、阵地渐渐萎缩、辐射功能差,设施难以充分发挥作用。虽然全国大部分县(市)建立起了图书馆、文化馆,但由于历史上欠账较多,有一部分是有名无实、有馆无址或有址无馆,有的虽是有馆有址,却派不上用场,不能正常开展工作。从乡镇看,相当多的乡镇文化站还停留在"一个位子(即一名工作人员)、一块牌子、一枚章子、一间房子"的水平上,有的连单独的房子也没有,文化活动器材更是少得可怜,很难开展活动。并且在现有馆站中,大多数或面积狭小,条件简陋,或馆舍破旧,年久失修,有的已被鉴定为危房,这种情况在中西部尤为突出。从村庄看,一些经济落后的村还没有文化活动场所,可供广大农民消费的文化资源总量偏少、质量不高,从而导致农民群众文化生活十分贫乏。调查显示,农民文化生活贫乏的问题是农民反映强烈的农村三大问题之一。

许多农村不仅文化基础设施薄弱(参见图2-1),而且利用率较低(见表2-6)。我们在调查中发现,尽管有些富裕乡镇和

村建起了较为现代化的文化活动场所,但仍有相当多的地方由于财力有限,农村文化设施建设投入得不到保证,设施面积不足、设备陈旧老化,甚至有的被挤占、挪用和变卖。尽管我们调查的村绝大多数都通电话、电视网,但由于电视光纤未接通到每一户,光纤入户费及电视收视费偏高(42%的住户认为偏贵),因此只有43%的农户安装了电视光纤,有43%的农户自行安装"锅盖"式天线接收电视信号。由于文化经费短缺等原因,农村许多文化设施被闲置、文化活动难以开展。尽管97%以上的乡镇都有文化站,但大多数文化站条件简陋,有的站只有一块牌子、一张办公桌,大约只有50%左右能够正常开展工作。我们调查的行政村基本上都有图书室或"农家书屋",但由于多数设在村委会办公区内,多数农民都不知道(占81%),知道的也觉得不方便去(占10%),因此68%的农民从未去过,只有9%的人经常去。农村文化活动室的覆盖率虽然达到47%,但经常去村里文化活动室参加活动的农民也只占9%,大多数农民(占60%)从未去过,主要原因是有的村里没有文化活动室(占44%),有的开放一段时间后就关闭了(占20%),有的设在村委会不方便去(占14%),还有的设施过于简陋(占13%)(参见图3-1、图3-2)。宽带网的利用率也很低,调查对象中只有11%经常上网,63%从不上网,主要原因是不会使用电脑(占46%)和上网条件差,不方便上网(占29%)。

3.2 农民文化需求与文化服务供给之间存在矛盾

近年来,我国农村经济有了进一步发展,农民对文化生活的需求也越来越旺盛,即使在经济相对落后的农村地区,村民们也渴望享有更加丰富的精神文化生活。而我国广大农村地区所面临的事实是,除个别较富裕的村镇外,绝大多数农村在文化建设上相当落后。文化生活的需求与文化服务的供给之间长期以来存在着不小的矛盾,主要表现为以下两点:

3.2.1 文化产品和服务供不应求

如前文所述,我国农民对文化生活的需求是多种多样的。从需求水平上来讲,农民对文化生活的需求水平也越来越高。因此,可以说,随着农村经济社会的发展,农民的文化生活需求在量上是越来越大,越来越多。然而,在文化服务的供给方面,却远远不能满足农民的需要,形成了供不应求的局面。

公共文化服务是指目标界定于保障公民的基本文化生活权利,以政府为主导、社会参与、向公民提供公共文化产品与服务的制度和系统的总称。[①] 应该说,公共文化服务是保障农民公共文化生活需求得到满足的重要渠道。而政府在公共文化服务体系中发挥着主导作用,负有不可推卸的责任。因此,公共文化服务对于满足广大农民的文化生活需求而言,其重大意义不言而喻。但长期以来,各级政府在农村建设中存在重经济轻文化的倾向,在文化建设中又存在重形式轻建设、重活动轻服务的现象,造成了公共文化产品供给不足,难以满足广大农民文化生活需要的现状。其主要表现为公共文化产品和服务尤其是官办文化的供给主要停留在乡镇一级,没有深入到广大农村,缺乏农民广泛参与。从公共文化服务供给的量来看,诸如“三下乡”等活动虽然取得了可观的效益,但还远远不能满足农民巨大的文化生活需求。要为农村提供多层次、高质量的公共文化产品和服务,必须加大资金的投入。但从目前的状况来看,农村地区文化建设的投入普遍不足。这就限制了公共文化产品和服务的进一步产出。

3.2.2 文化产品和服务的供给不符合农民现实需求

公共文化服务的供给的另一个问题是供给的文化产品和服务与农民文化生活需求产生错位,即“所供非所需”。如前文所

---

① 蔡辉明. 新农村公共文化服务供给均等化的制度设计[J]. 老区建设,2008(10):47-50.

言,官办文化是公共文化的主要组成部分。而政府在倡导和推行官办文化过程中,往往强化了政府导向或者带有政府的主观倾向。在政府未对农民文化生活的真实需求了解和掌握的情况下,常常出现一种情况,就是政府所提供的文化产品、服务与农民的文化生活需求产生脱节,在农民群众中得不到反响,最终使耗费人力物力财力的官办文化达不到预期效果。

与官办文化不同的是,民办文化在文化产品和服务的供给上具有得天独厚的优势。民办文化的主办者多为民间组织和农民个体,相对于官办文化,对农民的文化生活需求更加了解。同时,民办文化少了官办文化天然带有的政治性、限制性,从农民的现实生活出发,更容易获得农民的欢迎。因此,现实中民办文化显示出勃勃生机。尽管改革开放以来,我国的文化建设取得了长足进步,然而农村文化建设仍然相对滞后,公共文化服务资源短缺,公共文化服务不力。从总体上来看,当前农村地区文化发展依然滞后于经济社会发展要求,公共文化服务供给不足,不能满足农民群众强烈的文化需求,这在一定程度上阻碍了农民对公共文化服务权益的享受,文化产品和公共文化服务供给不足仍然是农民文化生活单调的主要原因。

调查发现,农村的公共文化产品和服务与农民的文化需求仍然存在较大差距,主要体现在两个方面:

3.2.2.1 政府组织的文化活动不能满足农民需要

(1)村集体组织的文化活动不能满足农民需要。在我们调查的村中,有66.6%的村在过去一年中组织过集体文化活动,其中35.32%的村组织过“文明家庭”、先进个人等各类评比活动,30%的村组织过各种民间歌舞表演,有8.3%的村组织过拔河、球类比赛等体育活动,但是仍有33.4%的村从未组织过任何集体文化活动(见表3-1)。

表 3 - 1 村集体组织农民群众文化活动的情况

集体文化活动内容	各类评比活动	歌舞表演	体育比赛	从未组织过活动
所占百分比(%)	35.32	30.00	8.30	33.40

[数据来源]根据问卷调查结果整理。

农民参加村集体组织文化活动的比例较低。经调查,在受访农民中,有65%的人从未参加过村集体文化活动,主要原因包括:村里没有组织过任何活动占42.94%(实际上只有33.4%的村未组织过活动,表明部分活动未能让所有农民知晓)、在外打工不方便参加占23%、不感兴趣占18%(主要是年轻人)、事先不知道占16%(见图3-3)。

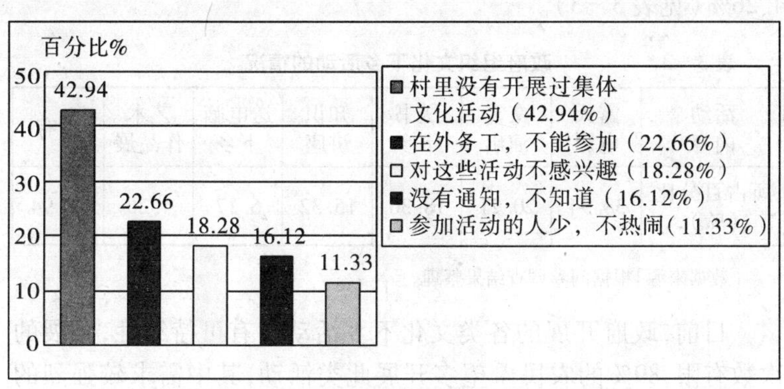

图 3 - 3 受访农民从未参加或很少参加集体文化活动的原因

事实上,农民对集体文化活动的需求很强烈,在被调查者中,有88%的农民希望村里经常开展群众性文化娱乐活动,尤其希望多开展热闹的活动(占53%),并希望开展活动前多宣传(占46%),活动内容多征求村民的意见(占35%)(见表3-2)。

表 3－2　　受访农民对村集体文化活动的希望

	经常开展活动	热闹的活动	活动征求村民意见	加强宣传	无所谓
占受访总人数的比例	42.98%	52.98%	35.11%	45.96%	12.34%

[数据来源]根据问卷调查结果整理。

(2)政府组织的各类“送文化下乡”活动不能满足农民需要。在我们调查的村中,在过去一年里,有71.06%的村接受过当地政府组织的各种文化下乡活动,其中送电影下乡占38.94%,综合文艺演出占20.21%,送图书下乡活动占18.3%,开办各类知识讲座占15.32%,送电脑下乡占6.17%,举办各类艺术作品展占4.26%(见表3－3)。

表 3－3　　政府组织文化下乡活动的情况

活动内容	露天电影	文艺演出	送书下乡	知识讲座	送电脑下乡	艺术作品展	没有
所占百分比(%)	38.94	20.21	18.30	15.32	6.17	4.26	28.94

[数据来源]根据问卷调查结果整理。

目前,政府开展的各类文化下乡活动没有可持续性,开展的次数有限,89%的农民希望多开展此类活动,其中需求较强烈的有送电影下乡(占44%)、综合文艺演出(占38%)、知识讲座(占35%)及送图书下乡(占21%)(见表3－4)。

表 3－4　　受访农民对“送文化下乡”活动的需求调查

	经常组织	免费电影	文艺演出	知识讲座	各种展览	送书下乡	无所谓
占受访总人数的比例	40.21%	43.4%	37.45%	34.89%	17.66%	20.85%	11.49%

[数据来源]根据问卷调查结果整理。

3.2.2.2 农村公共文化服务不能满足农民需要

农村公共文化服务供给不足主要体现在农村文化设施建设和政府提供的各种文化服务与农民的需求之间存在较大差距。

(1)农村公共文化设施严重不足。在我们调查的村,除电视和电话网络外,其他文化设施覆盖率都很低,只有6.17%的村拥有电影放映条件,拥有录像厅的村也只占6.81%,“农家书屋”、文化活动室、运动设施等覆盖率都在20%以下(详见图2-1)。农村公共文化设施是农民文化生活的基础条件,是保障农民文化权益的物质基础。农村公共文化设施严重缺乏,是导致农民文化生活单调、农民文化权益保障缺失的重要原因。

农村文化设施不仅严重不足,而且在结构上与农民的需求之间存在较大差距。有学者对我国当前农村公共文化设施的供给和需求以表格形式进行了对比,显示出已经供给的文化设施和农民所需求的文化设施之间存在一定的错位(见表3-5)。

表3-5 农村公共文化设施供给与需求对比

排序	供给(已有)	需求(期望)
1	有线电视/差转台	文化活动站/服务中心
2	文化活动室(中心)	图书馆(室)
3	农民技术学校	农民技术学校/培训班
4	有线广播	体育场地和体育器材
5	老年活动室	青少年活动中心(馆)

[资料来源]转引自:吴碧英.新农村公共文化设施建设的现状分析与战略思考[J].福建教育学院学报,2009(4):29.

从表3-5可以看出,文化活动站(文化服务中心)、图书馆(室)、体育场地和体育器材、青少年活动中心(馆)是农民期望但目前尚未建设的文化设施,而虽然已经拥有农民技术学校,但显然还不能满足农民的需求。

(2)各种文化服务不能满足农民需求。在农村,乡(镇)文化站是承载政府公共文化服务的主要机构,但目前多数农村地区的乡(镇)文化站没有发挥应有的作用,有的甚至处于瘫痪状态。在我们调查的地区,有50.27%的乡(镇)没有文化站或即便有也不为农民所知。在有文化站的乡(镇),活动开展也十分不理想,有25.68%的文化站从未开展过任何服务,开展过科技服务或培训讲座的文化站所占比例只达到50%左右,提供上网服务的仅占19.13%(见表3-6)。

表3-6　　乡(镇)文化站开展服务的情况

文化站的服务	图书室	上网	科技指导	培训讲座	没有开展服务
所占百分比(%)	72.13	19.13	49.18	52.46	25.68

[数据来源]根据调查问卷结果整理。

乡(镇)政府提供的文化、科技、信息服务与农民的需求之间存在较大差距。调查显示,在过去一年中,80%以上的乡镇为农民提供过各类文化服务,其中为农民提供过农业科技指导的乡(镇)占37.02%,提供过市场信息服务的乡(镇)占17.02%,提供过求职信息服务的乡(镇)占20.64%,提供过农业实用技术培训的乡(镇)占32.34%,提供过就业技能培训的乡(镇)占25.53%,提供过电脑及网络应用技术培训的乡(镇)占11.49%,提供过经营管理、市场营销、文化素质、外语应用能力等培训的乡(镇)占4.04%(见表3-7)。

表3-7　　政府组织科技指导、信息服务及培训的情况

文化服务内容	科技指导	市场信息	求职信息	实用技术培训	就业技能培训	电脑、网络应用培训	文化、英语培训
所占百分比(%)	37.02	17.02	20.64	32.34	25.53	11.49	4.04

[数据来源]根据调查问卷结果整理。

政府提供的文化、科技、信息服务与农民的需求之间仍然存在较大差距。过去一年中,80%以上的乡镇为农民提供过农业科技指导,市场信息、求职信息等信息服务,以及就业技能、农业实用技术、电脑网络应用技术、经营管理、市场营销、文化素质、外语应用能力等免费培训。但是,70%的受访者从未接受过当地政府的科技指导,56%的受访者从未接受过政府提供的信息服务,47%的农民对政府的信息服务不满意或不太满意,68%的受访者从未接受过政府提供的免费培训,31%对政府的培训服务不满意或不太满意(见表3-8)。

表3-8 受访农民过去一年中接受政府文化、科技、信息服务的情况

	有过多次	有过几次	从未有过
接受政府科技指导	7%	23%	70%
参加政府组织的免费培训	6%	26%	68%
接受政府信息服务	6%	38%	56%

[数据来源]根据问卷调查结果整理。

在调查对象中,仍有70%从未接受过当地政府的科技指导,主要原因是:有的地方没有提供过科技指导或农民不知道、科技指导的内容不符合农民需要或不实用(见图3-4)。

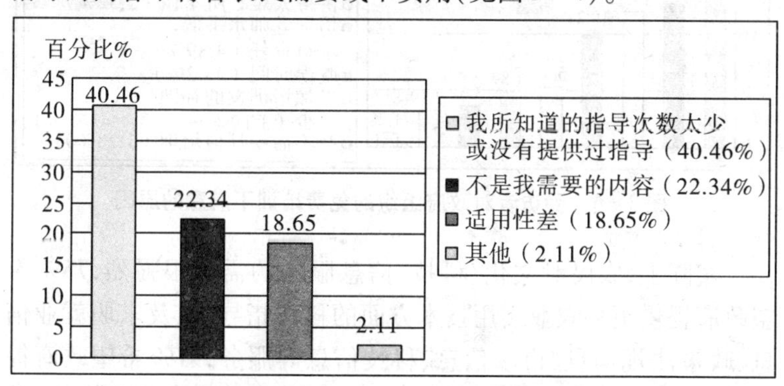

图3-4 受访农民从未(或很少)接受政府科技指导的原因

调查中,有 56% 的农民从未接受过政府提供的信息服务,56% 的农民对政府的信息服务不满意或不太满意,主要原因是信息渠道不畅、信息总量少、有用信息少、信息传递不及时等(见图 3-5)。

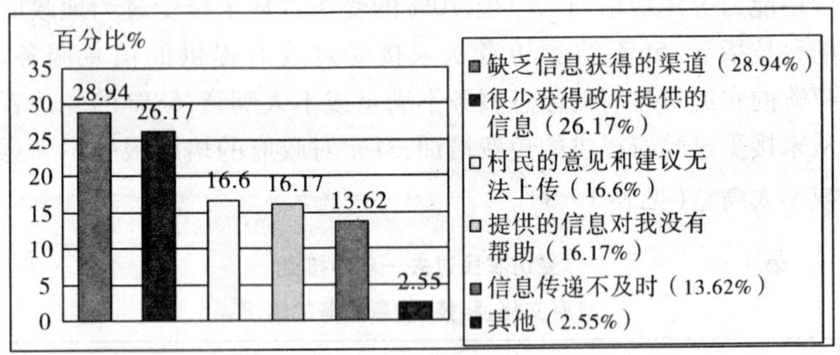

图 3-5　受访农民对政府信息服务不满意的原因

调查中,有 68% 的农民从未接受过政府提供的免费培训,31% 对政府的培训服务不满意或不太满意,主要原因是培训次数太少、不实用、内容不符合需要、没有得到提高等(见图 3-6)。

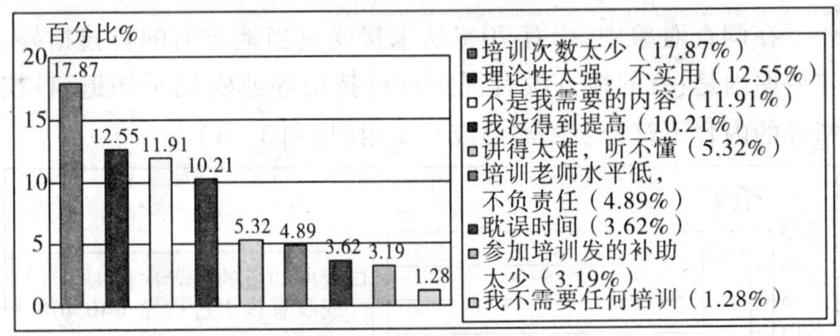

图 3-6　受访者对政府组织的免费培训不满意的原因

实际上,农民对文化、科技、信息服务的需求很强烈,75% 希望政府提供更多农业实用技术方面的科技指导,以及求职就业信息、政策法规信息、市场信息、科技信息等服务,91% 希望政府提供更多就业技能培训、农业实用技术培训、电脑网络应用培训、文化素质培训、经营管理培训、市场营销培训等方面的免费培训(见表3-9)。这表明政府为农民提供的文化、科技、信息服务在数量上、质量上和结构上还不能满足农民的需要。

表3-9 受访者对政府文化、科技、信息服务的需求调查

	愿意	不愿意	无所谓
是否愿接受政府的科技指导和信息服务	75%	6%	19%
是否愿意接受政府的免费培训	91%	9%	0

[数据来源]根据问卷调查结果整理。

调查发现,农民对求职信息和农业实用技术科技指导的需求最为强烈,分别占51.70%和50.64%,农民对政策法规信息服务的需求也很迫切(占45.11%),此外农民还希望政府多提供市场信息、科技信息等服务(见图3-7)。

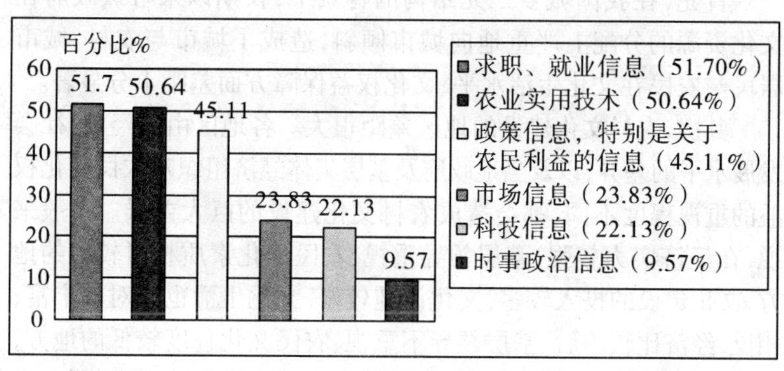

图3-7 受访农民对政府提供科技指导和信息服务的需求调查

调查中我们还了解到,农民对就业技能培训和农业实用技术培训的需求最为强烈,分别占57.45%和55.11%,其次对电脑网络应用技术的培训、文化素质培训、经营管理培训的需求也较多(见图3-8)。由此可见,目前政府为农民提供的文化、科技、信息服务,无论在数量上,还是在质量上、结构上,均不能满足农民的需要。

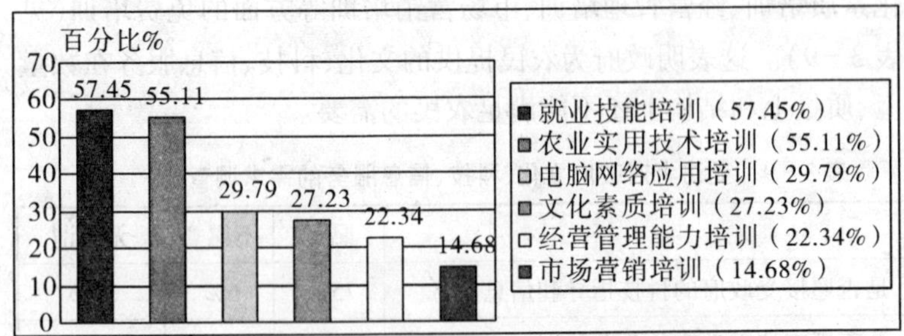

图 3－8　受访农民对政府提供免费培训的需求调查

3.3 农民文化权益保障的城乡差距、地区差距大

首先，在我国城乡二元结构的背景下，长期以来各级政府在文化资源的分配上严重地向城市倾斜，造成了城市与农村、城市居民与农民在文化生活水平、文化权益保障方面差距十分显著。

其次，农村文化建设的地区差距很大。各地区由于经济、社会发展水平的差异，以及当地政府及基层集体经济组织对农民文化权益的重视程度不同，都会造成农村文化建设的巨大差异。一般来说，在经济实力较强、基层领导重视、农民文化素质相对较高的地方，文化建设的投入较多，文化设施较好，文化生活也相对较丰富；相反，经济比较落后、基层领导不重视、农民文化程度较低的地方，文化设施建设则严重落后，农民的文化生活也更加贫乏。例如，在我们调查的成都市新都区三河镇江陵路社区和郫县唐昌镇战旗村，由于经济发展好，集体经济组织实力强，且土地基本已被城市建设征用，地方政府对该区域的规划很重视，各级领导也十分重视农民的文化生活，因此村里的文化设施十分齐全，专门建了综合性的“文化大院”供农民休闲娱乐，村里也经常组织群众性的文化娱乐活动，农民对文化生活的参与度和满意度都较高，成为城乡一体化中农民文化权益保障的典范（见图 3－9、图 3－10）。相反，就在分别离这两个村仅几千米处的新都区三河镇龙伏村和郫县唐昌镇西北村，经济发展水平与前述两个村相当，集体经济组织也有较强的实力，但由于目前处于待征地状态，一切基础设施的建设都要重新规划，基层领导也就没有重视农村文化建设，因此，村里的文化设施较少，农民文化生活也较单调(见图3－11)。

图3－9 成都市郫县唐昌镇战旗村文化设施

图3－10 成都市新都区三河镇江陵路社区“农家书屋”及社区文化活动

图 3 - 11　成都市新都区三河镇龙伏村“农家书屋”

3.4　农民对文化生活的参与度较低

农民对文化生活的参与度较低，主要体现在两个方面：一是农村文化管理中普遍缺乏民主管理；二是农民自身的文化参与意识较薄弱。

3.4.1　农民文化生活缺乏民主管理

从前面的分析可以发现，农村文化管理中普遍缺乏民主管理。由于文化部门和基层集体组织对农民文化生活的重要性认识不足，对农民文化权益重视不够，在管理中表现出不重视农民对文化生活的需求，缺乏农民民主参与文化生活管理的制度和机制，组织文化活动时宣传也不够，导致农民对文化生活的参与度较低（见图 3 -3、图 3 -4、图 3 -5、图 3 -6）。由于农民的民主参与度低，各地订立的乡规民约也不能较好地引导农村树立良好的乡风文化。在我们调查的地区，有 79.55% 的村订立了乡规民约，但由于订立规约的民主程度不够（见图 3 - 12），规约的约束力不强，多数农民（占

59%)认为乡规民约可以起到一些约束作用,但有28%的人认为完全没有,只有13%的农民认为乡规民约很起作用。乡规民约作用不明显的原因有很多,其中最主要的原因是村民不了解规约的内容、未经民主讨论、村民认同度低等(见图3-13)。

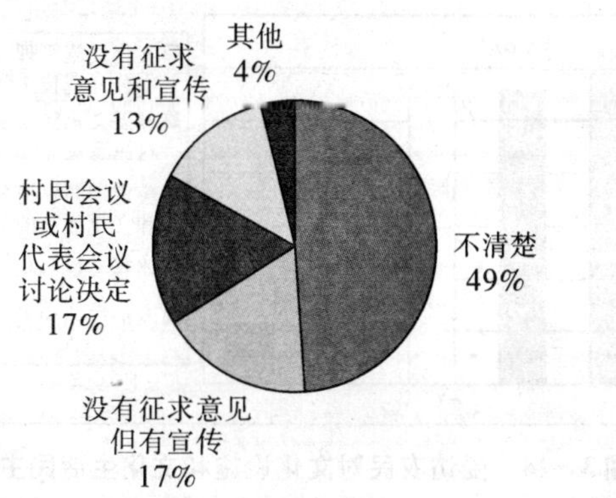

图3-12 订立乡规民约的民主参与情况

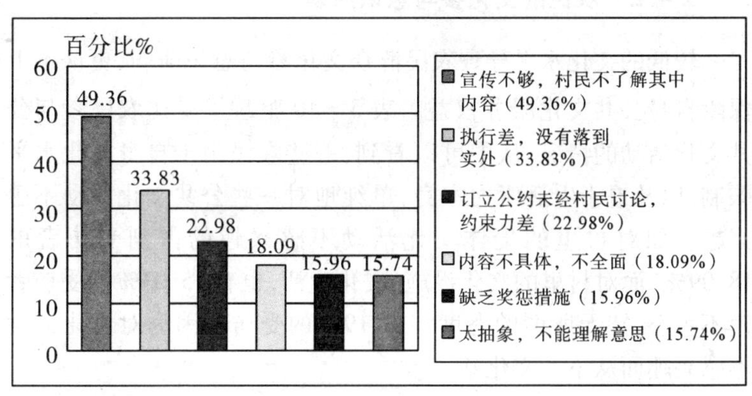

图3-13 受访农民认为乡规民约作用不大的原因

事实上,农民希望参与文化生活民主管理的愿望较高,调查中有35.11%的受访农民希望开展集体文化活动时征求他们的意愿(见表3-2);82%的受访农民认为村民应该参与文化设施和文化生活的民主管理和监督,包括文化设施的管理人员应在村民中公开选拔、定期公布相关资金的使用情况、开展活动前应广泛征求村民意见以及应该有村民意见反馈渠道等(见图3-14)。

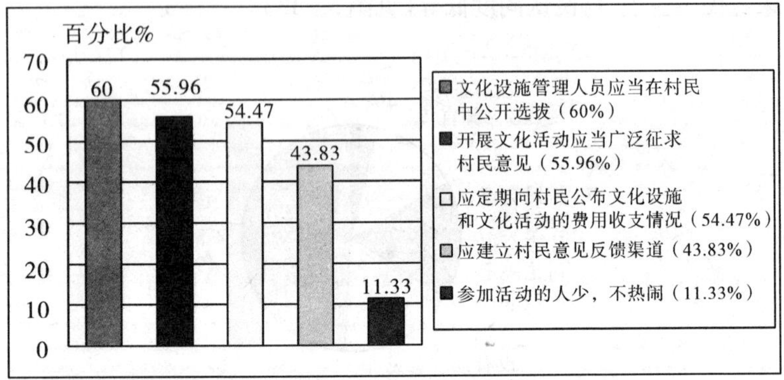

图3-14　受访农民对文化设施和文化生活民主管理的看法

3.4.2　农民的文化参与意识薄弱

较低的文化水平导致农民群众文化参与意识薄弱,更谈不上保障自身公共文化服务权益。表3-10整理了受访农民参与公共文化活动的情况,从中可以看到,一些农民由于自身文化水平限制,以及迫于生活压力本身,单纯地对一些公共文化活动不感兴趣。如对村里的集体文化活动不感兴趣的占到受访者的18.09%,而对村里的文化设施、文化生活,也有15.03%的受访者漠不关心,持无所谓的态度。13.19%的受访者因为对文化活动不感兴趣而从不去文化站。

表3-10　受访农民对公共文化活动的参与意识调查

问题	回答	比例(%)
为什么不去村里的文化活动室	对该活动不感兴趣	13.19
为什么不去村里的“农家书屋”	我不喜欢读书看报	8.51

表3-10(续)

问题	回答	比例(%)
为什么不参加村里的集体文化活动	对这些活动不感兴趣	18.09
为什么不去看电影	我不喜欢看电影	12.13
对"文化下乡"活动有什么看法	我不关心这类活动	11.49
您认为村里的文化设施、文化生活需要村民参与民主管理吗	无所谓	15.03

[数据来源]根据问卷调查结果整理。

而在对农村居民空闲时间经常参加哪些文化娱乐活动的调查中,发现农村居民最经常参加的文化娱乐活动中,前四位依次是看电视(占到受访人群的87.45%)、聊天(占55.53%)、打牌打麻将(占53.40%)、读书看报(占31.49%)。

3.5 不良习俗及腐朽落后文化威胁农村的稳定和谐

所谓不良习俗,一是指落后于时代的社会习俗,二是指有碍于社会进步和人的身心健康的社会习俗。当前我国农村的不良习俗及危害主要有以下几个方面:

3.5.1 不少农村人重男轻女的思想仍较严重

重男轻女、男尊女卑是我国的一种传统陋习。新中国成立后,由于我国实行男女平等政策,农村传统的男性偏爱观念发生了很大变化,"生男生女都一样"正逐步为更多的农民所接受,这是一个巨大的社会进步。但几千年来形成的重男轻女的传统积习不可能很快消除,加之一些主客观条件的影响,使得广大农村重男轻女习俗仍相当严重地存在着。现阶段农村重男轻女主要表现为:第一胎期望性别中表现出强烈的男性偏好;诞生礼仪中饱含着浓厚的重男轻女意识;青少年接受教育状况反映出重男轻女思想,农村失学儿童中女孩所占比例远远高于男孩;在家庭财产继承问题上,重男轻女现象十分严重,妇女完全处于不利地位;溺女、弃女这种重男轻女的极端现象依然存在;有的人不生男孩不停产,宁可被罚得倾家荡产也要生个男孩。

重男轻女的思想不仅使农村落实计划生育国策成为天下第一难题,而且导致人口出生性别比例失调。1990 年我国第四次人口普查公布的 1989 年出生性别比已高达 113.9∶1,出现了“男多女少”、“男灾女荒”的畸形发展的反常状况,这势必会导致男子结婚率下降,导致性犯罪率升高。此外,重男轻女还会阻碍妇女文化素质的提高。由于重男轻女陋习的影响,农村普遍存在歧视女性的心理,在农村,女孩一般读到小学毕业或初中毕业就回家务农、外出打工,甚至早早出嫁。这样,妇女的文化素质普遍低于男子,较低的文化素质将会严重影响到我们民族的未来,深刻地影响到下一代身体和精神的健康发育和成长。

3.5.2 早婚习俗在农村仍较普遍

20 世纪 80 年代以来,由于原来的行政管理体制失灵,社会控制削弱,婚姻领域的一些旧习俗沉渣泛起,早婚习俗又复活起来,主要表现为订婚早和结婚早,娃娃亲增多,“小爸爸”、“小妈妈”随处可见。

早婚不仅影响青年男女的身心健康,而且由于早婚增加了包办婚姻的成分,有碍于夫妻感情和家庭稳定。再者,早婚必然导致早育,从而缩短了人口的代际相隔时间,增大人口数量,加剧农村本已十分突出的人多地少的矛盾,并由此引发许多社会矛盾和问题,形成恶性循环。

3.5.3 一些地方婚丧大操大办的风气盛行

结婚为人生一大喜事,适度的庆贺,对女方进行一定的经济补偿是人之常情,是可以理解的,但大操大办、越来越重的彩礼和婚礼费用压得人喘不过气来。另外，广大农村历来遵从古代“生有所养，死有所葬”的原则，十分重视丧葬礼仪，自古就把对死者的处理当成庄严的大事，丝毫不敢马虎。当前农村丧葬的主要特征可以概括为厚葬隆丧。我们在调查中发现，57%的被调查者主张婚丧大操大办，其中主张摆酒席宴请宾客的占100%、主张请乐队演奏的占31%、主张摄像的占26%、主张文艺演出的占25%（见图3-15）。

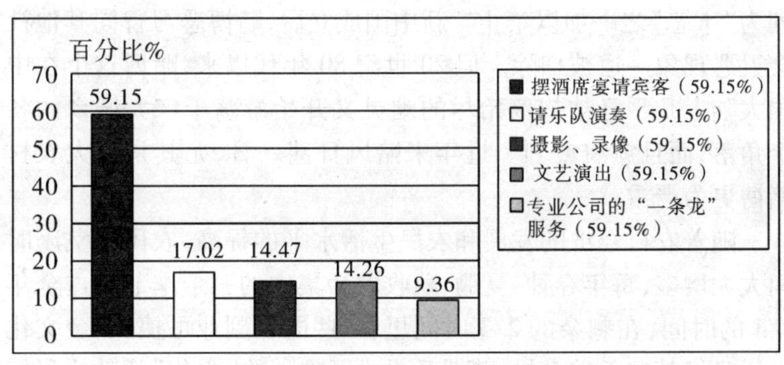

图3-15　受访农民对婚丧仪式的主张

婚丧大操大办的危害十分严重：首先，高额的彩礼和婚礼费用，对并不富裕的广大农民来说往往是一场灾难，轻则负债累累，重则倾家荡产，甚至给社会造成诸多不安定因素。有的男青年为能有钱结婚，便不择手段地弄钱，偷、抢、行凶直至落入法网；有的青年采用换亲、非法同居等方式逃避彩礼，亵渎了《婚姻法》，扰乱了社会治安。更为严重的是，吃过“高价饭”的农民，总是设法利用家庭大小事的机会，广下请帖，把送出去的礼金收回来，收得多，送得也多，恶性循环，败坏了社会风气。其次，厚葬隆丧造成财力和土地资源的严重浪费。由于农民经济状况的改善和攀比心理作祟，丧葬规模越来越大，仪式越来越繁琐，宴席也越摆越阔绰，浪费越来越严重。一些农民抱怨，此风不煞则“死不起人”。更为严重的是我国农村虽实行了火化，但火化率仍很低，况且在农村“二重葬”相当普遍，这就意味着土葬仍然是主要的葬法，死

人与活人争地的现象越来越严重，加剧了人多地少的矛盾，使有限的土地资源遭到严重浪费。

3.5.4 一些地方“黄、赌、毒”严重危害农民的精神文化生活

赌博作为一种传统陋习和畸形的文化现象，竟与中华文明一样源远流长。作为一种文化怪胎，赌博给个人和社会带来的危害是极大的。因此，赌博自古以来就被视为“下流”行径，古人将其列为“十恶”之一加以禁止。新中国成立后，赌博恶习曾同其他社会丑恶现象一道被扫除。但20世纪80年代以来，赌博这个在中国大陆上几乎已被扫荡殆尽的幽灵又开始游荡于广大城乡的各个角落，而且愈演愈烈。近年来赌风日甚一日，尤其是广大农村赌博更为严重。

随着农村经济的发展和农民生活水平的提高，农民的空闲时间大大增多，每年春种、夏锄、秋收农活集中的三个季节仅占全年1/3的时间，在剩余的2/3时间里，一些既无副业可搞，业余文化生活又极其贫乏的乡村，赌博几乎成了唯一的“文化”活动。我们在调查中发现，许多农民空闲时间除了看电视就是打扑克、搓麻将（占53%，见图2-2），其中不少人参与赌博。赌博像瘟疫一样侵蚀着健康的社会肌体，它毒化环境，毒害心灵，使人泯灭良知，泯灭人性，它是通向犯罪道路的引爆器，最终会将一些人推向黑暗的深渊。

在农村，教育的缺失使得一些人精神空虚，加上外来不良文化的侵蚀，一些农村青年染上毒瘾，有的因此而走上卖淫、盗窃、抢劫、贩毒等违法犯罪道路。

当前“黄、毒、赌”的现象在农村有蔓延的趋势，严重危害了农民的精神文化生活。

3.5.5 一些地方封建迷信活动猖獗

迷信活动在我国广大农村有着久远的历史和深厚的社会基础。新中国成立后，由于政府明令禁止和大力取缔，迷信活动曾

经一蹶不振。但自20世纪80年代末以来,由于一些农村基层组织薄弱,农民文化精神生活缺乏,农村普遍出现"信仰缺失",农村迷信活动出现了明显的"反弹"现象,迅速回潮,沉渣泛起,并且愈演愈烈,出现了各种类型的封建迷信活动:与宗教活动相关联的迷信活动盛行;寺观庙宇随处可见,寺、庙、庵、观的香火旺盛程度不减当年;通过迷信活动求医治病、请神驱鬼,巫医踪迹遍布农村;修祖坟、修祠堂等带有浓厚迷信色彩的对祖先、诸神的崇拜和传统节日供祭,各路神仙鬼怪一起受供;算卦、相面、看风水、选坟山、做道场等一些旧的迷信活动又死灰复燃,算命先生和风水先生"生意兴隆"。多数农民从事封建迷信活动是由于文化素质低,不懂和不信科学,加上自然灾害带来的心理恐惧,于是通过求神拜佛寻求保佑,达到心理平衡。在我们的调查中,有58%的被访问者参加过求神拜佛、烧香问卦一类的活动(见表3-11),其中多数人是为了寻求心理安慰或受从众心理的驱使(见图3-16)。

表3-11　　受访农民参与封建迷信活动的情况

是否参与过求神拜佛、烧香问卦一类的活动	有过	没有过
占受访总人数比例	58%	42%

[数据来源]根据问卷调查结果整理。

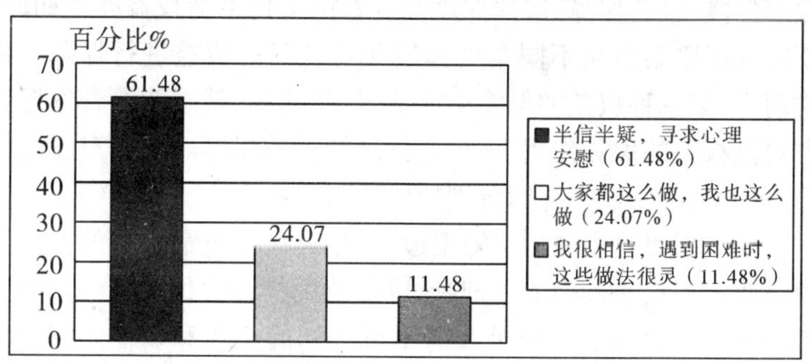

图3-16　受访农民参与封建迷信活动的原因

封建迷信活动猖獗，造成大量钱财浪费，加重了农民负担。一些农民为了建庙宇修族谱，再穷也要“慷慨”解囊，借钱也要“凑份子”。封建迷信活动像瘟疫，对社会风气造成了严重的污染和毒化，腐蚀着人们的心灵，败坏了社会风气，扰乱了社会秩序，影响了社会安定，使整个中国社会形成新一轮的神秘主义社会思潮。特别是一些“迷信专业户”的暴富，为社会风气做了极坏的导向。封建迷信活动盛行的地方，相继冒出了一批来往于“阴阳世界”之间，散播迷信毒素、制作迷信用品、靠做死人生意大发横财的非法经营者，如神汉、巫婆、风水先生等，人们称之为“迷信专业户”。他们除大发迷信财外，还散布传播封建迷信，严重污染了人们的思想，侵蚀着农民的精神文化生活，直接破坏了农村的文化建设，威胁着农村的和谐与稳定。

3.6　农民文化权益未得到充分有效的保障

3.6.1　农民文化权益保障渠道不畅

所谓保障渠道，就是说农民的文化生活权益可以从哪些方面、哪些途径得到保障和救济。保障公民权益的渠道有多种，如政府保障、社会保障、法律保障等。农民文化生活权益亦是如此。不同的保障渠道从不同角度和层面对公民的权益进行保障。通常而言，某一种权益的保障渠道越多、越通畅，就越能综合发挥各方对该权益的保障作用，该权益就越能得到保障。下面对政府保障、社会保障和法律保障分别加以说明。

政府保障是官方的保障渠道，也是公民权益最重要的保障渠道。政府不仅是社会的管理者，也是公民权益的保障者。保障公民的合法权益不受侵犯是政府不可推卸的义务和责任。相对于其他保障渠道，政府保障具有很多优势。例如，与社会保障相比，政府具有法定的管理社会各种事务的权利，政府相关部门在执法过程中具备一定的强制性;政府掌握了大量的各种资源,能够有效调配人力、物力、财力资源,并使之发挥最大作用;有权制定各种政策和制度(本研究中将政府所制定的、具有法律效力的行政法规和行政规章等纳入法律保障范畴),保障公民合法权益不受侵犯。又如,相对于法律保障而言,政府的保障行为具有主动性、具体性、针对性,是直接与具体的人和具体的事发生关系的,因此政府保障更能做到具体问题具体分析,针对不同的情况制定不同的权益保障政策和制度。

政府保障农民的文化生活权益,主要通过在农村加强文化建设来实现。农村文化建设是农民享有文化生活的前提条件,是保障农民文化生活权益的基础。只有搞好农村的文化建设,使农民开展文化生活的各种条件得到提高,使农民的文化生活内容得到丰富,才能为农民的文化生活权益提供基础保障。可以说,政府在为农民文化生活权益提供基础性保障方面发挥着不可替代的作用。

社会保障是农民文化生活权益保障的另一渠道。社会保障的通常含义为国家或社会通过制度、规则所提供的各种保障。类似的定义如“一个社会通过正式或非正式的制度为它的国民提供的安全保障”[①],以及“国家和社会为了全体国民生活与生存之安全而内生或外加的一系列规则及实施机制”[②]。在这类定义中,保障的主体是国家或者社会,保障的内容是国民的生活与生存安全,保障的手段是正式或非正式的各种制度。本研究中社会保障的内涵与此稍有不同。在本研究中,社会保障指的是农民文化生活权益的一种保障渠道。本研究将其定义为“社会组织、民间团体、企事业单位以及个人等社会力量通过资金或其他方式对农民

① 王琦. 我国社会保障制度模式的选择:基于历史文化传统视角的探讨[D]. 厦门:厦门大学学位论文,2007.

② 胡仲明. 中国城乡社会保障制度实证研究[D]. 北京:中共中央党校学位论文,2006.

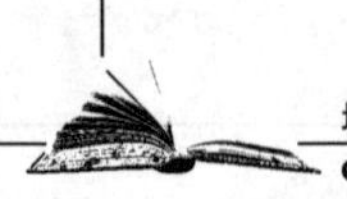

的文化生活权益进行保障的渠道”。

法律保障指的是在立法、司法、执法等各个环节加强对农民文化生活的保障。它是最具有强制性的保障方式。法律通过对正义、效率、公平、有序的不懈追求，通过把人的交往关系权利义务化，通过对行为的约束和责任的归咎，提升人的生活质量，实现人的本质。法律在立法层面对农民生活权益的保障主要体现在完善有关农民文化权利的规定，把农民应享有的文化权利法律化。法律在司法和执法过程中对于农民的文化生活权益的保障主要体现在以下两方面：一方面，农民在文化生活当中涉及的各种行为也要符合“合法性”要求，即使政府行为也不例外。法律的威严很大程度上减少了损害农民文化生活权益的违法行为发生的频率。而一旦有违法行为发生且损害了农民的利益，就可以通过法律的途径对农民的文化生活权益进行救济。另一方面，农民在其文化生活当中，常常产生权利与义务关系，这种权利与义务关系必然要受到相关法律的调节和保障。

从我国农民文化生活权益保障的现实情况来看，农民可寻求的文化生活权益的保障渠道不畅是一个突出的问题。无论是政府保障还是社会保障或者法律保障，都没有充分发挥其保障作用。政府在农村文化建设和农民文化生活权益的保障中扮演了主要角色，如农村文化基础设施建设、“送文化下乡”以及根据农村地域特色文化所举办的文化节、文化周等。但政府保障在现实中还存在诸多问题，有待解决。而社会保障、法律保障等其他保障渠道在农民文化生活权益的保障实践中发挥的作用也较少。这就造成了农民文化生活权益得不到多层次的综合性保障。

目前而言，社会保障和法律保障在农民的文化生活权益保障中所作的贡献很少。前者表现为：农民文化生活中得到社会所提供的人力、物力、资金支持较少；关心农民文化生活权益保障的社会组织很少；缺乏相关制度和体系，等等。后者主要表现为法律只对公民的基本文化权利进行了规定，太过笼统，在现实中可操作性差，农民寻求法律途径来保护其合法权益的难度大。

3.6.2 农民的文化生活权益保障程度较低

3.6.2.1 农民对文化生活的自由选择权未得到有效保障

农民有自由选择文化生活内容和方式、文化价值取向的权利,这项权利的核心是参加文化生活的自由,即农民“选择的权利”是其中心内容。然而,现实中我国很多农村地区尤其是贫穷地区的农民因为文化生活单一而在实际上丧失了选择的权利。也就是说,农民在主观上是有享受丰富多彩的文化生活的需要的,也是有在各种不同形式的文化生活中选择自己所爱好、所认同的文化生活的需要的,但是因为客观条件不允许,被生生剥夺了选择的权利,他们在文化生活方面几乎无可选择。当然,除了较贫穷的个别农村地区,这种情况正在得到改善。随着国家各种文化工程的实施,农民可选择的文化生活将越来越多。

另外,各级政府在农村文化建设过程中,所提供的公共文化产品和文化服务常常带有政治色彩,或者因缺乏调查而不了解农村具体情况和农民的真实文化生活需求,造成所提供的文化产品和服务与农民需求错位。加之在农村推行这些文化产品和服务过程中所采取的不合适方式,就有可能会违背农民对文化生活意愿的真实表达。这种情况也是对农民文化生活自由选择权的侵害。

3.6.2.2 农民的文化生活平等参与权未得到有效保障

对于农民而言,这项权利就是指农民有权平等地参与文化生活,“平等”是其核心内容。本研究认为,平等既应该包括资格上的平等,又应该包括事实上的平等。但是,农民的这项权利在实践中也没有得到有效保障。以国家公共文化服务为例,由于地理位置、经济发展、国家和社会投入、文化建设程度等各种因素的影响,农民享受公共文化服务的不平等现象随处可见。归纳起来,主要体现在三方面:一是城市居民和乡镇农民参与文化生活的不平等;二是不同农村地区农民参与文化生活的不平等;三是同一地区同一群体内部农民参与文化生活的不平等。

无疑,公共文化服务供给均等化为解决农民参与文化生活和享受文化生活权益的不平等提供了一条思路,但其前提是建立在政府公共文化产品和服务的充足供给基础上的。

3.6.2.3 农民的文化成果拥有权和文化利益分享权未得到充分保障

我国农村现有文化体制仍然留有计划经济时代文化管理的影子。对于农民在文化生活当中尤其是公共文化生活当中产生的文化成果、发明、专利以及带来的各种物质利益,基层政府和相关文化工作人员总是不愿意承认农民的所有者地位,因而农民在诸如文化表演、体育比赛等文化活动受益权方面也得不到保障。也就是说,对于公共文化活动所带来的各种收益,作为管理者的政府和相关人员不能做到按农民的付出比例进行划分,而把这些收益当成公共财产的情况时有发生。这不仅损害了农民作为付出者的正当权益,还严重损害了农民的感情和参与文化建设的积极性。

3.6.3 农民对当前文化生活的总体满意度不高

文化产品和服务的供给不足,导致农民对文化生活的满意度不高。调查显示,农民对当前文化生活的总体满意程度不高(见表3-12)。

表3-12 受访农民对当前文化生活的满意度

	很满意	比较满意	不太满意	不满意
占受访总人数比例	17%	46%	23%	14%

[数据来源]根据问卷调查结果整理。

农民普遍希望政府提供更多的文化服务设施,提供更多的科技指导、信息服务及各类教育培训的机会,组织更多的群众性文化活动。还有部分农民希望政府采取有效措施,在农村树立良好的乡风文明,保护和发展当地的特色民间文化(见表3-13)。

表 3－13　　受访农民对政府公共文化服务的希望

	提供更多的文化服务设施	提供更多科技指导、信息服务及各类培训	组织更多群众文化活动	采取措施，树立良好乡风文明	保护和发展当地民间文化
占受访总人数比例	44%	37%	33%	24%	23%

［数据来源］根据问卷调查结果整理。

从以上分析可以看出，城乡一体化中农民文化权益的保障程度还很低，与农民的精神文化需求还有较大距离。

4 城乡一体化中农民文化权益保障缺失的原因分析

改革开放以来,农村发生了翻天覆地的变化。随着农民的经济条件越来越好,物质生活越来越富裕,农民在文化生活方面的需求日益增长,迫切要求享有更加丰富多彩的文化生活。而长期以来绝大多数农村地区文化生活单调的现实,使得农民的这种愿望和需求更加强烈。近年来,国家和各级政府对农村文化建设和农民文化生活水平的提高更加重视,开展了“三下乡工程”、“广播电视‘村村通’工程”等多项惠农项目,加大了农村文化建设力度,在保障农民文化权益方面起到了重要作用。然而,长期以来农村文化建设落后和农民文化生活权益得不到有效保障的现实仍然没有得到根本转变。在广大的农村地区,农民文化生活权益保障所遇到的各种问题依然较多。追根究底,农民文化权益能否得到有效保障,客观上都是各种不同的因素相互作用的结果,包括思想认识因素、经济因素、体制和制度因素、法律因素、环境因素,等等。对这些因素进行分析,有利于更加深入地理解农民文化生活权益保障的相关问题。

4.1 思想认识因素:政府和社会对农民文化权益的重视程度不够

思想认识因素指的是不同主体对农村文化建设、农民文化生活权益及其保障的认识水平和重视程度。俗话说,思想决定行为。政府、社会、个人等不同主体在农村文化建设中的态度和行为,最终影响到农民文化生活权益的保障。然而,对于农民文化权益尤其是农民的文化生活权益,无论是政府、社会,还是个人,对其的理解和重视程度仍然不够,不仅理论界缺乏相关研究和论述,而且实践中基层侵害农民文化生活权益的情形仍时有发生。

4.1.1 政府对农民文化权益保障重视不够

由于政府在社会中的管理者角色和主导地位,政府对农村文化建设的态度和行为同时影响着整个社会。政府对农民文化权益的重视程度以及相应的人力、物力、财力的投入水平,是农民文化权益保障的关键所在。前文中分析了我国农民的文化生活权益在历史上很少受到相应保障,与政府对待农村文化建设以及农民文化权益的重视程度是分不开的。

我国实行改革开放以来,农村变化巨大。农村经济社会的发展,农民家庭的日渐富裕,使得农民对精神文化生活的需求日益强烈。总体而言,随着社会政治、经济的发展和农民文化生活需求的提高,政府越来越重视农村文化建设和农民的文化生活权益。尤其是"三下乡"工程、广播电视"村村通"工程等文化建设工程的实施,体现了政府对农民文化生活的需求的关心。

但是,长期以来"重经济轻文化"的思想使得农村的文化生活水平没有得到应有的提高。而国家在农村文化建设上的投入也因农村地域太广、农民人数太多而显得成效甚微。城市居民享有了包括文化资源在内的大部分社会资源,而地广人多的农村获得的文化资源则少得可怜。这种情况造成了城乡在文化上的二元化。由此可见,虽然农民在我国总人口中占有大部分的比例,但与城市居民相比,政府对农民的文化生活权益及其保障的重视程度仍然不够。

许多人认为,在现阶段农村经济还不发达,农民基本温饱、工作安全还没有保障的情况下,谈文化权益是奢侈的。尤其是一些基层干部在思想上不重视农民文化权益,认为建设新农村的主要

任务是发展农村经济，文化建设搞不搞无所谓，因此许多地方在文化建设实践中走过场，应付了事。有的地方搞形象工程，只注重文化设施建设，不注重文化设施的利用和管理。在我们调查的地区中，有的农村文化基础设施很齐全，但利用率很低，有的设施甚至根本没投入使用，闲置浪费很严重；有的地方搞形式主义，认为重视农民文化权益就是放几场电影、唱几台戏，对农民迫切需求的农业技术指导、信息服务、教育培训等却很少关心。

政府实施五大文化工程，加强新农村公共文化建设，旨在满足农民群众日益增长的文化需求，保障其公共文化服务权益。然而我们通过调研发现，在实践中，由于地方缺乏公共文化服务理念从而损害了农民文化权益，具体表现在：

4.1.1.1 “重经济轻文化”，一些地方政府陈旧的观念依然存在

尽管改革开放三十年来，农村经济飞速发展，农村文化建设也取得了一定的发展，但从总体上看，仍然比较薄弱，农村文化建设与全面建设小康社会的目标还不相适应，与经济社会的协调发展还不相适应，与农民群众的精神文化需求还不相适应，存在一些亟待解决的问题。由于长期以来的体制性障碍，农民的主体地位没有得到足够的尊重，而一些地方政府“重经济轻文化”的旧观念依然存在着，无疑更加导致了文化体系中农民主体地位的缺失。在一些地方政府官员的观念里，认为农村公共文化服务建设对农村经济社会全面发展所起的作用不如农田水利、乡村道路、农村市场和农村义务教育、农村医疗卫生等建设所起的作用大。有些基层领导把文化工作当成软任务，认为“锣鼓响不响，庄稼照样长”，因此，有的地方甚至出现了“张书记来了办站，李书记来了解散”的不正常现象。有些领导认为文化设施不能带来经济效益，因而挤占文化站（中心）的房产、设备挪作他用，文化专干被调走、改行或专干不专，文化站（中心）名存实亡。这些观念和认识使得政府对农村公共文化服务的建设职能被人为弱化。

4.1.1.2 “只管建，不管服务”，一些地方的公共文化服务机构形同虚设

一边是政府花大力气建设公共文化设施，为广大农民群众提供公共文化服务；一边却是农民群众对此知之甚少，从而对此不感兴趣，导致一些公共文化服务机构形同虚设。比如，成都市在2009年就已实现文化站所有行政村全覆盖，重庆市的文化站乡(镇)综合文化站的覆盖率也达到90%。但是在调研中，有50.27%的受访者表示所在乡(镇)没有文化站，而在认为有文化站的地方，也仅有28.09%的人知道文化站里有图书室。在实地调研时，也发现一些乡镇的文化站形同虚设，来此活动的农民少之又少。一些乡镇建设的文化信息资源共享室由于没有农民来参与，常年被一把大锁锁住。也有52.55%的受访者表示，村里的文化活动室开放一段时间后，参加活动的人少，冷清，导致最后有的服务项目关闭了。对于被问到为什么没有去“农家书屋”读书看报时，有10.21%的受访者表示“农家书屋”设置地方离家太远。

由于一些地方政府没有转变观念，树立服务意识，导致农民群众对政府举办的公共文化服务失去兴趣。以乡镇文化站为例，作为农村公共文化事业机构，乡镇文化站担负着组织广大农民群众开展群众文化活动和辅导乡村文化的重任，是新农村文化建设最前沿的阵地。但因政绩考核中文化工作所占比例过低，划归乡镇政府领导管理后，农村文化站职能大为弱化，文化站人员出现了从事乡镇中非文化业务工作的情况。实地调研也发现，一些文化活动室、文化信息资源共享工程办公室、“农家书屋”等文化设施设在了村委会的办公区里，不仅使农民群众不方便参与文化活动，反倒方便了文化机构人员从事非文化工作，这无形中影响了公共文化设施发挥正常作用。

一些地方政府这种“只管建，不管服务”的做法，使得公共文化设施形同虚设，这无疑损害了农民公共文化服务权益。

4.1.2 农民自身缺乏文化权益保障意识

农民作为农村文化建设的主力军和文化生活权益的享有者，他们的认知水平对于保障其文化生活权益具有重要意义。首先，农民正确认识其文化生活权益，有利于在文化生活当中主动创造条件，实现其文化生活权益。其次，农民正确认识其文化生活权益，有利于在其文化生活权益受到侵害时能够主动寻求救济途径，保护其权益。

然而，令人遗憾的是，我国农民普遍还没有文化生活权益的意识，或者说，并没有意识到平等参加文化生活、享受文化创造成果和利益等一系列内容是自己的权利。而当这些权利受到侵害时，也缺乏保护的意识。这对于农民文化权益的保障是极为不利的。

农民自身缺乏文化权益保障意识的原因主要有两个方面：一方面，从历史来看，长期以来农民文化生活的各种权利被忽视、被剥夺，农民已习惯于自给自足，在各种艰苦条件下艰难生存，觉得如何生存与生活是自己的事情，因而欠缺这方面的权利意识。农民在封建社会属于被剥削、被压迫的阶级。绝大多数农民深受地主阶级的盘剥，生活十分艰辛。为了生计，农民开展文化活动的时间和精力都很少，农民的文化生活相对贫乏。民国时期，战争频繁，人民生命朝不保夕，农民也基本没有文化生活的内容。新中国成立后，农民翻身做了主人，但是新中国贫穷落后，各种资源匮乏，经常的政治运动使得农民的日常生活充满了政治色彩。农民依然难以享受丰富的文化生活，其文化生活权益也无法得到保障。

受经济条件和所接受的教育水平等各种因素限制，目前我国农民经济上还不富裕，多数农民只能解决温饱问题，对文化生活的需求还处于较低层次。加之农民总体文化水平较低，本身对权利的概念非常陌生，更遑论对农民文化生活权益的保障。即使在实际生活中，农民的文化权益受到了侵害，他们也往往意识不到，或者不知所措。

由此可见,历史上,对农民的文化生活权益因政治、经济、文化以及农民自身地位等各方面原因,没有受到国家和社会足够的重视。总体而言,农民的文化生活权益是没有保障的。更重要的是,农民的文化生活权益仍然没有得到社会应有的重视。在理论上,农民的文化生活权益及其保障的相关研究很少;在实践中,尽管国家加大了农村文化建设,通过"送文化下乡"等活动努力为农民提供尽量丰富的文化生活,但在农民文化生活权益的保障方面仍然缺乏完善合理、切实可行的保障制度和措施。一些农村地区基层政府受错误的政绩观影响,认为文化建设短时间难以出成果,政绩难以衡量,因此所开展的文化活动流于形式,并没有从农民真正的需要出发。在基层干部绩效考核中,"文化"一项也受到忽视,所占的分值很少。这些最终影响到了农民文化生活权益得到切实保障。

4.2 经济因素:农村公共文化建设投入不足

经济因素可以说是影响农民文化权益的决定性因素。这表现为两方面:

第一,农村经济发展水平。农村的经济发展水平,不仅对农民的文化生活需求有重要影响,对农民的文化生活权益也有重要影响。我国不同农村地区的经济发展水平差异显著。一方面,相对于贫穷农村地区,较为富裕的农村公共文化事业水平更高,在公共文化设施投入力度上更大,农民文化活动更加丰富多彩;另一方面,经济发展较好的农村地区文化产业相对发达,文化市场为农民提供了较为丰富的文化产品。而对于农民家庭来说,更加富裕的农民家庭也可以在文化消费方面增加支出,满足多样化的文化生活需求。

第二,政府、社会的经济投入程度。政府和社会的经济投入是农村文化建设的重要资金来源。我国社会主义新农村的文化建设离不开经济支持。首先,文化基础设施建设被视为农村文化建设水平的标志。我国农村地区地域宽广,农民人口众多,需要建设很多图书馆(室)、文化站(中心)、活动中心、运动场地,购买文化器材、设备、书籍。这都需要大量的资金投入。其次,培养农村文化人才,建立农村文化人才队伍也需要大量经济投入。最后,组织农民运动会和各种比赛活动,开展丰富多彩的农民文化生活,也需要较多资金支持。

资金问题是农村文化设施建设的根本问题。近年来,我国各级政府为保障农民文化权益,其经济投入力度空前之大,实施了诸如"三下乡"工程、广播电视"村村通"工程、"农村电影放映"工程、"文化信息资源共享"工程等这样全国范围内的文化工程,很大程度上提高了农民文化生活水平和质量,提升了农民文化素质。但是仍然不能从根本上摆脱一些贫困地区在公共文化建设中屡屡遭遇经费紧张、设施闲置、活动缺失的困境。资金投入不足引起农村公共文化服务供给不足。农村公共文化资金投入不足成为现实问题,主要表现在:

4.2.1 农村公共文化建设的财政投入不足

农民文化权益保障缺失的根本原因在于政府供给不足,主要包括资金供给和制度供给两个方面。在资金供给上,长期以来,各级政府对农村公共文化建设的有效投入不足,主要表现在两方面:

4.2.1.1 文化事业支出占财政支出比例低

西方发达国家和新兴市场国家的文化建设投入一般都达到财政支出的1%左右。[①]但从我国文化部门的统计数据来看,2004年全国文化事业经费113.63亿元,虽然比2003年增长了20.8%,但在全国财政总支出中仅占0.4%,占GDP的比重仅为0.1%左右,人均文化事业费仅有8.74元,其中用于农村文化建

① 陈威. 公共文化服务体系研究[M]. 深圳:深圳报业集团出版社,2006:86.

设的投入就更少了。尽管"十五"期间国家安排了预算内专项资金4.8亿元用于支持县级图书馆、文化馆建设,安排项目1 083个[①],但仍有一些县级图书馆、文化馆、乡镇文化站缺乏业务经费。从表2-2可以看出,2005—2008年国家财政投入的文体广播事业费每年都在增加,而且增幅较大,中央财政所占的比例也在不断提高,但文化事业费占全部财政支出的比重却呈下降趋势。

4.2.1.2 农村文化事业支出占全国文化事业支出比例低,导致文化资源在城乡之间的配置缺乏均等性

由于城乡二元结构的影响,我国长期以来在建设和发展上重城市轻农村,国家对农业的投入总体偏低,对农村文化事业的投入则更低。据统计,2003年文化事业费中农村只占28.1%;2004年中央财政对农村文化经费的投入为30.11亿元,仅占全国文化事业费用的26.5%;2005年国家财政对农村文化投入占总财政投入的26.7%。[②]"十五"期间前四年对农村文化投入占全国文化事业费比重为27.2%。[③]财政投入的巨大差距直接导致了城乡文化发展水平的失衡。农村文化建设投入相对不足,公共文化机构难以运转,文化产品、文化服务供给非常短缺,文化基础设施落后。2004年,全国农村38 240个乡镇中有23 687个文化站需要新建、改建。从2001年到2006年,我国群众文化服务机构逐年减少,变动明显的主要是文化站,特别是乡镇文化站减少较明显。2001年全国乡镇文化站总量为37 201个,到2006年则减少到32 706个[④],六年时间减少4 495个,减少12%。在现有公共文化机构中,相当部分运转存在较大困难。目前全国共有720个县级

① 崔海兴,郑风田."三农"视觉下的农村文化建设:问题与出路[J].现代农业科学,2009(2).

② 崔海兴,郑风田."三农"视觉下的农村文化建设:问题与出路[J].现代农业科学,2009(2).

③ 周虎元.我国农村文化现状与发展建议[J].农村工作通讯,2008(23).

④ 中国统计年鉴(2002—2007)[OL].国家统计局网站(http://www.stats.gov.cn/).

图书馆无购书经费，占公共图书馆总数的26.4%。多数县级电影公司难以正常运转，县级剧团有名无实。面向农村的文化产品、文化服务更是严重不足。新中国成立以来，全国文化系统艺术表演团体深入农村演出数量最多的是1964年，达82万场。2003年仅21.5万场，相当于20世纪60年代的1/4；2007年上升到50.29万场，但仍不及60年代的水平；2008年全国实施系列重大文化工程后突飞猛进地增加到472万场。① 而目前全国县级图书馆人均藏书量0.3册，更远远低于国际图联人均1.5~2册的标准。据专家分析，国家在文化方面的投入相对滞后，影响了文化的原创和积累。表4-1显示，近几年各地基层文化站开展活动的数量总体呈缓慢上升的趋势，但在财政对文化投入增长较少的2007年，由于文化站经费短缺，开展活动的次数明显减少；2009年文化经费投入增长较大，因此文化活动开展次数增加也较多。

表4-1　　2005—2009年文化站开展活动情况

项目＼年份		2005	2006		2007		2008		2009	
		数量	数量	增减%	数量	增减%	数量	增减%	数量	增减%
举办展览（个）	全国	34 593	32 706	-5.45	32 976	0.83	33 367	1.19	71 359	113.86
	重庆	2 184	2 215	1.42	1 866	-15.76	2 300	23.26	2 715	18.04
	成都	2 078	1 341	-35.47	1 201	-10.44	1 399	16.9	1 490	6.50
文艺活动（次）	全国	62 949	62 704	-0.39	65 884	5.07	68 213	3.54	300 228	340.13
	重庆	8 366	12 060	44.15	11 389	-5.56	11 446	0.50	12 597	10.06
	成都	3 866	4 082	5.59	4 445	8.89	5 518	24.14	6 224	12.79
下基层服务（次）	全国	62 949	62 704	-0.39	65 884	5.07	68 213	3.54	154 960	127.17
	*重庆	1 857	2 411	29.83	3 082	27.83	4 775	54.93	5 508	15.35
	*成都	5 433	5 707	5.04	-	-	-	-	-	-

*注：重庆该项数据为举办培训班次数；成都2007年以后没有此项统计数据。

［数据来源］根据《中国统计年鉴》、《四川统计年鉴》、《重庆统计年鉴》历年数据整理。

① 中国统计年鉴（2004—2009）［OL］．国家统计局网站（http://www.stats.gov.cn/）．

4.2.2 农村公共文化建设投资主体单一

长期以来,我国公共文化建设特别是农村公共文化建设主要以政府投入为主,其他社会力量很难参与农村公共文化服务事业建设。尽管我国农村文化设施建设的资金有相当一部分来自于集体、捐助、赞助、集资,但一方面由于财政资金投入不足,另一方面由于目前农村经济基础尚十分薄弱,多数地区农村集体经济组织弱化,基本没有财力投入到公共文化建设和公共文化服务上,因此造成很多农村地区文化设施的配套设施不完善,不能充分发挥应有的作用。"有场所没设备,有设备没场所"是农民在文化生活中常常面临的尴尬。以成都市为例,除了财政投资外,市政府也在积极探索社会力量参与公共文化服务建设,如民办博物馆的建设。四川省文化厅的统计数据显示,截至目前,在四川省文物局备案的成都市区域内民办博物馆总数达33家,占成都市博物馆总数的52%,已经超过国有博物馆的总和①。尽管实践中,公共文化服务单一投资主体模式在不断改善,然而对于农村公共文化服务建设来说,社会力量参与性要差得多。

4.3 制度因素:农村文化体制不健全

政府对农村公共文化服务的供给不足,除了资金供给不足外,还表现在制度供给不足。文化体制不健全是影响农民文化生活权益的又一因素。所谓文化体制,指的是关于文化部门、文化企事业单位的组织形式的制度。

农村基层的文化建设,长期以来主要靠政府投入文化事业。

① 成都市民办博物馆数量傲视西部,规模和数量均遥遥领先[OL]. 中国网(http://culture.china.com.cn/),2010-04-06.

村民自办文化、农村表演团体、乡镇文化产业由于得不到政策、经济上的扶持,常常陷入发展困境,很难成长为能够在市场中满足农村和农民多样化文化需求的主体。这造成了农村文化建设中的奇怪现象:一方面,政府在农村的巨大文化投入,却难以满足农民的需要,公共产品和服务常常不符合农民文化生活需求的口味,导致公共文化设施和器材闲置和浪费;另一方面,农民所喜闻乐见的文化形式和文化内容却越来越少,农民的文化生活非常单调。文化制度的缺陷是造成农村文化供求矛盾的因素之一,这对农村文化建设和农民文化权益的保障非常不利。农村文化体制不健全主要表现在文化管理模式落后、文化管理职能弱化、文化设施管理制度缺失、文化人才选用机制落后、考评奖惩机制不健全等方面。

4.3.1 农村文化管理模式陈旧

根据文化产品与文化服务的主要功能及与市场的关系,可将其分为三种:一是公益性文化,即为公众提供无偿的文化产品和服务,不进入市场,如公共图书馆、博物馆、文物陈列馆等;二是准公益性文化,即虽可通过市场方式进行经营并获得一定经济收益,但其收入不能达到从事文化创造或艺术生产所付出的劳动价值,如高层次的文化艺术、高水平的严肃文学创作以及优秀的民族文化艺术等;三是经营性文化,即完全可通过市场以产业化方式进行经营的形式。① 由此可见,第一种文化产品和服务可纳入文化事业的范畴,而第三种文化产品和服务可纳入文化产业的范畴。

长期以来,我国的文化建设沿袭了计划经济时代的管理模式和管理方法,“自上而下”的服务供给决策机制,导致对基层农民文化需求缺乏了解。国家在文化建设和管理中没有对文化产品和服务的功能和用途进行事业和产业类别的划分,对文化产业和

---

① 安晓辉. 浅谈市场化与文化机制创新[J]. 港航论坛,2006(2):61-66.

文化事业大包大揽，上下级指令性传达成为文化行业管理的主要方式。这种管理体制一方面造成国家投入大、见效小，另一方面造成文化企业丧失市场主体地位，不能发挥其积极性和主动性。其最终结果就是大量文化产品和服务没能真正面向市场，满足不了人民群众的文化生活需求。

一些地方政府对于农村公共文化服务的认识流于形式主义，认为建设新农村文化就是开展送文化下乡、放电影、送图书等诸如此类的活动，认为加强公共文化设施建设就是建设“老年之家”等，从而形成“自上而下”的服务供给决策机制。而这种“自上而下”的服务供给，忽视了农民真实的自身文化需求，使得农村基层文化活动形式单一、内容简单，导致农民群众对文化生活参与度低。

调研中我们发现，由于活动形式单一，受访者中73.32%的人从未参加过集体文化活动。同时，由于受到经费、场地、设施等方面因素的制约，农村文化活动规模也在逐年缩小，11.49%的受访者就是因为活动规模小、不热闹从而很少参加集体文化活动。还有44.68%的受访者提到村里从未组织过任何集体文化活动。

一些地方存在着重老年文化建设、轻中青年文化需求的现象。从村级文化设施来看，不少地方都是以老年文化室为主，有的图书室里图书结构欠合理。调研发现，13.21%的受访者表示“农家书屋”的书报陈旧、种类少。特别是中青年农民渴望的文化科技类图书相对较少，电脑更是难觅踪影。中青年农民群体的正常文化需求难以得到很好的满足，这对于农村文化的长远发展极为不利。

还有一些农民群众很爱看电影，但是54.26%的受访者表示村里没有放映电影的设施，没有电影院，从而放弃看电影。

一些地方，文化为广大农民和农村服务的意识淡薄，如文化工作者的创作题材大都以城市为主，并没有更多考虑农民对文化的真实需求是什么。即便是农村文化工作者，也习惯于以城市和消费主义为中心的文化发展模式，并没有真正了解农民的文化需求。

供需错位的结构性困境引起公共文化服务供给不足。调研显示,尽管近些年来政府已经花大力气为农村地区建设公共文化服务设施,但是受访的农村居民中仍有45.32%的人员认为政府还应该提供更多,同时39.15%的人认为应该提供更多的科技指导和信息服务。

4.3.2 农村公共文化服务职能弱化

在国家为减轻农民负担而取消农业税的政策实施以后,一些较贫困地区的农村公共事业运行出现了不同程度的困难。除了财政转移支付制度方面的原因外,农村公共服务职能转变不到位,社会管理和公共服务的能力和手段缺乏也是一个重要的原因。由于义务教育、农村医疗卫生等建设比文化建设显现出的作用更为显著,因此,地方政府在调整公共服务职能时,往往人为弱化政府对农村公共文化服务的管理职能。这种弱化文化管理职能的做法势必会严重影响到农村公共服务供给的数量与质量。

4.3.3 农村文化设施管理制度不完善

农村公共文化设施不断完善,使得农民群众在闲暇之时有了休闲、娱乐的场所,丰富了基层农民的文化生活。但现实中也存在部分农村公共文化设施管理存在问题,如公共文化设施的有效利用率不高、利用不均衡、缺乏维护等。一些已建成的村文化站存在部分被挪用、挤占的现象;个别村文化站在完成考核、验收、命名的使命之后就被闲置;甚至有极个别的村落文化设施被用来从事赌博等危害社会公共利益的活动。实地调研中发现,一些村的文化宫已演变成了各个民办培训机构驻扎的场所。综合文化站在建成之初可以说是设施齐全,一般包括教育培训室、图书阅览室、文体活动室(老年活动室)、阅报栏、宣传窗、休闲公园和室外活动场等。调研发现,休闲公园和室外活动场的利用率相对较高,跳舞健身、饭后散步的人相对集中;而其他场所,由于管理服务不到位，不少设施有闲置现象，如个别图书阅览室因藏书量少、更新慢、开放时间短，借阅人数寥寥。

4.3.4　农村文化人才选用机制落后

文化人才队伍是农村公共文化服务建设的核心和基本要素。文化机构从业人员的素质能力决定着农村公共文化服务的水平和质量。在现有的人员选用机制下，各级政府给基层文化设施核定的人员编制数都很少，有的甚至没有人员编制，基层文化设施的主要负责人大都是由乡镇政府工作人员兼任。而现实情况是基层公共文化设施的管理、维护及开展对外文化活动仅仅依靠一两个人是完全不够的，还需要大量专业人员参与。但由于待遇低、文化工作地位低等问题，严重影响了文化人才队伍的稳定和文化设施工作的正常开展，进一步影响了基层公共文化服务建设。

4.3.5　农民文化权益保障绩效评价体系不健全

农民文化权益保障，一方面要重视过程实施，另一方面还要重视业绩考核，有效防止农村文化建设的盲目性和随意性，确保公共文化建设不会流于形式。目前，一些地方的农村公共文化服务事业绩效考核仍没有被列入当地政府年度重点工作和目标责任考核中，也没有列入创建文化先进县市、乡镇和创建文明城市、文明村镇等相关评价体系，作为地方党委、政府业绩考核的组成部分，作为干部晋升考核指标。由于缺乏农村公共文化服务事业绩效考核评价体系的一套完整量化指标，致使各级政府无法将农村公共文化服务事业建设的责任层层分解，推动农村文化建设各项任务落到实处。

4.4 人才因素：缺乏高素质的农村文化建设队伍

人才是强国之本，兴业之源。农村文化人才是建设农村文化的主力军，对农村文化的生存与发展起着关键作用。农村文化人才水平的高低，直接决定着农村文化事业水平的高低。江泽民曾经指出，人才是科技进步和经济社会发展的重要资源，科技是第一资源。要高度重视造就一批德艺双馨的农村文化人才，建设和发展农村文化。[①] 可以说，农村文化人才既发挥了连通政府与农民群众的桥梁，又在农村传统优秀文化传承和创新中发挥着不可替代的作用。党中央、国务院在2007年的“一号文件”《中共中央、国务院关于积极发展现代农业，扎实推进社会主义新农村建设的若干意见》中首次提出了“人才智力支撑”概念，强调建设现代农业，最终要靠有文化、懂技术、会经营的新型农民，可见国家对农村人才队伍的建设日益重视。加强农民文化生活权益的保障，就要使农民过上更加丰富多彩的文化生活，提高农民的文化生活质量，满足农民文化生活需求。这都离不开农村文化人才队伍的建设。

然而，我国农村文化人才队伍的建设状况仍存在不少问题，集中体现为农村文化人才匮乏，无法满足社会主义新农村文化建设的需求，无法满足农村广大农民的文化生活需求。分析造成农村文化人才匮乏的原因，主要有以下几点：

4.4.1 农村现有文化队伍状况堪忧

农村文化人才的水平高低与农村文化建设水平有直接关系。无法忽视的现实是，农村中现有文化干部队伍总体素质偏低。这已经影响到农村文化建设的长远健康发展。而民间文化人才队

① 钟少琴．农村文化人才建设小议[J]．大众文艺，2010(9)：260.

伍如今也呈现凋零的态势。如今农村基层从事文化事业的人才分为两种:一是乡镇文化专干。这些人属于基层文化干部队伍。他们多具有一定的文化素养或文艺专长,但普遍知识老化、学历不高,对现代网络信息技术不能很好地掌握。由于文化水平的限制,他们在开展乡镇文化活动过程中难以进行形式和内容的创新。同时,由于各级政府长期以来对文化工作的忽视,很多文化专干所从事的并非文化工作,进一步限制了其文化素质的提高。更有个别从事文化工作的干部完全由别的岗位兼职,“干文化而不懂文化”。二是民间文化、文艺个人或团体。如乡土作家、音乐家、歌手、传统民间手工艺传承人以及武术、杂技等民间表演团体等等。他们往往具有某方面的专长,并且构成了农村文化队伍的重要组成部分。由于农民消费能力有限,农村文化事业建设落后,加上对传统民间艺术保护不重视,造成了民间文化人才流失。乡土艺术家和民间艺人纷纷转行,一些民间艺术、传统工艺已经失传,造成了文化事业的巨大损失。

4.4.2　农村文化人才流失严重,引进难

农村文化人才队伍还面临着“入不敷出”的问题。也就是说,农村以外的高素质文化人才不愿意到农村中来,而很多农村中的高素质文化人才却流向了城市。这是造成农村文化人才稀缺的另一个重要原因。造成这种状况的重要原因就是农村文化工作非常艰苦,条件简陋,福利待遇差。很多从农村中走出去的大学毕业生,在就业时通过对城市与农村各种条件的对比,也最终选择了留在城市。这种“留不住人才,吸引不来人才”的状况进一步造成了农村文化人才整体水平偏低的后果。

4.4.3　农村文化人才培养难

培养人才,是人才建设的根本。农村文化建设需要大量专门人才,引进是一条途径,最根本的还是依靠培养。但在当前农村,文化人才培养困难重重。首先,农村并无专门的一套文化人才培

养体制。传统的“师父带徒弟”的传统模式在如今已经难觅踪迹。虽然学校教育为农村文化人才的培养做出了一定贡献,但很多毕业生在选择工作时并不把在农村这片广阔天地中成长作为首选。其次,农村经济总体落后于城市,个别地区还非常贫穷。基层乡镇缺乏培养文化人才所需的资金支持。最后,农民总体文化水平较低,再加上许多家庭中的青壮年农民外出务工,妇女、老人、小孩留守农村,造成难以寻觅具有合适潜质的培养对象、难以开展文化活动的尴尬局面。

我国农村文化人才匮乏的事实,暴露了我国农村文化工作队伍水平低、留不住、培养难的问题。这些问题的存在对我国农村文化建设造成了极为不利的影响。在当今,将人才视为“第一资源”、“国家综合国力的象征”等这些理念已经深入人心。农村文化人才在农村文化建设中所起的作用也将越来越大。

无论是文化基础设施建设,还是文化产品与文化服务的供给或者文化人才建设,在具体实践中还存在不少问题,亟待解决。不解决这些问题,农村文化建设就会成为空谈,农民自由而充分地享受其文化生活权益也会成为一句空话。

4.5 教育因素:农村教育落后,农民科学文化素质低

由于我国农村长期以来教育落后,导致农民科学文化素质很低。尽管近几年来各级政府加大了对农村教育的投入,但农村教育仍然滞后经济的发展。主要表现在以下几方面:

4.5.1 农村基础教育落后

改革开放以来,我国农村中小学基础教育取得了显著成就。但是当前农村基础教育还存在不少问题,例如对“普九”认识尚不深刻,片面追求升学率,忽视学生素质教育;基础教育投入有待加

大,办学条件有待进一步改善;教师队伍有待充实,教师素质和教学质量有待提高;农村学生流失问题亟待解决。目前,我国农民平均受教育年限不足7年,农村劳动力中,高中及以上文化程度的只占13%,初中生占49%,小学及小学以下的占38%,其中不识字或识字很少的还占7个百分点。[①] 在我们调查的农民中,高中以上文化程度的只占18%,初中文化的占43%,小学及以下的占27%。

4.5.2 农村职业教育薄弱

当前我国农民职业技术教育体系相当薄弱,存在的问题较为严重。首先政府对农村职业教育重视不够,形式主义严重,培训责任不明确;其次,无固定经费,农民职业技术培训无法保障;农民职业培训无长远规划,无教育培训基地,资源浪费严重;在培训中重理论,轻实践,内容陈旧,脱离实际,这对于文化素质相对比较低的农民来说,没有太大的吸引力。我们在调查中了解到,许多地方政府针对农民情况组织了各种职业技术培训,组织难度非常大,多数农民不愿参加。为了鼓励农民参加培训,政府还向参加培训人员发放一定的补助金,但总体效果仍不尽如人意。在我们调查的农民中,只有32%的被访问者参加过政府组织的免费培训,其中有31%的人感到不满意或不太满意,主要原因是培训次数太少(占17.87%)、理论性太强(占12.55%)、内容不符合需要(占11.91%)以及没得到提高(占10.21%)。显然,这样的培训对提高农民劳动技能和市场营销能力作用不大。因此,在农村,不仅还存在部分文盲半文盲,而且农民的职业技术能力也很差。据统计,受过技能培训的农民只占1%左右,掌握1~2项实用技术的仅有16.4%,这种状况对于农村经济、文化建设都是十分不利的。

---

① 邓沛然. 对新农村建设背景下农村教育问题的思考[J]. 河北学刊,2007(5):151-154.

4.5.3 农村成人教育仍需加强

改革开放以来，我国农村成人教育取得了辉煌成就。农村扫盲工作取得了很大成绩，文盲半文盲占人口总数的比例由新中国成立初期的90%下降到目前的10%左右；初步形成了县、乡、村农村成人教育网络，各级成人文化技术学校已成为农村传播科学文化知识的基地、农业科技成果普及和推广的基地、农村社会主义精神文明建设的基地，在提高农民科学文化素质和促进新农村建设中发挥了重要作用。但是，从全球看，我国仍是文盲半文盲较多的国家，绝对数字很大，主要集中在农村，尤其是老、少、边、穷地区。由于一些农民没有文化和基本农业知识，至今仍过着"种子靠祖宗、技术靠传统、收成靠天公"的日子。除了旧文盲大量存在外，新的文盲还在不停地增加。一些思想落后的农民受眼前利益的驱动，不懂得文化知识的重要作用，让孩子在十几岁时便辍学回家，帮助大人挣钱致富，认为这样可以"早成人早立业"。岂不知这样会适得其反，不但不会真正致富，还为社会"培育"了新文盲，于国于家都极为不利。就农村成人教育来看，还存在不少困难和问题，一些地方对进一步加强农村成人教育工作的重要性缺乏足够的认识，管理薄弱，投入减少，工作进展不力。从总体上看，农村成人教育办学条件较差，培训规模和质量不能适应新农村建设的要求。

由于受教育的限制，农民的文化水平较低，科技知识贫乏，思想道德水平和法律意识不高，具有封闭的小农意识，浓郁的家族观念以及惰性心理，农民的整体素质偏低。由于农民的文化程度不高，重农抑商、小富即安、平均主义、不求上进、重男轻女、凡遇红白喜事一味讲究大操大办等落后观念在农村还普遍存在。凡此种种，都不适应社会主义新农村文化建设的需要，农民文化权益保障的难度也因此增大。

5 城乡一体化中农民文化权益保障的改革思考

5.1 城乡一体化中农民文化权益保障的原则

5.1.1 坚持以马克思主义为指导,构建社会主义核心价值体系

在文化的建设过程中,弘扬什么样的价值观,对于文化发展具有重大意义。美国学者克罗伯说:"文化的基本要素以价值观为最重要。"学者露丝·本尼迪克特提出,每种文化现象中都有一种主导文化,然后依照这种主导文化选择并强化某些文化元素,同时排除或抑制其他元素;在历史的过程中,这些主要的文化元素便逐渐制度化,从而或多或少获得了整合。① 因此,在保障农民文化权益的过程中,应始终把握社会主义价值取向。作为一个完整体系,社会主义核心价值体系是社会主义价值观的集中体现,是推进社会主义文化建设的灵魂。当前,马克思主义指导思想、中国特色社会主义共同理想、以爱国主义为核心的民族精神和以改革创新为核心的时代精神、社会主义荣辱观,构成了社会主义

---

① 宋一.国际农村文化建设的经验与启示[J].广西师范学院学报:哲学社会科学版,2009(1).

核心价值体系的基本内容。

党的十四届六中全会通过的《关于加强社会主义精神文明建设若干重要问题的决议》明确指出:“我国社会主义精神文明建设,必须以马克思列宁主义、毛泽东思想和邓小平建设有中国特色社会主义理论为指导,坚持党的基本路线和基本方针,加强思想道德建设,发展教育科学文化,以科学的理论武装人,以正确的舆论引导人,以高尚的精神塑造人,以优秀的作品鼓舞人,培养有理想、有道德、有文化、有纪律的社会主义公民,提高全民族的思想道德素质和科学文化素质,团结和动员各族人民把我国建设成为富强、民主、文明的社会主义现代化国家。这是精神文明建设总的指导思想,也是精神文明建设总的要求。”党的十六大则指出:“三个代表”重要思想是对马克思列宁主义、毛泽东思想和邓小平理论的继承和发展,反映了当代世界和中国的发展变化对党和国家工作的新要求,是加强和改进党的建设、推进我国社会主义自我完善和发展的强大理论武器,是全党集体智慧的结晶,是党必须长期坚持的指导思想。党的十六届六中全会决定则重申:必须坚持以马克思列宁主义、毛泽东思想、邓小平理论和“三个代表”重要思想为指导,并强调以科学发展观为统领。因此,新农村文化建设、保障农民文化权益,必须以马克思列宁主义、毛泽东思想、邓小平理论、“三个代表”重要思想和科学发展观为根本指导思想。

任何一项伟大事业都需要有正确的理论作为指导思想才能取得成功。没有正确的指导思想,我们的事业就会迷失方向,遭受挫折,半途而废,甚至彻底失败。中国革命正是因为坚持以马克思主义同中国具体实际相结合而产生的毛泽东思想为指导,才找到了正确的方向并取得了成功。社会主义新农村文化建设是迄今为止在中国广大农村开展的最伟大的文明建设工程,它将伴随社会主义新农村建设的始终,因而,必将是一个长期的过程。在这个漫长的过程中,由于社会环境的变化,新农村文化建设必将遇到各种挑战和问题,因而又将是一个十分复杂的过程。农民文化权益保障的长期性和复杂性决定了它需要科学的理论作为指导,才能确保它沿着正确方向顺利前进,而马克思主义是迄今为止人类历史上最伟大最科学的理论,农民文化权益保障必须以马克思主义为指导。

其一,我国社会主义制度的性质决定了必须坚持以马克思主义为指导,这是社会主义文化建设自身发展的内在要求,也是社会主义新农村文化建设健康发展的根本保证。马克思主义是人类文化的精华,其本身也是社会主义文化的重要组成部分,但它不是一般的组成部分,而是理论基础,对整个社会主义文化建设和农民文化权益保障具有指导作用。马克思主义是关于社会发展规律的科学,为社会主义文化建设指明了正确方向;马克思主义是无产阶级的科学世界观,能够帮助我们认清事物的本质,揭示其发展规律,从而为新农村文化建设提供正确的方法和手段;马克思主义是社会主义事业和党的领导的理论基础,为我们党制定路线、方针和政策提供指南,保证新农村文化建设沿着正确道路健康发展。

其二,中国共产党的性质和地位决定了农民文化权益保障必须坚持以马克思主义为指导。中国共产党是马克思主义政党,始终把马克思主义作为自己的行动指南,坚持马克思主义是党的先进性和党性的重要标志。在我国,中国共产党是执政党,而"任何一个时代的统治思想始终都不过是统治阶级的思想"①。中国共产党对整个社会实行政治领导、思想领导和组织领导,其中当然包括对文化的领导,因此,必然要用马克思主义指导新农村文化建设。

其三,社会主义文化的本质特点决定了农民文化权益保障必须坚持以马克思主义为指导。社会主义思想建设的核心是用马克思主义教育人民、武装人民;社会主义道德建设的主要内容也要以马克思主义为指导,使人们树立科学的世界观,从而树立正

① 马克思恩格斯选集:第1卷[M]. 北京:人民出版社,1995:292

确的人生观、价值观,形成社会主义所需要的道德价值体系,这样才能真正树立社会的理想、信念和道德,为实现共同理想和最高理想而奋斗。社会主义的思想建设决定着社会主义文化的性质,马克思主义则决定着社会主义思想建设全部内容的本质,马克思主义世界观是人类历史上最先进、最科学的世界观。

其四,社会主义文化的性质和社会主义文化建设的任务,决定了社会主义新农村文化建设必须以马克思主义为指导。社会主义文化是同社会主义生产方式相适应的,它建立在社会主义所有制基础上,以提高广大人民的思想道德素质和科学文化素质为根本目标。因此,它是最先进、最优越、最有广泛群众基础的文化。农村文化建设要保证其符合社会主义的思想要求和制度要求,就必须坚持以马克思主义为指导。同时,也只有马克思主义才能够为社会主义文化建设指明正确方向,提供方法论指导;只有马克思主义才能为培育"有文化、懂技术、会经营"的新型农民提供正确的世界观、人生观、价值观。

其五,马克思主义是我们立党立国的指导思想,是社会主义建设的理论基础,在社会主义意识形态中占主导和统治地位,社会主义新农村文化建设必须以马克思主义为指导,这是客观历史条件所规定了的,不允许有丝毫的动摇。江泽民同志指出:如果动摇了马克思主义这个精神支柱,就会导致思想混乱、社会动乱,那将是党、国家和民族的灾难。尤其是在新农村文化建设中,更应强调坚持马克思主义的指导地位。这是因为,农村文化现象较为庞杂,其中含有一定的非社会主义文化因素,传统遗留下来的文化项目种类繁多,烙印在农民群众心灵深处的文化影响根深蒂固,加之广大农村人口众多,农民整体素质较低,他们对不健康思想文化的分辨能力较弱,对腐朽没落的精神消费品免疫力较差。在这种情况下,任何误导都可能会使他们迷失方向进而陷入盲从,其结果是既毒害了他们的思想和灵魂,又影响了社会主义新农村建设。这就需要以马克思主义为指导,发展进步文化,抵制落后文化,用社会主义思想文化培育和造就新型农民。

马克思主义是科学,具有与时俱进的理论品质,它始终严格地以客观事实为根据,总是随着时代、实践和科学的发展而不断发展。我们坚持马克思主义,是坚持发展着的马克思主义。只有坚持用发展着的马克思主义武装全党、教育人民,才能真正发挥马克思主义认识世界和改造世界的强大思想武器的作用,马克思主义才能真正成为我们的行动指南。这就要求我们把坚持和发展马克思主义自觉地统一于建设中国特色社会主义的实践中,在坚持中发展,在发展中坚持。毛泽东思想、邓小平理论、"三个代表"重要思想和科学发展观是对马克思主义的继承和新发展,是马克思主义中国化的伟大成果,是当代中国的马克思主义,是马克思主义基本原理与中国实际相结合的产物,是中华民族振兴的强大精神支柱。坚持马克思列宁主义、毛泽东思想、邓小平理论、"三个代表"重要思想和科学发展观实质上是完全一致的。因此,社会主义文化建设坚持以马克思主义为指导,必须与时代特征和当代中国实际相结合,用发展着的马克思主义,即马克思主义中国化的新成果——毛泽东思想、邓小平理论、"三个代表"重要思想和科学发展观指导社会主义文化建设。

社会主义核心价值体系为新农村文化建设提供了方向,只有坚持社会主义价值体系建设,在推进社会主义新农村文化建设过程中不断落实社会主义核心价值体系,才能实现时代精神与民族精神的统一,把握社会主义新农村文化建设的方向,才能实现文化的协调发展,增强新农村文化建设的实效性,使农民文化权益得到更好的保障。

5.1.2 树立和谐文化理念,构建农村和谐文化体系

和谐是指一个系统与外部客观世界之间及其内部各要素之间的关系处于一种协调、平衡的状态,也是事物得以健康发展的理想状态。它具有以下特点:和谐是一种配合适当的协调有序的状态;和谐是一种功能多样的动态平衡;和谐是一种涵盖周延的

目标系统;和谐是真善美的统一。① 农民文化权益保障是一个系统工程,我们只有树立和谐理念,协调好各方面的因素,才能把文化建设得更好。

《中共中央关于构建社会主义和谐社会若干重大问题的决定》提出,“我们要构建的社会主义和谐社会,是在中国特色社会主义道路上,中国共产党领导全体人民共同建设、共同享有的和谐社会。”和谐是事物的本质中差异面的统一,是事物存在和发展的一种状态,反映了矛盾统一体在发展过程中的对立面表现出来的协调性、一致性、平衡性、完整性和合乎规律性的辨证范畴。② 因此,在社会主义新农村文化建设过程中,应当努力构建农村和谐文化体系,构建社会主义和谐新农村,有利于农民文化权益得到更好的保障。在农村和谐文化建设过程中,应该从和谐文化的内在要求出发,弘扬和谐精神,推进农村文化和谐发展。具体来看,为了推进农村文化建设,需要遵照民主法治、公平正义、诚信友爱、充满活力、安定有序、人与自然和谐相处的总要求,从广大劳动人民群众文化生活中最突出的问题出发,逐步培育农民的和谐理念,弘扬和谐精神,增强农村文化建设的活力,推动农村社会建设与经济建设、政治建设、文化建设协调发展;需要不断提升农民的文化素质,提高人们的思想道德水平;需要不断挖掘农村文化传统,去除糟粕,取其精华,增强农村和谐文化建设的底蕴;只有积极推进不同文化之间的交流,不断创新,才能推进社会主义新农村和谐文化建设的发展,形成农村经济社会协调发展的新机制。具体来说,要达到以下几个方面的和谐:

一是物质文化和精神文化的和谐。文化是物质文化和精神文化二者相互作用、渗透组成的复合性整体。其中物质文化包括

① 金崇华. 论和谐理念在人的全面发展中的运用[J]. 云南行政学院学报,2007(3):167-169.

② 宋一. 国际农村文化建设的经验与启示[J]. 广西师范学院学报:哲学社会科学版,2009(1).

村内建筑、道路、绿地、文化设施、活动场所等。它是村民改造自然环境所创造出的物质财富,其存在、形成和选择无不凝聚着本村人的文化内涵和智慧,为开展文化活动提供物质保障。精神文化主要指本村村民在长期的共同生活中形成的稳定的思想观念、价值追求、伦理道德、加强农村文化建设的策略和精神风貌。它已植根于本村村民的内心,通过本村村民的思想、行为彰显出来,对本村村民的生活方式和行为选择具有深远影响。加强文化建设,二者不可偏废。一方面应加大村内设施、卫生、美化等物质硬件建设,实现人与环境的和谐统一,使其成为展示现代文明生活的窗口,并为精神文化活动的顺利开展提供前提条件;另一方面要破除对文化建设理解上的偏差,走出文化建设重形式、走过场的弊端,健全文化活动的组织结构和管理体系,着力于提高村民素质和精神风貌,把提高村民的文化素质摆在突出地位,使物质文化与精神文化协调发展,达到物质文化和精神文化的和谐。

二是地方政府和村级组织之间的和谐。一方面由于地方政府在思想上重经济、轻文化,加之地方政府的文化专干又承担了大量的行政事务,精力无法集中于文化建设,特别是对上面的政策宣传不够;另一方面,村级组织本身的经济实力很弱,地方政府又不积极投入,这就使得村级组织领导进行文化建设的经费无法保障,而且,村级组织很少参加地方组织的专业培训,村级组织文化队伍的素质较低。因此必须树立和谐理念,协调好地方政府与村级组织之间的关系,使它们明确自己的职责,相互协调,才能领导广大农民积极地进行农村文化建设,使社会主义新农村焕发勃勃生机。

三是思想道德和利益的和谐。我国建立在半封建的自然经济基础上的农村思想道德水准一直较低,加上在社会主义市场经济逐步发展的过程中,商品交换的法则渐渐侵袭到农民精神领域,影响着农民形成正确的是非观、荣辱观、得失观。义利观的形成,受市场经济的影响,农民利益取向功利化,以获得个人的最大利益作为自己的价值取向,优良传统美德如勤俭节约、与人为善、扶危济困等受到挑战，而唯利是图、不择手段、损人利己等观念却在不断强化，从而引发道德滑坡，造成思想道德与利益的不协调。因此，我们只有树立和谐理念，使农民的思想道德与利益观达到和谐，才能调动农民建设农村文化的积极性，彰显他们的主体地位。

四是农村人际关系的和谐。社会主义市场经济的发展为广大农村公民施展才华提供了广阔的舞台，也因此而增强了他们的自主意识。但由于教育的放松和西方腐朽文化的影响，这种自我意识在相当一部分人中逐步演变为极端的利己主义和个人主义，对邻居和村里其他人的事根本不管，有的不但不帮，反而还落井下石；一部分人还想方设法使对方吃亏，自己从中捞取好处，对集体经济的发展和文化公益事业更是漠不关心。这必然造成农村人际关系紧张，不利于文化建设的发展。因此必须树立和谐理念，努力提高农民的综合素质，改变落后观念，使农村的人际关系和谐达到相当的程度，为农村文化建设营造良好的人际氛围。①

5.1.3 坚持以政府为主导、以农民为主体的原则

文化职能是政府公共服务职能的重要组成部分。政府在文化建设上的主要职能是提供公共文化投资和公共文化服务，指导和管理文化事业，领导和组织文化建设，保证文化建设始终沿着正确方向前进。社会主义新农村建设中的文化是一种社会公共产品，理应由政府来提供，政府要发挥在文化建设中的主导作用，充当起文化建设领唱者的角色。具体来说，政府在农民文化权益保障中的职责和主导作用主要体现在以下三个方面：

一是树立正确的思想观念。要充分认识文化建设在科学发展观和构建和谐社会主义新农村中的重要地位，克服重城市、轻农村，重经济、轻文化的错误观念；要明确并牢固树立发展农村文

---

① 王维．新农村背景下的农村文化建设研究[D]．重庆：西南大学学位论文，2009：35.

化,保障广大农民文化权益是政府天职的执政理念;要切实做到把文化纳入政府的议事日程;切实建立起文化目标责任制;帮助农民挖掘农村文化资源。

二是提供资金保障。无论哪一项建设,都离不开一定的资金保障。农村文化建设是一个复杂的系统工程,需要各级政府投入一定的资金作为保障。因此,各级财政在统筹城乡规划时,要加大向农村倾斜,加大对农村文化的投入;加强对农村公共文化服务,加大文化资源向农村倾斜的力度;要注重在法制教育和农民教育、培训等方面的投入。

三是培育"有文化、懂技术、会经营"的新型农民。提高农民思想认识,主要是提高他们对农村文化权益重要性的认识,在自觉投身农村文化建设的同时,要加强社会主义荣辱观教育;同时,要加强农民科学文化素质的培养,加强技能培训,培养农村的市场意识和观念,拓宽农村文化消费市场,提高农村文化消费水平。

农民是文化权益保障的对象,也是新农村文化建设的主体。因为农村文化不可能是脱离农民的工程,而必须与农民紧密结合。必须发动农民积极参与进而主动创造,创造属于自己的文化;党和基层政府应当积极引导、扶植,包括一定的资金投入。但是无论是一个具有自身活力、具有自我生存能力的农民文化组织,或是逐步发展形成的文化样式,一定需要农民资金的参与和创造,最终为农民资金接收,从而获得生存和发展的力量,这才是真正的生命力;农民主体地位的确立将推进新农村文化建设,而新农村文化建设将最终促进农民主体地位的确立,使农民过上宽裕而且有意义的生活,在自己的家园安居乐业。因此,在农村文化建设中要充分调动农民自己的积极性,发挥他们的创造精神,让农民成为建设文化的主角,这是农民文化权益保障的重要途径。

在农民文化权益保障过程中,政府的主导地位与农民的主体作用,二者相辅相成,不可替代。政府的主导作用集中体现在搞好规划管理、制定相关配套政策、宣传引导、组织协调和指导帮扶、改善

文化基础设施、引导农民转变思想观念等。政府在发挥其主导作用的时候要充分发挥农民的主体作用,农民是农村的主人,保障农民文化权益必须尊重农民的主体地位,政府不能大包大揽。人的主体性是人的本质特性,是人在实践活动中从自己的主体地位出发,以不同方式掌握客体所显现出来的功能特点,它包括人的独立性、自主性、能动性和创造性等几方面。因此要充分尊重其独立性、主观能动性、自主创造性,引导他们自己做主,充分调动他们的积极性和创造性。由于各种原因,目前在新农村文化建设中农民存在观望和"等、靠、要"的思想,政府要想办法把自己的良好愿望变为农民的自觉行动,激发农村自身的文化活力。

5.1.4 坚持农村经济文化协调发展的原则

坚持文化与经济社会发展相适应,是文化建设与发展的基本规律。党的十六大报告明确指出,全面建设小康社会,必须大力发展社会主义文化建设和社会主义精神文明建设,全党同志要深刻认识文化建设的战略意义,推动社会主义文化建设健康发展。马克思主义基本原理认为,经济基础决定上层建筑,而上层建筑对经济基础具有重要的反作用。代表先进方向的文化可以促进经济的发展,反之就会阻碍生产力的发展。代表先进文化方向的文化可以是经济发展的智力支持和方向保障。尤其是在今天经济全球化、政治多极化的形势下,市场经济的大潮已覆盖全球各地,整个世界经济一体化的进程日益加快,范围愈加广泛。实际上文化已经卷入了经济的圈子,成为全球经济发展的重要组成部分和推动力量。同时,从某种意义上说,有的文化产品就是经济产品,直接就能带来经济效益。知识经济时代的特色表明文化不能作为独立的个体而存在,已经与经济部分融合在一起,文化已脱离了传统的抽象作用而在现实的状态下表现了自己独特的经济魅力。因此,要不断开拓农村文化环境,加强农村文化建设,充分发挥文化在新农村建设中的双重作用。

经济和文化的关系十分紧密,两者相互渗透、相互促进、相互融合、相互包含,这种关系也是当代经济文化发展的重要特征和趋势。一方面,经济建设是文化建设的基础,繁荣的经济、良好的基础,能为农村文化建设提供财力支持和保障;另一方面,农村文化建设对经济建设起着重大的推动作用,文化产业的发展可以优化农业产业结构,提高农村企业和产品竞争力,提升经济增长的质量和层次。没有农村文化建设,也就没有整个农村经济的持续稳定发展。

文化水平反映了经济发展的水平,文化也会反过来影响经济的发展。就新农村建设而言,文化具有其他社会要素无法取代的作用,也就是凝聚、整合、同化、规范社会群体行为和心理的功能。农村文化建设,从根本上说是人的建设,核心是提高农民的素质,为社会主义新农村建设提供强大的精神动力和智力支持。文化与经济相互依存、相互促进,使文化与经济的发展呈现出明显的一体化趋势。实践证明,经济的高速发展离不开文化建设,文化建设伴随着物质生活的充裕而不断得到发展,反过来又带动了经济建设和各项事业的不断进步。因此,在社会主义新农村建设的进程中,要走物质文明与精神文明共同进步之路,既要提高经济的增长能力,又要提高文化的竞争力;既要物质的小康,又要精神的小康,使农村经济文化协调发展。①

5.1.5　坚持统筹城乡文化发展的原则

我国二元社会结构非常严重,发展很不平衡,文化、教育等资源的分享也存在严重的不平衡。落后的农村还处于传统的自然经济社会,城乡一体化进程和市场化进程面临着更复杂和更艰巨的任务。统筹城乡文化发展是加强农村精神文明建设,推动广大农村由传统社会向现代社会转变的重大举措。它不仅是加速我国现代化进程的需要,也是改善农村社会风气、维护农村社会稳

① 王维．新农村背景下的农村文化建设研究[D]．重庆:西南大学学位论文,2009:37.

定、建设社会主义和谐社会的需要。但是,在当前我国的文化建设和发展中,存在重视城市、忽视农村的现象,导致城乡文化发展差距过大、极不协调。为此,必须以科学发展观为指导,统筹城乡文化发展,促进社会主义和谐社会和全面小康的建设进程。

统筹城乡文化发展是统筹城乡发展的重要方面,是落实科学发展观的重要举措和具体体现,是建设社会主义和谐社会、实现全面建设小康目标的根本途径,具有重要的战略意义。

首先,统筹城乡文化发展是保持党和人民群众血肉联系的实际举措。实施统筹城乡文化发展战略,体现了党和政府对广大农民生活质量、文化素质、生活方式的关心,是密切党和农民群众血肉联系的实际举措。

其次,统筹城乡文化发展是增强党的执政能力,巩固党的执政基础的内在要求。只有统筹城乡文化发展,高度重视农村文化建设,才能增强党在农村地区的执政能力,巩固党执政的基础。

再次,统筹城乡文化发展是落实科学发展观的具体体现。在党中央提出的以“六个统筹”为主要内容的科学发展观中,统筹城乡发展是核心和重点,因为没有统筹城乡发展,也就谈不上“统筹区域发展”、“统筹经济社会发展”、“统筹人与自然和谐发展”,“统筹国内发展和对外开放”和“统筹中央和地方的关系”也就失去了应有的基础。而统筹城乡文化发展既是统筹城乡发展的重要内容,又是实现城乡协调发展的重要途径。

最后,统筹城乡文化发展是建设和谐社会、全面实现小康的必然选择。只有统筹城乡文化发展,才能使农村文化生活与农村经济协调发展,从而促进整个农村社会全面进步,推进和谐社会建设和小康社会全面实现。

尽管各级党委和政府对党中央提出的科学发展观表现出高度的重视并采取了很多措施统筹城乡发展,但长期以来,由于城乡二元结构的存在,城乡文化建设存在不平衡的情况,他们的精力也主要集中在如何增加农民收入上,对于统筹城乡文化发展没有给予应有的重视。如果我们不从统筹城乡发展的高度注重农村文化建设的投入和农民素质的提高，就会造成农民素质越低，农村生产发展缓慢，农村经济越落后的恶性循环，城乡差距不但不会缩小，还会继续扩大，“三农”问题难以从根本上解决。因此，必须坚持统筹城乡文化发展的原则，相互补充、良性互动、有机结合、协调发展、整体推进。①

5.2 农民文化权益保障的角色定位

我国现阶段的具体情况是：农民对文化权益有一定认识，但认识不足；农村地区经济发展相对落后，缺乏雄厚的经济支持；同时，农民文化权益保障是一项长期工程，需要大量的时间、资金、人员、物质的投入和建设，单靠某一方力量无法完成，需要政府、相关文化部门、社会组织和农民自身共同努力。因此，首先要明确各个主体的角色定位和职责。

5.2.1 农民：文化权益保障的主体

党的十七大肯定了农民在新农村文化建设中的主体地位，这不仅赋予村民新农村文化建设主体地位，还更加肯定了村民是这一文化建设成果的享受主体。发挥村民在文化建设中的主体地位和作用，不仅要求政府转变观念，切实贯彻“以人为本”理念，将新农村文化建设作为保障农村居民基本文化权益的主要途径，尊重村民文化意愿，满足村民文化需求，而且必须通过教育宣传，让村民认识到自己的新农村文化建设的主体地位，通过利益激励调动村民进行新农村文化建设的积极性，通过培训学习增强村民进行新农村文化建设的主体能力，有效引导和培育农民成为新农村文化建设主体。

---

① 王维．新农村背景下的农村文化建设研究[D]．重庆：西南大学学位论文，2009：38.

5.2.1.1 要承认和重视农民在文化权益保障中的主体地位

我国十三亿人口,农村人口占大多数。提高农民的文化生活水平,是提高全民文化生活水平的关键。为消除农民与城市居民文化生活上的巨大差别,政府有责任在提高农民文化生活水平和保障农民文化生活权益上投入更多关注,加快农村文化建设。

农民是农村文化建设的主力军,必须提高对农民文化主体地位的认识。在农村文化建设过程中,常常会出现这样一种错误认识:文化建设是政府的事情,是文化干部的事情,农民只要享受文化建设的成果就行了。这种认识不仅不对,而且非常有害。政府如果不去调查研究,一味地"送"而不考虑农民的真正文化生活需求和农村地区文化特点,所提供的文化产品和文化服务就有可能引不起农民的兴趣,受不到农民欢迎,造成"花了钱,没办成事"的效果。不少基层文化干部带着这种认识开展农村文化工作,其工作方式是单打独斗型的,往往得不到农民的主动支持和配合,效果自然事倍功半,费力不讨好。所以,必须承认农民在文化建设中的主体地位,才能把农民的积极性、主动性调动起来,为开创农村繁荣的文化局面打下良好基础。农民的文化主体地位主要体现在:

首先,农民是新农村文化建设的基本力量,是农村文化的主要创造者。因此,新农村文化建设的主力军应该是农民,而不是城市文化人。农村文化建设,只依靠政府投入和文化干部领导组织,没有广大农民的参与显然是不行的。仅仅靠一两次文艺演出、戏剧下乡是不能从根本上解决问题的。社会主义新农村建设,关键是要遵循农民主体的原则,鼓励农民主动参与,让农民群众得到实惠。农民对自己的文化生活需求最有发言权,而农民丰富的生活经历也可以为解决问题提供帮助。如果在文化的创造上,农民成为旁观的局外人、简单的劳动者,就不仅会造成农民对新农村文化建设的冷漠,而且会使民族传统文化的发展失去源头活水。因此,农村文化建设必须解决好一个根本问题,即人的问题。要以人为本,激发活力,充分发挥农民"艺人"和业余农民剧团的主观能动性，充分调动农民主力军的积极性。农村文化建设要让广大农民当主角，要重视培养和扶持各类农民文化队伍，培养一批文化示范户，通过他们带动广大农民参与文化活动，从而活跃农村文化气氛，推动农村文化事业的发展。数量达几亿人口的农民中间，蕴藏着难以估计的创造力。尤其是一些传统民间艺术家、乡土作家等民间文化的代表，往往也生活在农村当中。他们的表演或创作的文学文艺作品贴近农民日常生活，符合农民欣赏口味，很容易得到农民的喜爱。这些民间文化为丰富农民文化生活起到了重要作用，是社会主义新农村文化建设中不可忽视的力量。

其次，农民是农村文化的主要消费者。农村文化以内容通俗、语言明朗、易被广大农民接受为显著特点。农村文化与城市文化明显不同的一点是，前者往往具有浓厚的乡土气息，表现出与城市截然不同的文化气息。以文艺表演为例，带有大量当地特色的语言往往更能与农民产生共鸣。因此，对于农村文化来说，农民是最主要的消费群体。

要保障农民文化权益，首先就需要了解农民真正的文化需求是什么，只有了解了其基本需求，才能从根本上保障其权益。也就是说，新农村文化建设首先要考虑的是农民需要什么，而不是外在预设的“灌输”。

我国现阶段农民文化权益的保障方式本质上是政府自上而下的保护，一般由政府出台规定，为农民“送”相关文化，如要求各级政府组织资源送书、送培训、送演出等一系列农村文化建设工程在一定程度上解决了农村文化供给问题，但并没有从根本上解决农民的“文化温饱”问题，没有从本质上保障农民文化权益。其中的一个重要原因就是送下乡的文化产品往往不符合农民的胃口，结果是无法消化或者消化不良，产生的文化效益就非常有限。在本轮调查中，69%的村民从未参加过政府提供的科技指导，77%的村民从不去“农家书屋”，31%的村民对政府组织的培训不太满意或不满意，原因主要在于“送给”农民的这些文化，并不是他们真正需要的。农民需要文化权益保障,而文化权益保障也需要农民积极参与。不了解农民的需求,不发挥农民参与的积极性,谈农民权益保障只是一句空话。本轮调查也发现,农民具有参与自身文化权益保障的主动性(农民对文化权益维护的积极性较高,82%的被调查者认为村民应该参与文化设施和文化生活的民主管理和监督,具体方法包括文化设施的管理人员应在村民中公开选拔、定期公布相关资金的使用情况、开展活动前应广泛征求村民意见以及应该有村民意见反馈渠道等,见图3-14)。这一切都提示我们,要保障农民文化权益,必须充分考虑农民自身的意愿和实际需要,考虑农民的接受程度,发挥他们的作用并借此加强对权益保障的监管。

5.2.1.2　要提高农民的文化主体意识

农民的文化主体意识主要体现在对农村文化、地区文化、特色文化的认同感,对农村文化建设的成就感和荣誉感以及对其他文化的尊重和包容上。如今的社会是一个文化多元的社会。农村也不免受到多元文化的巨大冲击。在这种冲击下,要让农民能够认同本地文化、特色文化,对其他文化持包容的态度,不迷失自己、不盲目崇拜和不盲目反对。农民只有提高了文化主体意识,才能增加在农村文化建设中的自信心和干劲;才能提高农民的主人翁意识和权利意识,使农民自身的文化生活权益及其保障免受不法侵害。

5.2.1.3　充分发挥民间文化的作用

我国民间文化历史悠久、丰富多彩、博大精深。优秀的民间文化凝聚着中华传统文化的精华,体现着生生不息的民族精神。正确认识传统民间文化的价值和作用,充分挖掘蕴藏在农村传统民间文化中的精髓,激发农村文化活力,对于大力推进新农村文化建设是十分有利的。

农民是民间文化的创造者,是农村文化建设的主体,而民间艺人是新农村文化建设的骨干。散布于广大农村的“民间艺术家”们生在农村,长在农村,其艺术养分直接来自于农村,和农民有着天然的相通性，在民间文化的传承中，起着骨干和桥梁作用。发挥民间艺人在活跃农村文化生活、传承民族民间文化方面的积极作用，激发农村自身的文化活力，在新农村文化建设中尤为重要。

传统民间文化是新农村文化建设的根基。著名作家、全国政协常委冯骥才曾指出："中华民族的非物质文化遗产基本上在农村。文化的多样性也在农村。它是民族最重要的精神文化财富之一，是民族历史文化和精神情感之根。但是，现在很多农村的状况是，人们对外来的东西觉得特别新鲜，把原来的东西都扔掉了。历史的记忆和传承都没有了。如果这样继续发展，十几年后，我们传统的东西就都没有了。"实际上，传统民间文化产生于本土，特别富有活力和渗透力，它们反映了一个地区的文化发展历史，反映了当地群众的审美情趣。民间文化保护做得如何，关系着最终现实的新农村的精神内涵与文化主体。从这个角度讲，应该让农村优秀传统民间文化传承和发扬下去。要注重民间文化艺术的挖掘、整理、保护和利用。首先，要充分发掘各地的人文资源、传统文化、民俗文化、民间艺术资源，授予秉承传统、技艺精湛的民间艺人"民间艺术大师"、"民间工艺大师"等称号，开展"民间艺术之乡"、"特色艺术之乡"命名活动。对农村传统文化生态保持较完整并具有特殊价值的村落或特定区域进行动态整体性保护，逐步建立科学有效的民族民间文化遗产传承机制。其次，要积极开发具有传统和地域特色的剪纸、绘画、陶瓷、泥塑、雕刻、编织等民间工艺项目，戏曲、杂技、花灯、龙舟、舞狮舞龙等民间艺术和民俗表演项目，古镇游、生态游、"农家乐"等民俗旅游项目。实施特色文化品牌战略，培育一批文化名镇、名村、名园、名人、名品。充分利用农闲、集市和民族民间传统节日，开展生动活泼的文化活动。农村文化建设要突出发展"本土文化"，很多原汁原味、具有浓厚乡土气息和民族特色的民间文化遗产，在农村文化建设中有着举足轻重的地位。我们要把优秀的传统民间文化继承发扬下去，使之成为为农民所享用的丰富精神财富。通过焕发民间文化艺术的青春，活跃民间文化艺术的血脉，使具有民族特色、地方特点和时代特征的新农村文化蓬勃兴起。

民间文化对促进新农村文化建设具有重要作用，立足于我国民间传统文化基础上的新农村文化建设是一条事半功倍的可行选择。民间传统文化的多样性有利于丰富和活跃农民群众的精神文化生活。民间传统文化根源于农耕生产，形式丰富多样，贴近农民生产生活实际，以农民喜闻乐见的形式表现出来，能够吸引群众热情参与。民间传统文化深厚的群众基础有利于弥补农村文化建设专业工作人员不足的缺陷，便于农村文化活动的开展。农村专业文化工作人员缺乏是不争的事实，而农村还有大量秉承传统、技术精湛的民间艺人，他们熟悉农村生活实际，能创作出符合群众实际需要、具有地方特色的文化作品，也能带动其他人积极参与文化活动，扩大农村文化活动的参与面，使农村文化活动真正成为群众文化活动。民间文化的本质是和谐。它的终极目的从来就是人与自然和谐，还有人间的和谐。因此，它是我们建设和谐农村和先进文化的得天独厚的根基。由于各民族各地域的文化都是那一方水土独特的精神创造和审美创造，它又是人们乡土情感、亲和力和自豪感的凭借，以及永不过时的文化资源和文化资本。因此，在建设和谐新农村的今天，我们一方面要切实保护好民间文化遗产，另一方面要高度重视发挥民间文化的作用。

在城乡一体化进程中，保障农民文化权益，应该在深入挖掘传统民间文化丰富资源和深刻内涵的基础上，引进、容纳、消化和吸收其他文化的优秀方面，不断加以创新，推出更多富有民族特色、时代色彩的文化产品，打造出中国农村新文化的精品。艺术家可以利用民歌民谣，创作出富有现代气息的音乐歌曲，如电影插曲《花儿为什么这样红》、小提琴曲《梁祝》、动画片《百鸟衣》都是根据民间素材创作出来的。从这个角度来说，传统民间文化对于农村新文化的创建具有重要意义。我们要通过深化文化体制改革，充分发挥市场在文化资源配置中的基础性作用，使传统民间文化资源得到充分保护、开发和利用。特别是要注意把挖掘光大本土民间文化优良传统与地方经济发展结合起来,使传统民间文化显现出其固有的多重功能。我们要充分利用独特的地域文化优势、深厚的民间文化优势以及地方艺术品牌优势,为发展新农村文化和地方经济服务。

5.2.2 政府:农民文化权益保障的投资者、引导者和监管者

文化权益的公权性质决定政府应是责任主体,并且应该起主导作用。要强化政府责任意识,完善政府公共文化服务职能,充分发挥政府在保障人民的文化权益上的主导作用。政府发挥责任主体的作用,才能确保公民能够公平均衡地选择和享受文化成果。因此,政府不仅是社会主义新农村文化建设的主要组织者和管理者,也是农民文化生活权益保障责任的主要承担者。加强政府对农民文化生活权益的保障,是政府义不容辞的责任。

5.2.2.1 政府首先应从思想上重视农民文化权益保障

思想是行动的先导,如果思想认识不到位,光靠单纯的教育灌输和宣传是远远不够的。正如前文所述,近几年,在党和政府高度重视农村文化建设的大背景下,仍有不少地方认识不到位,把农村文化建设看成可有可无、可快可慢的东西,没有把农村文化建设放在重要位置去部署、去考虑,没有认识到农村文化建设在新农村建设中的重要地位,没有真正理解政治、经济、文化、社会四位一体的紧密联系,这不但会影响到社会主义新农村建设的进程,而且会影响到农民文化权益的保障。本书认为,各级政府尤其是农村文化发展主管部门必须在思想上充分认识到,农民文化权益保障不仅有利于提高农民的科学文化素质,为农村经济的发展提供智力支持,其本身也是社会主义新农村建设的重要目标,并且能为新农村建设提供强大的精神动力和思想保证,为农村社会的可持续发展以及构建农村和谐社会打下基础。政府必须加强对农民文化权益保障重要性的思想认识。

政府在农民文化权益保障中应树立“文化生产力”思想。胡

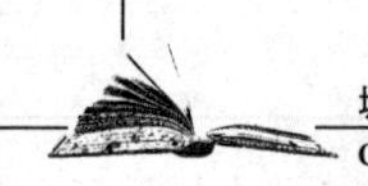

锦涛总书记在党的十七大报告中明确指出：在时代的高起点上推动文化内容形式、体制机制、传播手段创新，解放和发展文化生产力，是繁荣文化的必由之路。在不断推进社会主义新农村建设中，我们要进一步加深对“解放和发展文化生产力”重要思想的理解，真正将农村文化建设纳入到农村经济社会发展规划，纳入到城乡建设规划，纳入到精神文明建设总体规划，纳入到领导干部目标责任考核之中，从而使农村文化建设得到强有力的组织保证。

要加强农村文化建设，关键是各级领导干部要提高认识。①在建设社会主义新农村的进程中，抓好文化建设与抓好经济建设同等重要，提高农民的文化素质与提高农民的致富能力同等重要。小康建设是个综合的概念，既包括政治、经济、社会建设，也包括文化建设，“四位一体”，不可或缺。文化建设不仅是手段，也是目标。在文化发展与建设中，必须把文化与经济相互融合起来，才能形成新的强大的发展优势。现在许多基层干部在观念上面临的突出问题是，对农村文化建设与发展内涵缺乏深刻把握，只重视抓经济工作，忽视或狭隘地理解农村文化建设。事实上，文化是经济的导向，是经济可持续发展的保障。今天的文化就是明天的经济，没有文化支撑的经济往往是难以为继的。在新农村建设中，我们一定要保障文化建设的统筹发展和长效运转，把握住农村经济社会文化一体化的发展趋势，按照城乡统筹发展、经济社会协调发展的要求，树立经济与文化在整个农村建设中如“鸟之两翼”、“车之两轮”，抓发展必须抓文化、抓文化就是抓发展的观念，真正把农村文化建设这项重要工作抓好、抓实、抓出成效。

5.2.2.2 政府应加强农民文化权益保障的财政投入

农村文化设施具有公共产品的性质，政府从其财政收入中提

---

① 陈运贵．新农村文化建设的现状分析与战略思考——以安徽省农村文化建设为研究视角[J]．当代世界与社会主义，2010(2)：158.

取一定比例资金进行相关设施的建设,这是现阶段农民文化权益保障的主要方式。因此政府应进一步加大对农村文化建设的财政投入,继续实施农村重点文化工程建设,大力发展公益性文化事业。要加强县文化馆、图书馆和乡镇文化站、村文化室等公共文化设施建设,继续实施广播电视“村村通”和农村电影放映工程,发展文化信息资源共享工程农村基层服务点等,坚持把发展农村公益性文化事业作为保障农民文化权益的主要途径,尽快形成完备的农村公共文化服务体系。

加强农村公益性文化事业建设,保证广大农民享有基本的文化权益,努力提高全体农民的综合文化素质,是各级党委、政府义不容辞的责任和义务。其公益性质决定了其生产目的并不在于追逐利润的最大化,而在于是否较好地实现了其社会服务功能,因此决定了其投入必须由政府来主导完成。无论如何改革,政府都不能在公益性文化事业建设投入上缺位。本研究在调查中了解到,40.21%的村民希望经常组织文化下乡活动,43.4%的村民希望多放映免费电影,37.45%的村民希望多看到综合文艺演出,34.89%的村民希望多开展各种知识讲座以及经常送书下乡(20.85%),这都说明政府主导的文化权益保障方式得到了农民的一定认同,也符合我国现阶段经济发展的基本国情。

5.2.2.3 政府应正确引导农民从事健康、先进的文化活动

针对腐朽、落后文化在农村重新抬头的现状,政府应当积极引导农民建立社会主义核心价值体系,从事健康、先进的文化活动,树立乡风文明。比如,通过在农村实施文化活动繁荣工程,大力度扶持更多更好的农村题材的文艺作品和群众性文化活动的开展。为此,政府要制订计划,完善机制,加大专项资金投入,确保农村题材的文艺作品在舞台艺术生产、影视制作、书刊和音像制品出版、文艺出版评奖中占有一定比例,鼓励各种媒体加大对优秀农村题材文艺作品的宣传报道;鼓励和引导农民群众积极参与各种文艺作品、特色文化活动的创作和演出,利用农闲、节日和集市,组织开展特色文化展演、文艺演出、劳动技能竞赛、科技卫

生知识讲座、送书送戏下乡等各种公益性文化活动;要大力宣传党关于新农村建设的方针政策,以群众喜闻乐见的方式,把党的新农村政策和中心任务及时送进农村的千家万户;要弘扬主旋律,坚决扫除黄、赌、毒、封建迷信等社会丑恶现象,结合社会主义理想信念教育,把新农村建设的好人好事的典型搬上舞台,让农民自演自唱,在自娱自乐中得到启发教育和鼓舞;抓好家庭文化建设。家庭文化是村落文化的一个重要组成部分,通过大力开展家庭文化活动,形成农村讲科学、讲文明、讲道德的新风尚。积极发掘、整理和保护具有民族传统和地域特色的民间艺术、民俗表演、民俗旅游项目,传承优秀民族民间非物质文化遗产,着力培育一批文化名人、名品、名村和名镇,并发挥其带动作用,推动农民群众通过特色文化增收致富,同时也得到丰富的精神享受。

5.2.2.4　政府应加强农民文化权益保障的监管

政府应当完善责任考核和评估监督机制,确保农村公共文化建设取得实效。要将农村公共文化建设纳入政府目标管理责任制,建立切实有效的责任考核机制,定期对各级政府的农村公共文化建设情况进行专项督查;要完善农村公共文化服务绩效评估机制,制定出科学合理、简便易行的评估指标体系,对县级文化馆、图书馆、乡镇文化站及其他农村公共文化服务机构的服务效率、效益进行评估和监督,对政府提供经费的机构实施严格的年度审核报告制度。

5.2.2.5　政府要加强农村历史文化资源、自然文化资源的保护和合理开发。

在农村文化建设中,政府首先要树立大文化发展观。① 加强农村文化建设,不能就文化谈文化,把文化狭隘化,而必须树立大文化发展观。从大文化发展观出发,首先就应把文化建设放在新农村建设、放在和谐社会建设的宏观大背景中进行整体规划,要

① 陈运贵. 新农村文化建设的现状分析与战略思考——以安徽省农村文化建设为研究视角[J]. 当代世界与社会主义,2010(2):158.

从物质文化、制度文化和精神文化各个层面进行解剖。因此，在农村文化建设中，我们不仅要重视文化阵地与文化设施建设，而且要重视文化软环境建设。其次应整合农村公共文化资源。要把一切用于农村、服务农民的文化资源加以整合，统筹规划，综合利用。如教育、科技、党员电教、乡镇文化站、村级活动室建设等，特别是要把乡镇文化站建成集图书阅读、广播影视、宣传教育、文艺演出、科技推广、科普培训、体育和青少年校外活动等于一体的综合性文化站。最后应整合民间民族传统文化资源。事实上，在广大农村遍布着巨大的非物质文化遗产，有的民族文化就“活”在广大农民的日常生活中，如红白喜事、修谱祭祖、庙会仪式、逢圩赶集等，甚至具体到吹唢呐、扭秧歌、舞狮子、赛龙舟、放“孔明灯”、听采茶戏等项目。在开展这些活动时，农民的情感得到极大释放、精神得到极大愉悦、眼界得到极大开阔。只有充分开发和利用这些文化遗产价值，重建文明、健康、有凝聚力的风俗，打造一批具有浓郁地方特色或民族特点、农民喜闻乐见的农村文化活动项目，让农民既广泛参加农村文化建设，又在其中不断享受和丰富自己的精神文化生活，才能更好地保障农民文化权益。

我国农村地域广阔，农村中有着丰富的历史文化资源和自然文化资源。历史文化资源如遗址、建筑、墓葬、雕刻、绘画等。自然文化资源诸如名山大川、特殊地质构造、优美自然风光等。农村中所蕴藏的这些丰富的历史文化资源和自然文化资源不仅是中华民族的宝贵财富，也是人类共同的财富。这些文化资源对当地农民文化生活而言具有重要意义。通过文化资源的保护与合理开发，可以为农民文化生活提供新的内容，可以使农民增加对历史文化知识和自然文化知识的了解，增强农民的民族自尊心和自豪感。同时，文化资源的开发也为当地带来了旅游观光收入等文化利益。

我国农村中不少历史文化资源和自然文化资源由于没有得到及时的保护而遭到严重破坏。一些农村地区在施工过程中挖掘到墓葬随即遭到哄抢的实例屡屡见于报端。不管是人为破坏

还是非人为破坏,这都是无法弥补的损失。对当地居民而言,这也意味着文化生活的巨大损失。所以,从政府的角度,必须做好农村文化资源的保护与科学合理开发利用。文化资源的开发方向,可以从以下两大方面考虑:一是历史遗址、名山大川、民俗风情、宗教文化、建筑民居等文化旅游资源;二是民族民间艺术表演文化资源。[①] 作为政府,一是要加大宣传力度,使农民和游客认识到破坏农村文化资源的巨大危害,提高人们对保护和科学合理开发文化资源的重要性的认识。二是开展文化资源普查工作,全面掌握农村各种文化资源的分布情况及现状。三是科学编制规划,将农村文化资源保护与开发纳入新农村文化建设轨道中来。四是加强领导,为农村文化资源的保护与科学开发提供坚强有力的后盾和保障。

5.2.2.6 政府应加强对农民的教育培训,提高农民的科学文化素质

从长远来看,保障农民文化权益,提高农民精神生活质量,必须加强对农民的教育培训,提高农民文化科学素质。

5.2.3 文化部门:农民文化权益保障的设计者和实施者

文化部门涉及文化权益保障的专业领域,它们的参与能够明确文化权益的内容、文化权益保障的方式。当前文化部门包括:①文化管理部门负责实际设计和管理文化权益,代表政府进行文化服务,进行具体的文化市场管理,及时了解文化权益保障的现状,并根据实际情况对保障的原则、方针、具体实施办法做出相应调整。②文化组织是农民享受文化权益的主要提供者,文化组织使用国家文化资源,应该服从政府调控,为农民提供相关的文化服务;文化组织包括国家和民间文化组织,这都是农村文化权益保障的重要主体,也是促进农村文化发展的重要机构。③文化中

① 聂华林,李莹华. 中国西部农村文化建设概论[M]. 北京:中国社会科学出版社,2007:116-118.

介组织的主要作用在于链接文化服务和享受文化权益的农民，这是农民享受文化权益时不可缺少的媒介组织。本研究在调查中了解到，农民与政府间的信息沟通渠道十分不畅，28.94%的村民认为缺乏获得信息的渠道，26.17%的村民很少获得相关信息，16.6%的村民不知道通过什么渠道将自身意见和建议反馈给政府，13.62%的村民认为信息传递很不及时（见图3－5）。缺乏沟通渠道是文化权益难以有效保障的“拦路虎”，这就需要文化中介组织发挥相应的作用，搭建政府与农民之间交流的平台，一方面为文化交流提供信息，降低文化交流的交易成本；另一方面为文化交流提供场所，降低文化流动的成本，降低文化消费的价格，推进文化事业的发展。

在城市化进程中，文化部门应当加快自身职能转变，树立文化服务意识，更好地承担起制定文化政策法规、经济调控、市场监管、社会管理、公共服务任务，为文化发展创造良好外部环境，为文化单位和社会公众提供全面周到的服务。政府要以公共文化服务的核心价值观为基础，统领公共文化服务体系建设，坚持进行制度改革和创新，通过转变观念，加快文化部门自身职能转变，建立与社会主义市场经济体制相适应的公共文化服务体系，树立“以人为本”的文化服务意识，满足公共文化需求，提供公共文化服务。各级政府要充分认识到，要重视经济建设、重视经济指标，还要重视文化建设、重视人文指标；不仅要满足公众的物质需求，还要满足公众的精神文化需求，把为公众提供更有效的公共文化服务作为党委政府工作的内容，努力建设服务型政府。从满足人民群众的文化需要、方便人民群众的文化生活、改善人民群众的文化生活质量着眼，创新公共文化服务体制，改进公共文化服务供给方式，确定公共文化服务标准和项目，提高公共文化产品供给能力，解决好人民群众最关心、最直接、最现实的文化权益问题。

5.2.4 社会力量:农民文化权益保障的投资者和参与者

农民文化权益保障是一项长期工程,单纯依靠政府的力量不仅耗时长,而且也不符合市场经济发展的基本规律,引入社会力量保障农民文化权益是必然要求。社会力量在我国社会经济发展中正发挥着越来越重要的作用,由社会力量参与解决现阶段农村文化建设中的各类问题,比如"非政府组织有利于缓解农村文化建设经费投入不足的困境,将政府无法动员的社会资源引入到新农村文化建设中来"①。在当前新农村文化建设经费投入不足的困境下,社会力量可以在政府的引导下,以公益事业的方式参与农村文化权益保障。社会力量可以通过捐助的方式帮助农村文化站(室)、图书室等基础设施建设以及农村公益性文化实体和文化活动,也可以直接捐赠电视机、收音机、计算机和农民需要的图书杂志、音像、电子出版物等。社会力量也可以根据政府的相关规定,依照市场经济规律,开发农村市场,在盈利的同时保障农民文化权益;如通过集资建设民间图书馆、民间博物馆、民间剧团等,也可以培养和发现民间艺人,整理收集民间特有艺术,通过包装推向市场。社会力量可以投入资源弥补政府投入的不足,在一定程度上减轻政府负担,同时社会力量的活动扩展到经济、教育、卫生、体育、文化、环保、社会福利等多个领域,拥有一大批各类专业人才。社会力量的参与还有利于缓解文化权益保障过程中人才匮乏的现状。但当前的社会力量是自发地参与新农村文化建设。为了更好地发挥其作用,我们有必要在法制、信息、监管、政府支持等方面设计更合理的机制,促使社会力量在新农村文化建设中做出更大的贡献。

---

① 李真.非政府组织在新农村文化建设中的作用及其机制研究[J].云南行政学院学报,2009(4):67-69.

5.3 构建农民文化权益保障体系

依据前述对农民文化需求的分析,结合城乡一体化进程中农村经济文化发展的实际情况,针对当前农民文化权益保障中存在的问题及其原因,本研究认为:农民文化权益保障是个复杂的系统工程,整个保障体系应包括政治保障、法律保障、资源保障、制度保障、教育保障等全方位的保障措施,这些保障措施相辅相成,构成一个有机整体,缺一不可(如图5-1)。

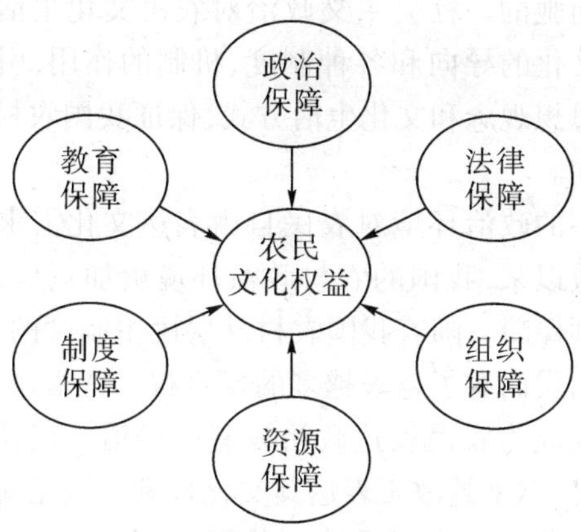

图5-1 农民文化权益保障体系

5.3.1 农民文化权益的政治保障

农村政治发展情况对农民文化权益保障有着重要影响。改革开放以来,我国农村政治也有了巨大发展。有研究指出,近三十年来,农村基层政权建设走上了党政分开、政经分开"乡政村治"的道路。权力过分集中及功能混同的政治结构开始分化。农村基层民主化程度明显提高,村民自治制度正在推行,基层普选范围不断扩大,乡镇人大制度日益规范化。农民在获得独立的经济地位和生产经营自主权的同时,获了更大的个人自由度和政治独立性,农民的政治参与意识在逐步增长。①

社会主义的政治方向对农民文化权益保障起着导向作用。我国是社会主义国家,社会主义的性质决定了我国农村文化建设的社会主义方向。我国农民受两千年来封建社会的思想影响非常深。诸如封建迷信等许多落后的观念、意识在农民头脑中几乎已根深蒂固。改革开放以来,资本主义社会一些享乐主义、金钱至上的观念对农民也产生了重要影响。这些观念和意识在农民的文化生活中会演变为一种内在需求。这种需求以落后、消极甚至违法的文化生活方式为追求目标,同我国社会主义文化建设的目标是背道而驰的。社会主义政治对农民文化生活的影响就在于通过政治文化的导向和各种制度、机制的作用,引导农民追求积极向上的思想观念和文化生活方式,保证我国农村文化建设的社会主义方向。

宽松民主的政治环境对农民自由表达文化需求起着保障作用。改革开放以来,我国的农村政治环境更加宽松,农民的言论自由权利得到保障。随着我国农村基层民主制度的不断健全,农民在农村政治层面有了越来越多的发言权。选举、信访、批评、建议等多种方式成为农民表达政治权利的渠道。权利意识的逐渐觉醒,使得农民越来越敢于表达其文化权利尤其是对文化生活的需求。农民表达对文化生活的各种需求,也不同于文革时期,受到各种政治因素的影响。这种宽松民主的农村政治环境为农民自由地表达自身文化生活需求提供了保障。

农民文化权益要得到有效保障,必须要加强党对农村文化建设的领导,争取政府更多的支持,建立文化权益的政治保障机制。

办好中国的事情,关键在党、关键在人,这是邓小平的一个重要观点。党的十四届六中全会决议指出,建设物质文明关键在

① 吴毅. 跨世纪的课题:中国农村改革、发展与稳定——中国农村改革与发展学术研讨会综述[J]. 社会主义研究,1996(1):61-64.

党,建设精神文明关键也在党。这是社会主义精神文明建设的一条重要规律。建设精神文明关键在党是由党的执政地位决定的。在我国,执政的共产党不仅要实现其在政治上、经济上的领导权,而且要实现其在意识形态上的领导权。因为社会意识形态具有强大的社会功能,如果无产阶级不去占领,资产阶级和其他一切剥削阶级就会去占领。那些愚昧落后的封建主义思想,反社会、反科学、反人类的邪教势力和腐朽没落的资产阶级思想从来都没有停止过对广大农村地区的争夺。如果我们党放松对农村意识形态的领导,任凭非无产阶级的思想和生活方式影响广大农民,农村全面建设小康社会的目标是断然不能实现的。中国共产党要牢牢抓住意识形态领域这个阵地,通过执政党的有利地位,对全体党员干部进行马克思主义教育,运用手中掌握的宣传舆论工具,向全社会进行党的路线、方针、政策宣传。只有这样,才能保证农村文化建设沿着正确的政治方向前进,才能在发挥文化愉悦功能的同时,发挥教化功能,激发农民群众参加新农村建设的积极性,促进全面小康社会早日建成。

加强党对农村文化建设的领导,就要从政治上给予农村文化建设以重要的地位,把它摆上各级党委和政府工作的重要日程,制定明确的目标任务,并引入对各级领导班子考核的内容中去。各级领导部门的主要领导要把农村文化建设作为“一把手工程”亲自抓,并做到“一把手抓一把手”;要关注从决策开始到动员部署、制定规划、筹措经费、督促检查,主动参与到农村文化建设的每个环节,进行具体的指导、关心和支持。要帮助文化和宣传部门解决工作过程中遇到的困难和问题,比如经费、编制、协调有关部门的工作等。要制定相应的政策,强化各级各部门的工作。要制定相应的政策,强化各级各部门和农民群众参与文化建设的意识,从本地区经济发展的角度、从意识形态的高度、从政治高度强调农民文化权益保障的重要性。

5.3.2 农民文化权益的法律保障

目前，从立法来看，《中华人民共和国农业法》修订后增加了“第九章 农民权益保护”内容。同时，我国正着手起草“中华人民共和国农民权益保护法”，农民权益将进一步受到法律的全面保护。农民权益涉及的方面很多，需要一个基本的、综合的法律来调整。农民权益立法大致定位在一个基本的、综合的法律层面。现在制定这种基本的、综合的法律适应了社会要求，反映了农民权益法律保障的需要。而农民的文化权益保障同样应占有重要地位。

近年来，党和政府高度重视农村公共文化服务建设，出台了一系列促进农村文化建设的政策法规，保护农民文化权益，如2005年的《关于进一步加强农村文化建设的意见》、2006年的《国家“十一五”时期文化发展规划纲要》和《“农家书屋”工程建设管理暂行办法》以及2009年出台的《乡镇综合文化站管理办法》等，都明确要求各级政府尤其是乡镇村级政府应该加强保障农民的文化权益。各级参与主体在政府的引导下，设计了具体的保障内容、保障方法，向政府报备并接受政府的监督。同时，在农民文化权益保障的具体实施中，所需要的基础设施建设、人员配置等重要资源，都由政府调控，结合各地实际情况具体开展。

5.3.2.1 加强农民文化权益保障立法

针对目前广大农村地区公共文化发展滞后于经济建设的现状，政府还应制定更有力的政策法规，促进农村公共文化服务建设。如促进公共文化服务体系建设、保障人民文化权益的法律法规还不健全。现有扶持公益性文化事业发展的政策还有待于进一步细化，特别是鼓励社会力量参与公共文化服务体系建设的政策还很欠缺。还有，应进一步完善文化建设向农村、农民倾斜的政策法规。为了更好地促进农村公共文化服务建设，切实保障农民公共文化服务权益，必须加快农村文化的立法步伐。

一方面，要确立农村文化工作的法制地位，使党和政府关于农村文化工作的方针政策有效地贯彻执行,保证农村宣传文化工作硬起来;另一方面,要增强农村文化工作实施行为的刚性,针对目前农村群众的思想觉悟、自律行为、文化素质还存在着不同程度差别的现状,必须通过法律形式予以规范,确实发挥文化宣传的教育服务功能,制约和完善农村群众道德文化行为,使农村文化工作走上法制化的轨道。

为切实保障农民公共文化服务权益,在立法方面应做到:

第一,为保障农村公共文化服务投入立法。资金投入是突破农村公共文化服务建设瓶颈的重要方面,而加强农村公共文化服务投入保障的法制建设,就是要以法律、法规形式切实保障投入。这一点可以参考我国教育经费投入保障的做法,即应规定各级政府财政资金中农村公共文化服务投入所占比例,并要求该比例逐年增长。

第二,为发展农村公益性文化事业立法。乡村公益性文化事业的投入与管理,应该及早纳入法制化轨道,确保社会投入和服务的均衡,还应该以法律、法规方式,规范文化事业及其相关领域的所有行为。

第三,为规范农村公共文化服务行为立法。一方面要以立法形式明确政府为农民提供的基本公共文化服务内容,加强公共文化服务设施的管理;另一方面要规范文化机构及从业人员履行相关职责。

5.3.2.2 加强对农民的法制教育

针对农民法制意识较弱、法律知识贫乏的情况,农村的法制教育工作要紧密结合农村的实际开展,做到灵活多样、形式多变,以喜闻乐见的方式铺平农村法制教育之路。

一是开展送法进村入户活动。紧密结合农村的实际,广泛开展送法下乡活动。如在各集镇进行义务法律咨询;制作法制美术展板在镇、村巡回展览;组织编印各种法制宣传学习资料,发放到村民家庭,让村民在业余时间翻阅;组织法制文艺演出,走村串户宣传法制,真正使法制教育做到进村入户。

二是采取以案释法的方法抓好骨干培训。农村法制教育的开展,关键是要建立一支以党员、干部为主体的普法骨干队伍。采取以会代训的方法经常进行培训,同时邀请政法部门干警采取以案释法形式进行讲课培训。农村骨干培训和法制讲课要采取以案释法的方法,改变过去那种捧着法律教材照本宣科的做法,以农民身边发生的案例对照法律条文进行讲解,使农村骨干听起来津津有味,从而增强法制教育的效果。

三是充分发挥新闻媒体在农村法制建设中的作用。随着农村经济的不断发展,农户家中通有线广播的多了,安装闭路电视的多了,订报纸、杂志的多了。要充分发挥这一优势,引导农民收看中央、省、市电视台开辟的“今日说法”、“法在我身边”等法制节目,引导农民收听广播电台举办的法制节目,阅读报刊中的有关法制内容。同时,还可利用农村有线广播,办好农村的法制节目。使广大农民通过新闻媒体的作用,提高法律素质,自觉地学法守法。

5.3.3 农民文化权益的组织保障

农民文化权益的实现,必须要有健全的文化机构作为组织保障。我国农村文化机构,按其职能不同,可分为行政管理机构、协调机构、事业机构及农村文化社团四大类。

5.3.3.1 充分发挥农村文化行政机构的领导管理职能

农村文化行政管理机构是县(市)文化局、乡(镇)文化站等。它们是在党委和政府直接领导下,对各种文化事业和设施实行统一领导和管理的机构。其主要职能是:通过各种文化活动,对人民群众进行思想政治教育;通过各种文化活动,使农民群众在工作、劳动之余得到有益于身心健康的文化娱乐;培养文化骨干,发掘整理民族、民间文化遗产;普及科学文化知识,提高农民素质,为农村经济建设服务;管理文化市场,抵制、清除腐朽文化污染。其中,要重点发挥乡镇文化站基层文化堡垒作用。乡镇文化站是农村文化建设的前沿阵地,是农村文化建设的主要载体,是满足农民精神文化需求的主要桥梁和纽带,公益性十分鲜明。因此,文化站作为第一线公益性事业单位的性质,在乡镇配套改革中不能改变。对文化站作用的发挥,关键是要创新机制,调整职能,明确责任。

5.3.3.2 发挥农村文化协调机构的协调作用

农村文化协调机构是按横向原则组合的社会化的联合体。在一个区域内,只要是根据农村文化事业建设和农村文化活动开展的需要,不同系统、不同级别的不同单位,都可以组合在一起。通常可分为常设性文化协调机构和临时性文化协调机构。常设性文化协调机构即乡(镇)文化管理委员会,可由主管文教卫生的副乡长牵头,文化、教育、科技、广播、体育、财政等部门和工会、妇联、共青团等人民团体的负责人参加。临时性文化协调机构又有多种类型:有为协调开展某一项重大农村文化活动而设立的,如国庆、春节、元旦等重大节日的文化活动筹备委员会;有为某一规模较大、牵涉面较广的农村文化基本建设项目而设置的,如文化活动中心筹建委员会;也有为某一项临时性任务而设置的,如整顿农村文化市场领导小组。临时性文化协调机构的参与单位因任务不同而不同。这个机构是因工作需要而设置的,工作任务完成后,这个机构也就不再存在。农村文化协调机构的任务主要有三项:一是统一规划本乡(镇)的重大文化设施,使不同体制的文化事业建设做到布局合理,整体协调,发挥最大效益;二是协调安排本乡(镇)的重大农村文化活动,充分发挥各有关部门的积极性,使农村文化活动广泛而有秩序地开展起来;三是协调解决农村文化工作中的重大问题。

5.3.3.3 发挥农村文化事业机构的辅助作用

农村文化事业机构是由政府、人民团体或集体设置的以业务工作为服务手段的农村文化机构,它又是文化行政管理机构的业务助手和业务参谋机构。其显著特点是通过业务手段来实现自己的任务,其工作内容是组织、辅导和指导农村文化活动,如培训业余文艺骨干、编印农村文化活动资料、交流农村文化活动信息、辅导农民业余创作和表演、研究农村文化发展动态和农村文化理论等;在工作方法上,它不是用行政、指令、指挥等手段去实现自身的任务,而是通过业务活动,即多种多样的文化艺术活动去吸引和引导农村广大群众;其业务活动方式除了纵向的联系外,更多的是乡(镇)范围内的横向联系,即人们通常所说的社会化的活动方式。

农村文化事业机构根据隶属关系的不同可分为乡(镇)政府主办、国家和集体共同投资的乡(镇)文化站(文化站是文化行政管理机构,同时也是文化事业机构);群众团体办的青少年宫、俱乐部、"农民之家"等。目前,在乡镇文化事业中影响较大的,是逐渐兴起的农村集镇文化中心。农村文化中心一般设有影剧院、电影队、图书室、电视室、游艺室、科技室、展览室、舞厅、体育场等。有条件的还成立了民间剧团、杂技队等表演团体,有的还成立了文联、科协等学术团体。文化中心为广大农民群众开辟了广阔的娱乐、学习天地,是我国农村文化体制改革的新事物。

5.3.3.4　发挥农村文化社团的桥梁沟通作用

农民自办文化社团,开展自发的群众性文化活动,是农村经济发展到一定程度之后农民自发的精神文化追求。① 新农村文化建设要充分挖掘蕴藏在农村的文化传统,充分调动广大农民参与文化建设的积极性、主动性和创造性,把农民群众的参与度作为农村文化建设成功与否的重要尺度。目前,在我国农村,农民自办文化社团现象日益增多,"农家书屋"、"文化大院"、农村个体电影放映队、农民文艺表演队等,已成为丰富群众文化生活的重要方式。自办文化活动,要坚持业余自愿、形式多样、健康有益、便捷简易的原则,充分利用农闲、节日和集市,组织花会、灯会、赛歌会、文艺演出、劳动技能比赛等活动,开展农民自办的自娱自乐的群众文化活动。在这些农民喜爱的文化生活中,农村文化社团

① 曹爱军,方晓彤. 新农村公共文化服务系统构建研究[J]. 农村经济,2010(2):37.

扮演着重要角色①:

首先,农村文化社团提升了新农村的文化品位。农村文化社团能够较好地面对和适应农村地广面宽、社会成员复杂的特点;相对于文化馆(站),农村文化社团具有灵活的组织机构和运作模式,组织和发展成本相对较低,并且有自己的活动经费;民间文化社团来自民间,它们知道农民需要什么样的文化产品和服务,所以举办的文化活动能较好地迎合农民的心理;社团活动是社会业余教育的组成部分,既是自我教育,又是自我娱乐。

其次,农村文化社团是新农村文明的辐射源。农村的各文化社团都有一群文艺爱好者,他们积极协助政府举办各种活动。文化社团的活动,形成了一股文明的辐射源,影响着本地区农村的社会关系和社会发展,并且有利于在当地农村形成一股讲文明、重学习、积极向上的好风尚。

最后,农村文化社团搭起了政府与农民之间的桥梁。农村文化社团的活动,一是联系了本地区的群众,在社团的组织下学习党和国家的有关政策、法律、法规,增加农民自我教育的机会;二是通过社团成员和刊物,传递政府的方针政策,反映群众心声,聚民心、传民意,起到互相沟通的作用。

5.3.4 农民文化权益的资源保障

从资源上保障农民文化权益,主要包括农村文化建设资金、农村文化基础设施和农村文化建设队伍三个方面的保障。

5.3.4.1 农民文化权益的资金保障

资金是农民文化权益的首要资源保障,无论是农村公共文化设施的建立,还是传统文化的保护,或者是农民接受培训和教育,资金都发挥着重要的作用。在本轮调查中,有42%的被访者认为电视收费偏贵或太贵;27.23%的被访者不看电影的原因在于费用太高;14.26%的被访者认为上网费用太高,而基本所有的农民

① 李书剑.充分发挥农村文化社团的作用[N].梅州日报,2006-08-21.

只愿意参加政府提供的免费培训和免费的文化娱乐活动。由此可见,要想保障农民文化权益,必须保障资金长期有效充足的投入,避免由于资金不足而导致保障不力的现象产生。我们认为,加强农民文化权益的资金保障可从以下三方面入手:

(1)继续加大对农村公共文化事业的财政投入力度

当前我国对农民文化权益保障的资金投入主要以政府的公共财政开支为主,其基本理论思路为:农村的文化建设属于公共服务范畴,所以需要政府公共财政支撑。这种资金保障基本符合我国现阶段国情,原因在于农村地区相对落后,发展经济仍然是最主要的目标,资金会首先用于保障经济权益,所以文化权益保护需要政府支持。但是单纯依靠政府财政投入的资金相对较少,农村文化事业财政投放占全国文化事业支出的比例一直较低,2003 年为 28.1%,2004 年为 26.25%,比城市占全国文化事业支出比例低 40 多个百分点。在 2006 年全国文体事业费地方专款预测中,直接用于农村的专款所占的比例也仅仅占 24.88%。而农业税的取消又使农村基层政府的财源减少,农村县、乡、村财力短缺非常普遍。此外,从财权和财力来看,基层政府没有独立的主体税种,收入主要依靠共享税,因此其掌控的收入极其有限,转移支付又不到位①,则更难有效保障农民权益。

加大农村文化建设的财政投入,要继续落实对文化建设的扶持政策,加大财政经常性收入,从而使公共文化基础设施和公益性文化事业单位所需的资金得到稳定的保障。建议各级政府将农村公共文化服务体系建设与其他公共设施建设一样列入财政支出预算,建立财政支出持续稳定增长机制;并设立农村文化建设专项资金。设立农村公共文化服务体系发展专项资金和基金,优先安排重点文化建设项目,重点用于扶持农村各项文化事业发展、用于支持国家重大出版项目、少数民族文字和盲文出版物的

① 安体富.完善公共财政制度,逐步实现公共服务均等化[J].财经问题研究,2007(7).

出版,以及无线广播电视的覆盖和支持文化创新及精品生产;扶持示范性和导向性文化产业项目的研发,切实保障重大公共文化工程的实施。

(2)扩充农村文化建设资金投入渠道

首先,通过税收政策鼓励、支持和引导社会各界、民间团体和公民个人等各方面力量投资保障农民文化权益。政府可以免征在农村地区开办博物馆、文化馆(站)、美术馆等相关文化单位的收入营业税,减免乡村文艺演出团体从事文艺演出缴纳的营业税,免征农村公益性文化事业单位进口图书、期刊、电子出版物、音像制品、专用设备,体现民族特色的艺术院团进口演出器材和设备等所需的进口环节关税和增值税;对社会力量举办的公益文化项目,在融资、用地、税费等方面给予与国有单位相同的政策优惠等。

其次,对捐赠农村文化事业的外籍人士、海外华侨以及当地的私营企业主给予一定的社会荣誉,对协助捐赠的中介机构和中介人可给予一定的荣誉和奖励,并且应放宽农村文化市场的准入条件,鼓励社会力量进入农村文化市场。河北、山东青岛、广东东莞等地采用社会化运作的方式,引导符合条件的企业、事业单位和社会团体、民间组织承办公益性文化活动,就是可以借鉴的方式。

再次,政府可与民间慈善组织等非政府组织合作,引导社会慈善资金进入农民文化市场,可以通过建立慈善专项基金如建立民间传统工艺保护基金的方式来保障农民文化权益。

最后,加大对农村文化事业的金融扶持。政府应把农村文化事业纳入信贷范围,对农村文化部门的贷款应实行低息、无息、贴息等资助性的优惠政策,银行、农村信用社对效益、信用皆好,有偿还能力的农村文化经营者开办资产抵押业务。

(3)加强农村文化建设资金管理

投入的资金需要正确的管理,才能达成投入的基本目标。

在财政投入资金的管理方面,一要明确财政投入依据,制定

投资标准。按照政府层级，区分发达和贫困地区、平原和山区、远郊和近郊，依据资金使用类别，制定有针对性的投资标准。二要统一资金投放。成立专门的组织协调机构，提高财政预算的协同能力和准确性，实现财政支出向农村文化权益保障的倾斜。三要制定预算统筹的操作流程，并完善相应的跟踪监督和评价机制。统一资金拨付渠道，如在专业主管部门建立专用周转金账户，将以前分散多渠道拨付的各类预算资金进行统筹。对于已经拨付到位的资金要跟踪监管，实行定期与不定期审计，做到农村公共权益保障资金专款专用。

在社会投入资金的管理方面，一要加强对由经济措施优惠而投入的社会资金的监管。由于政府主要采用税收、价格、用地等优惠措施来吸引社会资金流入，所以应加强对此类资金的监管，避免打着农民文化权益保护旗号减免税收，享受优惠，实际工作内容却与之毫不相关的现象产生。二要加强对民间组织慈善资金投入的管理，政府可和民间组织合作监管资金的投入、使用和运行情况。三要调整各级政府支出责任，优化资金拨付流程。按照事权和财权相统一的原则，逐步完善省与县间分税制财政管理体制，重新设计资金拨付流程，将各渠道资金集中使用。通过垂直业务领导，直接将资金拨付到具体项目或使用单位，以及规范资金审批和划拨的监管制度，减少资金挪用和占用现象。

5.3.4.2　农村文化基础设施保障

设施是农村开展文化活动的物质载体，是文化事业发展的重要标志，是宣传、教育、组织、发动群众所不可或缺的物质条件。农村文化设施建设状况，不仅反映着当前农村文化事业的发展程度，也影响着今后农村文化建设的发展速度。因此，要繁荣农村文化事业，不断满足农民群众日益增长的文化需要，就必须切实加强农村文化设施建设，完善农村文化设施。

根据文化活动的内容性质和设施的作用，农村文化设施可以分为艺术表演设施、学习阅览设施、文化娱乐设施和体育运动设施四类。

艺术表演设施是供各种文艺，如戏曲、歌舞、曲艺、杂技等演出以及电影、录像、投影放映所用场地，在农村，主要是影剧院（场）。影剧院的设计有相应的舞台、化妆间、演员休息室、票房、放映室等附属建筑，设备主要是灯光、音响、帷幕、座椅。观众座位的多少以影剧院的规模大小而定，一般不应少于一千个。影剧院的作用是多方面的，除供演出和观看文艺节目、影视片外，还可以作为大型会议的会场。

学习阅览设施是供人们了解时事、学习文化、获取知识、增长才干用的。包括图书阅览室、展览室、科普活动室、教室等，充足的图书、报刊、资料是其最主要的设备，另外还要有一定数量的桌、凳、柜，必不可少的黑板报、宣传栏及广播器材等。

为了满足不同年龄结构、不同文化层次、不同习惯情趣的人对文化娱乐的需求，文化娱乐设施也不是统一的，如少年儿童游艺室、“老年之家”、舞厅、卡拉 OK 厅等。其设备与各设施相称，如游艺室里有游艺机等，“老年之家”有麻将、扑克、棋类等，舞厅里有灯光、音响等，卡拉 OK 厅有录放机、电视机和音响等。

农村体育运动设施一般有球场、小型田径场、老年门球场、旱冰场等。乒乓球台、秋千、吊环等小型体育活动器具则更为普遍。至于练习武术、气功、健身操的场地，可以综合利用其他运动场地，不必单独设置。在一些经济条件差，一时兴办不了多少体育运动设施的农村，可以充分利用当地中小学的体育运动设施。

农村文化设施是广大农民群众进行文化活动的场所，是文化宣传教育的阵地，是公共设施的重要组成部分。文化设施建设对农村文化建设乃至农村经济社会的发展都有着极其重要的作用。首先，农村文化设施是农村文化宣传的物质载体；其次，农村文化设施是密切党群干群关系的物质条件。党来自于人民、扎根于人民、服务于人民，人民群众是党的力量源泉和胜利之本，是党赖以生存和发展的基础。在广大农村，要保持党同人民群众的血肉联系，就必须以健全的农村文化设施为物质基础。

本轮调查发现，农村地区缺乏相关基础设施建设的现象严重，被调查乡镇中有50.27%的地区没有文化站或文化馆，仅有18.51%的村社有“农家书屋”，16.6%的村社有综合文化室。被调查村社中，电话覆盖率相对较高，但也只有71.7%，而其他文化娱乐设施相对更少：有电影院的地区仅占6.17%，通网络的地区为32.98%，建有录像厅的比例为18.51%，有棋牌活动室的比例为29.79%，球类运动场的比例为12.98%，18.51%的村社有“农家书屋”，有综合文化室的比例为16.6%，有体育活动室的比例仅为13.19%。基础设施建设不足，难以保障农民文化权益。而在调查农民最希望政府做什么来提高其文化生活质量时，23%的村民选择加强文化服务设施建立，占到目前期望政府所做工作的第一位。

根据《关于进一步加强农村文化建设的意见》要求，结合农村文化设施建设中存在的问题，我们认为可以从以下几个方面来加强农村文化设施建设：

(1)提高各级政府的重视程度，促进农村文化设施建设不断发展

在各级党委、政府和有关部门的重视和支持下，农村文化设施建设呈现出蓬勃发展的良好势头。但也存在着一些地方政府对农村文化设施建设重视不够、认识不足的问题，因此，必须加强宣传教育，提高各级政府对农村文化设施建设重要性的认识。农村文化设施建设滞后，既有政府资金不足、村集体经济薄弱等客观原因，也有认识不到位的主观原因，从农村现实情况看，很多是因为各级政府重视程度不够所引起的。因此，迫切需要以提高各级政府的认识为突破口。

要提高各级政府的认识，除政策规定和上级领导加大检查力度等措施外，一个很重要的途径就是要强化教育。一是对基层干部进行大专学历教育，提高其文化素质；二是加强各级党校对农村基层干部的培训和轮训力度，不断提高其政治思想素质；三是强化对有关政策法规的学习，不断提高基层干部对农村文化设施建设重要性的认识。只有各级干部尤其是农村基层干部的认识

水平提高了，农村文化设施建设滞后的局面才能从根本上有所改进。

(2)保障农村文化基础设施投入资金和维护资金

基础设施的建设和维护离不开资金保障，各级政府要进行农村文化设施建设专门项目开支预算，在原有基础上继续加大包括农村职业学校、文化站（室）、图书馆（室）、广播站、活动室、农村报栏、宣传栏等文化基础设施的建设，完善各种文化设施的功能，购置农民文化活动所需的体育健身器材、文艺表演器具、书籍和其他文化产品。目前许多文化设施不能正常运转的一个最重要的原因就是资金严重短缺，比如一些图书馆，由于馆舍面积狭小或年久失修等原因，只好搁置不用。如果有了充足的建设资金，这些问题就可以顺利解决。同时，随着资金投入的加大和文化设施科技含量的提高，就会相应提高文化活动开展的数量和质量，最大限度地满足广大农民群众的文化生活需求。加大农村文化设施建设的资金投入，是基层文化建设的关键。文化产业越发展，为先进文化所创造的腾飞平台就越宽广。本轮调查除了发现农村地区基础设施建设存在问题之外，还发现相关设施存在维护问题。以“农家书屋”为例，农民不去“农家书屋”的最主要原因在于村里没有“农家书屋”(59.15%)，而已有“农家书屋”的村庄大多存在书屋面积太小、设施简陋问题(6.8%)，书报种类少和书籍陈旧也是重要的原因(12.12%)。

要保障农民文化权益，则需要加大基础设施建设和维护的资金投入。无论是政府财政投入，还是非政府组织的公益性资金，或是按照市场经济规律投入农村市场的资金，都应该首先倾斜于农村基础设施的建设，在政府根据农村实际情况进行规划的基础上，进行修建。其中应实现财政支出向农村文化基础设施建设倾斜，特别是向运营、管理和维护经费倾斜，政府也可以运用相关政策杠杆调节手段，引导社会资金流向基础设施的建设。比如给予一定的税收优惠、价格优惠或直接的精神奖励和物质奖励，可以考虑向捐助建设基础设施的个人、社会组织给予一定的社会名誉奖励和物质奖励，同时，政府也可以考虑引入市场经济规律，采用新模式进行基础设施建设。江苏省委宣传部、省文化厅选择了18个农村乡镇文化站开展标准化建设工程试点工作，大胆运用市场的手段，引入投入和竞争机制，实行委托专业管理和风险抵押的运行模式，在公益性领域推行公有民营、股份合作制，应是可以借鉴的方式。

(3) 做好农村文化基础设施建设的规划布局

我国农村地域辽阔，各地经济状况、地理环境、风俗习惯有很大不同，在文化设施建设上必须坚持因地制宜，在科学规划的基础上，突出特色。

第一，在规划上，要立足长远。适应农村文化由"小文化"向"大文化"的转化，在规划文化设施时，要把科技知识培训、开展文体活动、宣传时政、传播知识等内容考虑进去，以充分发挥文化设施的功能为建筑设计的基本依据。文化设施建设既要适用，又要着眼于现代化、高标准的要求；既要满足农民群众开展和参加文化活动的需要，也要体现建筑的高水平，使其真正成为农村文化生活的窗口。

第二，在选址上，要注意合理布局。既要考虑便于农民群众参加活动和文化设施功能的辐射范围，选择交通便利地区，做到尽量兼顾周围地区，方便群众的参与；又要注意不同文化设施之间相互避让，功能上相互补充，布局适当。本轮调查发现，农民无法维护自身文化权益的原因之一在于文化基础设施建设不合理。接受调查的村民认为"农家书屋"和文化活动室设置在村委会办公区，所以不方便去(23.41%)，也有10.21%的村民认为相关设施选址离家太远，不方便过去。实际上，我国2009年出台的《乡镇综合文化站管理办法》中就明确指出，文化站应位于交通便利、人口集中、便于群众参与活动的区域，一般不设在乡镇人民政府办公场所内，这就是为了避免调查中所出现的人们的顾虑。相关文化行政部门应在实际调查的基础上，做好基础设施建设的选址工作，其基本原则为方便农民，应合理布局，拓展项目，丰富内容，规模发展,逐步连点成片,建成若干文化广场、文化街、文化带,方便农民群众就近参加文化活动,享受文化服务。同时,基础设施的选址应尽可能惠及绝大多数村民,这就涉及建设的分布问题。相关部门在进行建设时,应统筹规划、合理布局,按照符合实际、讲求实用,适度超前、可持续运行的方针,要坚持以政府为主导,以乡镇为依托,以村为重点,以农户为对象,大力发展县、乡镇、村文化设施和文化活动场所,形成农村公共文化服务网络,从而实现和保障农民群众基本文化权益。政府可以考虑在村社建设"农家书屋"、文化活动室,条件允许的地方可以设立室外活动场所,方便集体活动的开展;在乡镇设立综合文化站,其基本规模应该大于村社文化活动室,可考虑建设包括多功能演艺厅、书报刊阅览室、多媒体培训教室、老年活动室、青少年健康活动中心、文化信息资源共享服务室、室外活动场地以及宣传栏、黑板报等配套设施来满足村民进一步的文化需求。

第三,在建设规模上,要量力而行。文化部在相关文件中,对建筑面积、必备设施、活动场地等作了明确规定,例如县图书馆、文化馆是全县开展农村文化活动的中心,一般面积不能低于1 000平方米。有条件的应按照规定标准执行,并加以规范。尚不具备条件的农村,如边远地区,经济落后,地广人稀,交通不便,无条件分开建图书馆、文化馆,可建综合性的文化设施。乡镇文化中心、文化站是开展农村文化活动的枢纽,是农民群众进行综合性文化活动的场所,也要有一定的建设标准。各级政府对此也应有一个明确的规定,对那些单独建设文化站确有困难的乡镇,文化部门可联合有关部门共建综合性的文化设施。

第四,在建筑形式上,要力求美观,体现文化特色、民族特色、地方特色。首先要符合当地群众的一般审美习惯,尤其在少数民族地区,要尊重少数民族群众的风俗、文化心理和爱好,保持建筑的民族特色和地方特色。其次既要体现文化设施建设的文化色彩和鲜明个性,又要注意与周围建筑风格的协调、和谐。

此外,政府还应积极推进不同领域、不同系统间文化设施资

源的互通共享，达到对各类公共文化设施的有效管理和充分利用，最大限度地发挥文化设施的服务功能和惠民作用。

(4)提高农村文化设施的科技含量

农村社会经济和文化事业的发展，使提高农村文化设施科技含量的要求日益强烈。目前在经济较发达地区，一些农村已采用卫星通讯、互联网等现代科技手段，实现了农村文化设施建设的跨越式发展。像电子阅览室、多媒体培训教室、电子实验室、电子信息网等已在不少农村落户。如福建省已初步建成省(市)、县区和乡镇、村文化信息四级网络——“福建文化信息网”，利用宽带网和卫星通讯传送技术，通过对全省文化资源的整合，将文字、图像、影视等多媒体信息传输到全省城市社区和农村乡镇的基层文化站点，供广大城乡群众检索、阅读、观赏，向公众免费提供文化、教育、科技、娱乐等各方面信息。它不受地域、时空限制，深受广大群众的欢迎。当然，要提高农村文化设施的科技含量，初期建设费用可能会较高，一些农村尤其是中西部地区比较贫穷的农村，一时还难以靠自身力量全面实现。这需要引起各级政府的重视和支持，切实找准突破口，实现农村文化信息网络化，不断提高农村文化设施的科技含量。

(5)加强管理，充分发挥各种文化设施的作用

第一，建立健全各项管理制度，杜绝农村文化设施的浪费。建立健全农村文化设施的各项制度，应着重从以下几方面入手：一是建立健全专人管理制度，杜绝无人负责现象的发生；二是建立健全责任追究制度，提高专管人员的责任心；三是建立健全监督制度，防止人为损坏文化设施现象的出现；四是建立健全激励制度，提高专管人员管理的自觉性和创造性。

第二，加强领导，注重实效，实行目标管理。要使文化设施建设正规化、正常化、规范化，要明确任务、分解责任，把工作落到实处，实行定人、定量。政府各个部门之间要默契配合，同时又要严格把关，涉及农村文化设施建设的用地、规划、建设、搬迁、改造、变更等要主动协调，确保农村文化设施建设顺利进行。

第三,因地制宜,区别对待,全面提高。各个地区经济发展情况不同,经济基础也有很大差异,因此,对文化设施建设要做到"科学管理、分类指导、注重实效、梯次推进、不断提高",不搞"一个标准、一种模式"。在建设方法上,可以利用村集体筹建、村民集资合办,也可以让农民自办个别项目,纳入统一管理范围,充分发挥文化主管部门和乡镇文化站的作用,加强对文化设施建设的指导和管理,使其建立在科学、可行的基础上,从而避免一哄而上、一哄而散、劳民伤财现象。

第四,积极探索综合利用的方式方法,提高农村文化设施的使用效率。目前,农村文化设施存在一个使用效率问题,因此,对现有的农村文化设施要尽可能加以综合利用。例如可以依托乡镇中学、小学、农村职业学校等,实现资源共享,既可以提高文化设施的综合利用率,也可以从中有所收益;既解决了资金短缺问题,也可以充分发挥农村文化设施的作用。

(6)充分发挥社会各界的作用,促进农村文化设施建设快速发展

文化事业是一项系统工程,文化设施建设牵涉到社会的方方面面,是全社会的工作。因此,全社会都要关心和支持农村文化事业,利用一切社会力量兴办农村文化设施,以提高农村文化设施的数量和档次,加快农村文化设施建设的步伐。

第一,充分发挥国家投资的示范作用,引导社会资金向农村文化设施建设倾斜。国家投资仍然是今后一个相当长时期农村文化设施建设的主要资金来源。党的十六届五中全会建议明确指出:"坚持'多予少取放活',加大各级政府对农业和农村增加投入的力度,扩大公共财政覆盖农村的范围,强化政府对农村的公共服务,建立以工促农、以城带乡的长效机制。"这表明,作为为农村提供公共文化服务的农村文化设施是国家重点投资的方向,但国家投资不能一包到底,它只能是起一种引导作用、推动作用、示范作用。近几年来,民营文化团体发展很快,仅文化设施和机构就大概是政府主办或管理机构的 2.7 倍,究其原因,主要是民营

文化设施和机构的内部机制比较灵活,人比较少,投入比较小,资金周转比较快,流动起来比较方便,在为自身投资带来较好的经济回报的同时,也有力地促进了农村文化设施建设,取得了良好的社会效益。因此,利用国家投资来引导社会闲散资金向农村文化设施建设流转,有着极其广阔的发展前景。

第二,转变观念,大力开展以文补文活动。各级文化管理部门必须认识到:单靠等、靠、要的办法来发展文化事业已经行不通了,我们必须投入到市场竞争之中,建立起自身生存和发展的新机制。通过以文补文、多业助文来发展文化产业,并非权宜之计,而是一条具有战略意义的充满希望的道路。我们应该开阔视野,拓宽路子,千方百计办实体,办好实业促文化,走出一条开发文化产业、兴办文化实业、发展文化事业的新路。

第三,与企业联姻,吸纳社会力量,搞好农村文化设施建设。在经济较为发达的地区或有乡镇企业、民办企业的地方,文化单位也可和企业联姻,吸纳企业资金,加强农村文化设施的建设。有些文化娱乐场所可以和企业、个人联合开发,共同受益,这样既发展了文化设施,也使联姻企业得到了经济效益。例如宁波市的电影放映出现了两种新的形式。一种是动用企业的力量让老百姓看电影。他们采取给企业冠名的办法,让老百姓来观看电影。这是一种把公益性和市场行为结合起来的好办法,同时企业也得到了广告效应。另一种是民营企业家出资把放映队请进来为老百姓放电影。这是一件好事。农村文化建设投入多元化的趋势是一个良好的开端,为加快农村文化设施建设,满足广大农民日益增长的文化生活需求提供了一条可行的道路。

5.3.4.3　农民文化权益的人才保障

农民文化权益不仅需要资金保障和基础设施保障,还需要人才保障,建设一支强大的高素质的专兼职结合的文化从业和管理人员队伍,是农民文化权益的软件设施保障。农村文化建设是群众性的事业,没有农民群众的广泛参与,是不可能搞好的。同时,一定要有一支专门从事农村文化建设的高素质的宏大队伍。这支队伍包括乡(镇)、村党委系统的干部,政府系统的文化、教育、广播、民政、司法等部门的干部,共青团、妇联等群团组织。事业要发展,队伍是关键。农村文化建设的发展状况和水平,很大程度上取决于这支队伍的素质。因此,农村宣传思想文化教育工作者要努力提高自身素质,打好理论根底,打好政策、法律、纪律根底,打好群众观点根底,打好知识根底,打好业务根底,打好艰苦奋斗、清正廉洁的根底,充分发挥"人类灵魂工程师"的作用。同时,各级政府要按照政治强、业务精、作风正的要求加强队伍建设,把优秀人才、专门人才充实到农村文化建设队伍中来,加强队伍的教育和管理,充分调动起他们从事农村文化建设的积极性和创造性。

现有农村文化人才队伍中,年龄偏大、知识结构老化、观念陈旧落后、整体素质偏低、各种文化团体数量较少则是不容忽视的严峻现实。特别是作为基层文化站的工作人员缺乏专业培训,他们的文化水平、专业技能水平较为低下。农村基层文化管理服务人员大都是在过去特殊的历史阶段走上农村基层文化工作岗位的,他们的学历较低,也没有接受文化、专业技能等方面的专业培训。总体来说,他们的思想理念、专业技能、组织能力都难以有效保障当前农民文化权益。针对农村文化人才缺乏的现实,各级文化业务部门还要工作重心下移、阵地前移,积极开展面向农村文艺骨干的各类公益性文艺培训班,努力提升农村文化团队的水平。同时,通过建立村落文化联系点等方式,加强面向农村文化辅导的力度,打造属于农民自己的文化骨干队伍。

(1)建设专兼职文化从业人员队伍

城乡经济发展差距较大的现状使得更多的从业人员愿意进入城市。要保障农民文化权益,则需要为农村留住文化人才,建立一支针对农村市场的文化从业人员队伍。

第一,当地政府可以制定和完善相关政策,落实保障措施,营造良好的文化人才成长环境。切实落实县文化馆、图书馆、文管所、文工团和乡镇文化站等公益性文化事业单位人员编制及工资

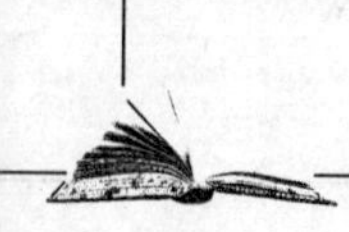

待遇，研究制定高层次文化人才引进政策，奖励有突出贡献者，鼓励高校毕业生特别是熟悉农村生活、有一定文艺专长的青年学生到农村从事公共文化服务工作，鼓励和支持文化事业单位改革中分流的业务人员到乡镇担任文艺辅导员、文化指导员和讲解员。

第二，当地政府应该积极发现和选拔农民文化骨干，充分发挥民间艺人、文化能人、文化经纪人在活跃农村文化生活、传承发展民族民间文化方面的作用。可以建立民间艺人档案，为其针对农村市场开展的文化娱乐服务活动提供便利，甚至奖励，对有突出贡献的人员，比如掌握特殊技能的民间艺人或提供具有广泛群众基础的文化表演形式人员，提供额外奖励，鼓励其针对农村市场现状，延续和发展受农民欢迎的文化演绎方式。

第三，除努力吸引、留住文化从业人员之外，政府还可通过培训、交流等多种方式，培育和发展相关从业人员。政府可定期开展培训，邀请专家、学者来讲学、办班，或将培养人员送入专业学校进行短期进修、轮训等方式，针对农村业余演出队、电影放映队、文化中心户实际情况，安排短期和长期培训计划，从而提高相关从业人员业务素质和工作能力。

建议培训“村官”农村文化师资格。农村文化是农民在长期的农业生产经营活动中自觉形成并为广大农民所恪守的价值观和道德行为准则的综合反映，是农民现代生活方式和精神状态的体现。农村基层对农艺师等农业技术推广专业人才较为重视。实际上，农村文化师是富裕后农村最需要的人才，肩负着农村文化管理活动并承担农村价值理念体系构建及其转化工作的重任。但是，我国农村文化师十分缺乏。比如全国重要的经济和文化大省河南，目前全省正式通过国家职业资格鉴定的文化师仅有30多人，而且全部是企业文化师，这与农村文化人才需求产生强烈反差。因此，可从三个方面努力：一是采取中短期培训的形式，分批对现有的农村基层干部进行培养。二是在高等院校选拔立志“村官”事业的学生进行农村文化师素质教育。三是组织部门在选拔“村官”之时严把入口，把拥有农村文化师资格作为一项重要标准。

(2)建立高素质的专业文化管理人员队伍

政府不仅需要采取措施留住和培养文化从业人员,还需要建立一支高素质的文化管理人员队伍。

首先,政府应加快农村文化事业单位干部、人事和分配制度改革,建立起开放型的农村文化人才选拔任用机制和科学合理、灵活多样的分配激励机制。要解决好农村文化事业单位人员的职称、工资、养老、基本医疗保险和失业保障等问题。要根据实际情况和职工继续教育要求,制订培训计划、学习计划和资格制度,切实改变县文化馆、图书馆、乡镇文化站、"农家书屋"、农村文化室等相关管理员很长时间都没有任何培训学习机会的现状。

其次,创新、完善高校专业设置,整合教育资源。调整和增设一批农村文化权益保障相关的学科和专业,招收培养青年学生,毕业后从事相关工作,为农村公共文化事业的长远发展储备足够的人才,逐渐改善管理人员专业素质低下的现状。

(3)加强农村文化人才引进和人才培养,努力创造能够吸引人、留住人、发展人的农村环境

加强乡镇基层文化干部的培训,提升其文化文学素养,使其掌握文化工作的基本方法。提高乡镇文化干部的待遇。制定农村文化人才引进制度,政府在财政上对愿意在农村中发展的大学生和其他各种人才给予一定的额外支持。对农村文化建设有突出贡献的人才要给予表彰和奖励。要注意发现农村中具有文艺特长和其他特长的人才,通过各种方式保护农村中的农民艺术家、乡土作家、传统手工艺传承者等进行文化创造的积极性。同时,健全农村人才培养机制,兴办农村职业学校,鼓励各种经济形式兴办文化艺术类学校,为农村文化建设培养文化人才。

从乡村文化建设干部队伍看,他们应该集领导者、组织者、参与者、活动"专家"于一身。有这样的身份和本领,在新农村文化建设中就能够纵横捭阖、得心应手。为改变目前一些地方农村文化队伍不稳定的状况,由地方财政部门对乡镇文化站在编人员的

工资实行财政统一发放,彻底解决文化站人员的生活待遇问题,解除他们的后顾之忧。这样,也能吸引有文化的年轻人到文化站工作,逐步解决乡镇文化队伍老化的难题,更新农村文化队伍的知识结构,提升服务水平。同时,通过竞争上岗,鼓励多层面人员参与竞争,真正让懂文化、会管理、擅经营的新人、能人脱颖而出,努力发现和培养业务骨干,帮助他们不断提高业务水平和组织能力,真正形成一支政治强、业务精、作风正的文化队伍,不断适应日益发展的文化工作需要,实现农村文化事业的可持续发展。

5.3.5 农民文化权益的制度保障

农民文化生活权益的制度保障,指的是通过建立各种制度保护农民的文化生活权益。制度一般指要求众人共同遵守的规则或程序。在这里,主要指的是与农民文化生活相关的各种制度。本研究认为,文化制度包括三个层面:第一个层面是法律制度。法律制度对农民文化生活权益的保障可以称之为法律保障,这在前文中已有解释。第二个层面是各级政府及其文化事业管理部门所制定的制度。第三个层面是农村村级文化生活管理制度。农村中企事业单位、农民文化团体和组织中也有制度存在。由于各单位、企业、组织、团体的制度只对内部有效,不具有广泛适用性,因此在本研究中不加以讨论。

制度保障为农民文化生活权益提供了一种规范化、程序化的保障渠道,使农民在日常文化生活和活动中有"法"可依,也为农民文化生活权益的保障及其救济提供了更具体、更现实的途径。

在三个层面的制度当中,法律制度最具有权威性,是最上位的。法律所规范的行为主体不仅仅包括农民,还包括全国其他所有的公民。宪法、法律和行政法规等法律规范关于公民文化、教育方面的规定也适用于农民群体。虽然法律规范对文化教育具有广泛性和一般性,但也有相关内容涉及文化生活方面(前文中在论述"法律保障"时已经列举了宪法中关于文化、教育、文化生活等方面的一些规定,在此不再赘述)。因此,在文化生活当中必须遵守相关法律、法规，在其文化生活权益受到侵犯时，农民也可以寻求法律救济。

政府及其文化管理部门所制定的制度是第二层面的制度保障。政府制度的权威性不及法律制度，却高于村级文化生活管理制度，加上政府制度制定非常灵活，可以随时根据现实需要进行修正，这都决定了政府制度在农民文化生活当中的广泛适用性以及在保障当地农民文化生活权益中的重要作用。

农村村级文化生活管理制度是第三个层面的制度保障。其权威性和适用范围都是最小的。一般来说，每个村的村委会都会制定关于文化站、图书馆（室）、活动中心等公共文化设施的相关使用规定，也会制定村容村貌、村风民俗、文明礼仪、道德风尚等关于村民文化生活方面的相关规定，这些规定就构成了村级文化生活管理制度的主要内容。这些制度规定在协调本村农民文化生活方面起着重要作用。

总之，无论权威性最强、适用范围最广的法律制度，还是权威性最弱、适用范围最窄的农村村级管理规定，这些制度都从不同层面对农民文化生活起着调节和规范作用，这三个层面的制度构成了我国调节农民文化生活的制度体系。在农村文化建设实践中，要做好制度的制定和执行工作，使这三个层面的制度在各自调节范围内发挥作用的同时又能够相互协调、相互促进，在保障农民文化生活权益方面共同发挥作用。

如前文所述，制度缺失是农民文化权益保障的主要原因之一。因此，必须着重从完善农村公共文化管理运行机制、农民文化权益保障的导向机制、群众参与机制、监督约束机制、考核奖惩机制及城乡文化资源共享机制入手，改善农村文化服务手段，提高农民文化权益保障的水平。

5.3.5.1 完善农村公共文化管理运行机制

鉴于农民文化权益的特殊性，且其权益保障涉及多个部门和不同主体，没有一个强有力的领导是难以达成预期目标的，必须依靠行政组织的权威，采用行政命令、指示、规定及规章制度等行

政方式,按照行政系统、行政层次和行政区划,依据本地区的情况,制定出行之有效的政策并严格推行下去。所以保障体制的具体运行仍需政府发挥主导作用,加强对保障措施的指导、监督,并从资金、设施、场地、机构、人员等方面,保障相关机制的正常运转和功能的充分发挥。

完善农村公共文化管理运行机制,至少包括六个方面的内容:建立农民文化权益保障的目标体系、完善农村文化供给决策机制、加强农村文化基础设施建设、健全农村文化机构、建设高素质的农村文化队伍及完善公共文化管理机制。其中加强农村文化基础设施建设、健全农村文化机构、建设高素质的农村文化队伍已在前文中详细论述,在此不再重复。

(1)建立农民文化权益保障的目标体系

农民文化权益保障是一项目的性极强的社会系统工程,其根本目标是要不断增加农村文化设施、文化产品和公共文化服务供给,满足农民不断增长的文化需求,从根本上提高农民的文化精神生活质量;还要培养有文化、懂技术、会经营的新型农民,不断提高农民的思想观念、伦理道德、文化修养,重建农村精神家园,丰富农村文化生活,形成崇尚文明、崇尚科学、健康向上的社会风气。在这一总目标统领下,各地农村还要结合实际设置自己的分目标,这些分目标再层层分解到基层和个人,便形成了农村文化建设的目标体系。而无论是总目标还是分目标或具体目标,又都既包含某种质的要求,又包含着相应的量的指标,是一个包括众多项目的庞大的目标体系。这样纵有层层分解的目标,横有目标项目下的量化指标,目标与指标纵横交织,共同构成新农村文化建设的目标体系。建立科学完备的农民文化权益保障目标体系,对促进新农村文化建设,保障农民文化权益的实现,具有重要的现实意义。

建立农民文化权益保障的目标体系具有非常重要的意义。但由于文化权益有"虚"的一面,因而要建立起科学合理的目标体系尚有一定难度。这就要求我们要善于总结经验和教训,勇于开展探索和研究，把农民文化权益保障看成一个发展变化的历史过程，充分考虑这个过程的时代背景、现实条件和工作基础，运用科学的方法，建立起科学合理的农村文化建设目标体系。因此，首先要坚持正确的理论指导；并且要把新农村文化建设纳入农村经济和社会发展的总体规划；还要把新农村文化建设的长远目标和阶段性目标结合起来；目标要区分层次，把先进性要求同广泛性要求结合起来；目标要尽可能量化，把软任务变成硬指标；此外，还必须建立农民文化权益保障的目标责任制。

(2)建立"自下而上"的农村文化供给决策机制

农民是农村文化建设的主体，也是公共文化服务的对象，要以农民的精神文化需求为服务导向，以农民满意不满意作为衡量政府公共文化服务的标尺，让面向农村的文化服务更贴近农民，贴近农民的需求，让农民享受到优秀的文化服务和文化产品。现行农村公共产品供给的"自上而下"决策机制是导致农村公共产品供给效率低下的重要原因，也不能充分体现基层农民文化需求。因此，必须改变这种由辖区外部变量决定辖区内部公共产品供给的决策机制，建立起由辖区内部需求决定的公共产品供给决策机制[①]，也就是建立能充分体现农民需求的"自下而上"的文化供给决策机制。

首先，与农村基层民主制度建设相结合，建立需求表达机制，使一个村或一个乡范围内多数居民对公共文化服务的需求偏好能得到顺畅表达。

其次，改革现行的乡镇政府领导人产生办法，使乡镇政府领导人和村组织领导人都由本辖区居民民主选举产生。通过选举，激励和约束本辖区领导人真正对本辖区选民负责，把增进本地选民的利益放在首位。

最后，对于范围涉及县或地区的较大型农村公共文化产品供

---

① 刘魏文．公共产品、政府责任与农民权益[J]．辽宁行政学院学报，2007(12)：5－6.

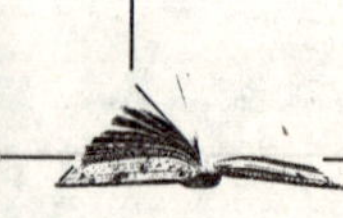

给，应建立专家听证制度，并在此基础上由本级人民代表大会投票决定。

(3)创新公共文化管理机制

在国际上，西方发达国家公共文化管理运行比较成功的模式是“政府管理、行业自治、组织自立”①，在操作上采用“委员会+理事会”体制。这种体制宏观上由政府设立委员会②，负责建设规划、财政预算、资金拨付和管理运行的监管等。公共文化设施的具体管理运行由理事会决策，理事会负责制定章程、选择管理运行主体、审批资金计划、协调相关关系、监督日常管理运行以及组织绩效评估等。微观上理事会决策权过大，虽然有助于贴近小范围实际需求，有利于形成局部自治特色，但不利于大范围认同和协调，不利于全局原则的贯彻。

我国公共文化设施建设管理运行，是中国特色社会主义文化建设的重要阵地，必须以社会主义核心价值体系为基本内核，必须遵循最广大人民群众的根本利益。从这一原则出发，在宏观上，比较适合我国国情的公共文化管理运行体制是“党委领导、政府管理、公共文化机构自主管理运行”；在微观上，有必要对理事会决策权力和决策机制进行创新设计，主要是分别落实“党委领导”在理事会中的“一票否决制”，落实“政府管理”在理事会中的政府出资人席位，落实服务范围和对象中的人大、政协代表席位，落实文化专家独立席位，落实服务对象按利益群体(可选择按年龄结构或阶层结构区分)代表席位。

创新农村公共文化管理机制，要求积极探索适应社会主义市场经济要求、保障社会公平正义的公共文化服务方式，不断提高公共文化服务能力和水平。这就要求文化机构从业人员拓展文

---

① 巫志南．美国演艺业考察报告[M]//2006上海文化发展蓝皮书——创意上海[M]．北京：社会科学文献出版社，2006：212.

② 任一鸣．公共文化空间：美国波士顿剑桥公共图书馆个案研究[M]//2006—2007年上海文化发展报告——构建公共文化服务体系．北京：社会科学文献出版社，2007：228.

化服务方法,创新文化服务手段,从而扩大农村文化建设的受惠群体,建立农民文化权益保障的长效机制,使新农村文化建设可持续发展。

首先,可以考虑集中统一的垂直管理,将农村文化基础设施运营和管理的职能集中到专业部门,以利于有效整合运用农民文化权益保障的各项资源,使其发挥最大功效。需要注意的是,将所有相关部门整合成一个部门,或把所有保障资源整合给一个部门,既不现实也不适宜,较为适宜的做法是建立多部门协商平台和协商机制,以确保所有相关部门在文化权益保障方面明确自身的工作范畴、职权范围、上下级工作关系。所以,由国务院组织建立关于农民文化权益保障的综合管理部门,由中宣部、文化部、农业部和中央各相关职能部门以及各省市文化、农业等部门的代表组成,赋予其相应的规划权和调控权,由它来处理解决单一部门无力解决的难点问题,成为有效的部门、区域协调机制。其主要职能以文化权益保障为目标,制定全国范围的空间时间布局规划、农村文化发展战略和文化经济政策;统一监督管理有关农村公共文化各项专项资金、基金或有关部门的文化资源使用方向,组织实施全国性跨区域重大文化项目;并与地方政府合作整合区域文化资源,促进各地农村文化事业的均衡、协调发展。该部门主导全局性的文化权益保障政策,监督考核具体政策的执行效果。

其次,省级政府应按照主管部门的指导政策和思想,结合本地区的实际情况,制定符合本省省情的文化权益保障政策和措施,负责推进、监督和考核本地区政策的具体实施情况,同时要充分发挥市县一级文化主管部门的作用,如对乡镇文化馆(站)实行垂直管理,收回各个乡镇文化站的编制,收回管理权,以便做到文化专干专职专用,由县区文化部门集中管理农村文化干部队伍,同时建立健全竞争、激励和约束机制,充分激发自身的活力和动力。县、乡(镇)文化机构要面向农村,面向基层,逐步推动经营性国有文化事业单位的转企改制。应由各级政府牵头,完成具体的文化权益保障活动,如文化下乡活动、农民教育培训活动等。

再次,可以设立县乡文化副职。为提高农民的物质生活水平,我国成型了选派科技副职的制度,但对富裕之后农民精神生活水平的提高却缺乏完善的领导机制。不可否认,按照分工,各级政府都有负责文化建设的领导,但由于其分工不止于此,分散了其精力的投入。随着农村富裕程度的提高,农民作为文化消费的主体,必须受到更多的重视。因此,可借鉴科技副职的选派制度,从高等院校或者省级文化、宣传和文联等有关部门选派熟悉文化建设的同志兼任县文化副县长、副乡(镇)长。一方面,由于文化副职特殊的身份,可以起到较好的指导和监督作用;另一方面,文化副职可以将理论与实践相结合,开发出新的文化资源,从而出现一批农民所怀念的"赵树理"、"柳青",创作出类似《创业史》、《三里湾》、《艳阳天》、《王贵与李香香》那样贴近百姓生活,符合现代农民普遍希望和追求的生活状态的作品。

最后,应在政府引导下,加强其他主体的主动参与性。文化权益保障机制的运行应该秉承公共性活动和市场性活动齐头并进的方式。当前的农村文化建设,尚未能把市场性文化和公共性文化区别开来,政府大包大揽,致使应该由政府主导的公益性文化事业长期投入不足,应该由市场主导的经营性文化产业长期依赖政府。相关的政策往往不合农民的口味,农民并不是很"领情"。弱势的农村文化发展必然要求政府的扶持,但政府对文化建设应重在引导而不是包办,需要充分发挥文化机构、社会力量、农民自身三大主体的联动能力,特别需要与农村内生力量的结合,大力发展面向农村的文化事业和文化产业,推动社会各方面力量的积极参与,为农村提供更多更好的文化产品和服务。可以考虑引进竞争机制,构建起政府、私营部门(非政府组织和私营企业)、私人相互合作的文化服务体系,以给予农民更多的选择空间,提高文化服务质量和水平。它既可以满足消费主体的多元化需求,也可以消除农村文化产品供给失衡的现状,同时又能有效地降低农村文化产品的消费成本。也可以考虑文化产品经营方式的市场化,就是把市场机制引进文化权益保障体制,建立有效的质量标准和效率考核机制,并通过建立健全市场中介机构和行业组织,提高文化产品和服务的市场化程度,以提高农村文化服务水平和质量。例如针对农民群众去公共图书馆借阅书籍不便的情况,可以在县级图书馆分中心基础上再分化,建立起以乡镇图书馆(文化站)为基层中心、村图书室为基层服务点的图书信息服务网络,还可因地制宜地设立多个图书租借点。拓展图书服务空间,让各级图书馆做到与广大农民"零距离"。针对农村集体文化活动参与率不高的现状,就需要组织者因地制宜,充分利用节假日、农闲时节,针对不同年龄、不同文化群众的心理需要,精心设计文化活动的内容,特别要开展形式比较新颖、思想内容积极向上的文化活动。要注意文化活动的导向性、示范性,注重文化活动的质量和效果,充分调动广大农民主动参与的积极性。

5.3.5.2 完善农民文化权益保障的导向机制

社会主义核心价值体系为农村文化建设指明了方向,因此,在城乡一体化中,保障农民文化权益,必须以社会主义核心价值体系为导向,坚持马克思主义指导思想,坚持中国特色社会主义的共同理想,坚持以爱国主义为核心的民族精神和以改革创新为核心的时代精神,坚持社会主义荣辱观。政府文化部门在制定农民文化权益保障目标、内容和措施的过程中,要积极引导农民群众树立正确的人生观、价值观,以先进文化取代落后文化。所谓先进文化,就是有益身心健康、能够促进生产力发展、有利于构建和谐社会的文化。在城乡一体化中,一些落后文化在农村仍然普遍存在,一些腐朽文化冲击着农村社会,"黄、赌、毒"的现象还在农村蔓延,重男轻女、早婚早育、婚丧大操大办等不良习俗仍在影响着农民的生活,封建迷信活动猖獗。这些文化现象属于落后文化的范畴,不仅严重侵蚀着农民群众的精神文化生活,而且不利于农民科学文化素质的提高,不利于农村经济的发展,也不利于构建和谐稳定的农村社会。因此,政府文化部门在制定农民文化权益保障相关政策法规的过程中,要以社会主义核心价值观为导向；同时加强对农民的法制教育、思想道德教育和文化教育；各级政府应为农民提供更多的文化设施、更加丰富的文化产品和服务、更多健康向上的文艺作品、更多农民群众喜闻乐见的文化活动，用先进的文化丰富农民的精神生活，树立良好的乡风文明，把农民文化生活引到健康的轨道上来，用先进文化取代农村落后文化，切实提高农民的精神生活质量，保障农民文化权益的真正实现。

社会主义新农村文化建设的一项重要任务，是对广大农民的价值选择和行为方式加以引导，使他们沿着正确的方向不断提高思想道德素质和科学文化素质。在实施这种导向的过程中，人们对正确价值取向及行为方式的选择和坚持，不可能整齐划一。广大农民整体素质的提高，有赖于一部分先进分子示范作用的切实发挥。我们应当重视农村文化建设的某种规律性，使上述导向作用和示范作用有机结合起来，并形成相应的运行机制。

(1)充分发挥政府文化部门的引导作用

随着农村经济的发展，农民群众越来越重视业余文化生活，闲暇时间从事文化、娱乐、体育活动的逐渐增多。但总的来说，农村的文化消费还处于低水平，闲暇生活还不够丰富、活跃。赌博之风盛行，造成很多不安定因素；婚丧大操大办，愈演愈烈，不少农民有了钱主要用于盖房子、娶媳妇，遇有红白事就大肆挥霍。政府应高度重视这些问题，引导农民形成健康的文化生活方式。

生活方式通常是指在一定生产方式和一定社会条件制约下，人们生活活动的典型形式和特征的总和，包括人们的消费方式、社会活动方式、交往方式、闲暇活动方式等。生活方式一旦形成，便以一种现实的力量存在着，并影响和制约着社会的其他方面，广泛地影响着社会的思想文化。因此，必须移风易俗，培育良好的社会风气，建立科学、文明、健康的生活方式。

生活方式是否科学、文明、健康，不仅反映着人们思想意识和思维方式，人们自我教育、精神发展程度，而且极大地影响着社会的思想、意识、风尚。科学、文明、健康的生活方式，是社会主义文化建设的内容和体现;生活方式的改善,有助于促进农民改变不适应新形势的旧观念和思维方式;科学、文明、健康的生活方式是把农村文化成果转变为农民的自觉行动的重要方式;生活方式的改善,可以对农村社会变革起一定的推动作用。生活方式的改变,是社会变革的物质动因之一。

科学、文明、健康的生活方式包括科学、文明、健康的物质消费方式、社会交往方式和精神生活方式。政府文化部门有责任引导农民形成健康、文明、科学的生活方式。

①政府文化部门应该引导农民群众建立健康的文化生活方式:

一要提高农民学习文化的自觉性。要让农民群众认识到经济的发展,社会的进步离不开文化建设,发展和繁荣农村文化是实现小康目标的内在要求,让广大群众亲身参与到文化建设中来。当前,农民群众的科学文化水平比较低,许多地方还有不少文盲,文盲已成为农村现代化建设的严重障碍,因此要让农民真正懂得读书学习的重要性和迫切性。引导农民把钱用在购书、订报等文化投入上来,让他们养成读书看报的良好习惯,通过学习不断提高自身的文化素养,成为真正意义上的现代农民。

二要开展健康文明的娱乐活动。农民群众要根据自己的业余爱好,积极参加各种形式的健康有益的娱乐活动,自觉抵制封建迷信和各种不健康的娱乐活动。用健康文明的娱乐活动来代替那些原始、粗俗、怪诞的娱乐活动,因为这些东西只是以色情、怪诞博人们一笑。还可以用传统的戏曲、杂技和现代的一些娱乐活动来充实自己的业余生活。用丰富多彩的文化活动占领农村文化阵地,遏制陈规陋习的蔓延,抵制腐朽文化的侵蚀,提高思想道德水平和科学文化素质,形成文明健康的生活方式和社会风尚。

三要积极参加体育活动,养成科学文明的健身方式。参加体育活动,既能锻炼身体,防病治病,又能丰富文化生活,开阔眼界,转变观念,增强开放意识和竞争意识。同时也可利用体育活动,

以"体"会友,以"体"会商,促进农村地区间经济交流。可见,参加体育活动好处多多。然而,正如国家体育总局某副局长所说:"中国有80%的人口生活在农村,但农村只拥有全国8%的体育设施,农村的体育发展十分落后。"为改变这种状况,2006年中央一号文件提出"推动实施农民体育健身工程",国家体育总局和发改委分别安排8 000万元和1 000万元补助金,在部分农村进行"农村体育健身工程"试点项目建设。这次农村公共体育设施建设以行政村为实施对象,体育场地建设的基本标准是一块混凝土标准篮球场,配备一副标准篮球架和两张室外乒乓球台,把篮球场建到农民身边,把健康的生活方式送下乡。这些投入对广大农村来说,虽只是杯水车薪,但也是政府为农村文化建设办的一件实事。广大农民应抓住这一契机,充分发挥自身的主体作用,充分发挥体育的多重功能,通过参加体育活动,达到强身健体、养成科学文明生活方式、促进整个新农村建设的目的。

②引导农民建立健康的文化生活方式,着重从以下五个方面努力:

第一,广泛开展移风易俗教育,为农村良好社会风气的培育奠定思想基础。风俗习惯的变迁和它的形成一样,是一个漫长的过程,其根本原因在于,任何风俗习惯的背后都有着思想观念的支撑。因此,移风易俗,首要的是要消除不良习俗得以生存蔓延的思想基础。为此,必须深入广泛地开展移风易俗教育。

其一要充分发挥文化的教化功能,坚持不懈地对农民进行科学无神论世界观的宣传和教育;其二要加强科技宣传和科普工作,提高农民识别和抵制封建迷信的能力;其三要加强政策教育;其四要进行习俗文化教育。这样将大大有利于提高农民群众的文化水平,培养"有文化、懂技术、会经营"的新型农民,在农村社会树立良好的文明风气,有利于农民文化权益的良好保障。

第二,大力发展市场经济,尽快改变农村经济的落后状况。发展市场经济是农村生活方式变革的根本途径。有什么样的生产方式就有什么样的生活方式,农村生活方式的变革实际上是以自然经济为基础的生活方式向以市场经济为基础的生活方式的转变,不发展市场经济就转变不了农民落后的思想观念,就改变不了传统的小农意识。思想观念得不到更新,受思想意识支配的生活方式的变革也就成了空想。物质财富的增加能够为生活方式的变革提供必要的物质条件,否则的话,变革落后、不合理的生活方式就只能是心有余而力不足。所以,大力发展市场经济,改变农村落后的经济状况是农村的首要任务。

第三,加强对外交往,促进农村的现代化。对外交往是一个地区人们得以生存和发展的基础。只有走出自我封闭的环境,加强对外交往,才能了解、学习、接受优秀文化成果,保持和发扬自身好的生活方式,变革落后、不合理的生活方式,提高生活质量。改革开放以来,随着经济文化交往范围的扩大,人们的思想意识、价值观念和生活方式都发生了变化,即使是在农村地区,传统生活方式也受到了冲击,现代生活方式也在开始走进农家。

第四,提高人口素质,以先进文化占领农村阵地。生活方式的变革,取决于社会的整体进步和人的素质的提高。只有提高农民的思想道德素质和科学文化素质,才能建立吐故纳新的机制,吸收外来的先进生活方式,用先进文化占领农村文化阵地,改变其精神文化生活和消遣娱乐方式,消除落后腐朽的生活方式。

第五,开展群众文化活动,引导农民建立健康的生活方式。乡村两级基层组织面对农民群众求知、求乐、求美的愿望和要求要因势利导,坚持业余自愿、形式多样、健康有益、便捷长效的原则,认真组织群众文化活动,丰富和活跃农民群众精神文化生活。根据当地群众的人文风情和习俗,从实际出发,突出地方特色,采取群众喜闻乐见的形式,提供贴近生活、贴近实际、贴近基层的服务,以满足不同层次、不同爱好的人们的需要,使群众受到潜移默化的精神文明的熏陶。

农村基层组织可以利用节日开展各种群众文化活动。节日文化通常是一个民族的生活文化的精粹的集中表现。传统节日以习俗的力量让民众自动在同一个时间经历相同的活动,在相同

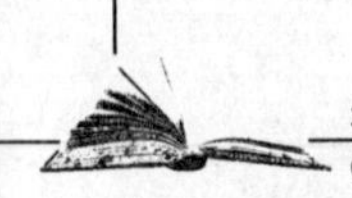

的仪式中体验相同的价值,一个共同的社会就这么让人们高高兴兴地延续下来。这就是传统节日最经济、最有效的生活文化再生产功能。为了充分发挥节日文化的功能作用,在新农村文化建设中,每逢重大节日,各地要统一部署,指导各村开展不同主题的文化活动。尤其是春节期间,要组织各种文艺演出队,走村串巷为农民演出,这样不仅可以渲染气氛、丰富农民群众的文化生活,而且能带动经常性的群众文体活动,满足农民群众观赏与参与的愿望和要求。建立不同形式的文化活动点,为群众自娱自乐提供场地;举办各具特色的比赛活动,把群众自发的文化活动向高层次引导,提高人们的文化品位;因势利导,把民间庙会的拜神求仙活动,变成集民俗旅游、经贸活动和文化娱乐为一体的农民文化节,引导民俗活动步入健康文明的轨道。

农村文化活动的形式要多样化,以吸引农民群众广泛参与。随着改革开放的深入和农民生活的改善,群众对精神文化生活有了更多更高的要求。农村文化建设必须适应这一发展趋势,切实把农村的文化阵地建设搞好,用丰富多彩、健康向上的文化娱乐活动占领农村业余文化阵地,让广大农民在广播电视宣传中受到教育,了解形势,较好地理解党的路线、方针、政策;在阅读报刊和书籍中,了解信息,提高自身的思想道德和科学文化素质;在参与农村文化娱乐活动中充实精神生活,陶冶人的情操。农闲季节,乡(镇)、村文化活动室要及时向群众开放。根据本地具体情况,精心组织开展几项大型的导向性、示范性的基层群众文化活动,吸引广大群众参加,影响、带动农村文化活动的普遍开展。

在开展农村文化活动中,要充分发挥乡(镇)文化站、村文化室的功能和作用。乡(镇)文化站、图书馆要通过展览、知识竞赛、建立宣传栏、组织专题讲座等形式,举办各种崇尚科学、宣传科学,反对迷信,移风易俗,抵制腐朽文化,大力推进以普及科学思想和科学精神为主题的科普教育系列活动,提高农民的思想道德水平和科学文化素质,形成文明健康的生活方式和社会风尚。艺术表演团体要深入农村,为广大群众演出短小精悍、为群众所喜闻乐见的文艺节目。专业文艺工作者要走向农村,编排适合群众演出的文艺节目,辅导农村文艺骨干,指导广大群众利用休息、农闲时间自娱自乐,开展各种文化活动。

(2)发挥大众传媒的舆论导向作用

舆论是社会控制的手段之一,有广泛影响社会成员的特性,是对法律强制性的补充,它通过道德要求来引领社会公众,维护社会和谐稳定。在现代社会,大众传播媒介十分发达和普遍,这些传媒具有越来越大的影响力。为了完善文化建设的运行机制,必须高度重视大众传媒的作用。大众传媒要坚持正确的舆论导向,排除不正确的舆论导向,从而形成扶正祛邪、扬善弃恶、鼓励先进、鞭策后进的社会舆论环境。大众传媒在发挥教育、文化、娱乐、社会交往乃至广告功能时,实际上都在产生着某种导向作用。在各类传播媒体中,报纸、电视、广播因覆盖面广、信息负载量大和使用频率高,其舆论导向是否正确的问题更应引起重视。江泽民指出:"历史经验反复证明,舆论导向正确与否,对于我们党的成长和壮大,对于人民政权的建立和巩固,对于人民的团结和国家的繁荣富强,具有重要作用。舆论导向正确,是党和人民之福;舆论导向错误,是党和人民之祸。"①尤其是在全球化浪潮和我国社会转型的情况下,各种思想文化相互激荡前所未有,人们的思想活动日趋活跃前所未有,人们对精神文化需求的快速增长前所未有,数字化技术的应用和互联网的广泛普及使思想文化传播速度之快、范围之广前所未有,人们思想活动的独立性、选择性、多变性、差异性日益增强。这就要求我们要坚持正确的舆论导向,坚持马克思主义的指导地位,用一元化的指导思想引领整合多样化的社会思潮,为构建农村和谐社会提供统一的思想基础。当然,舆论导向的实施,并非居高临下地说教和训导,需要讲求引导艺术,提高引导水平,努力贴近生活、贴近大众,使之喜闻乐见。但是,这并不意味着可以无原则地迎合大众的要求,随波逐流,人

① 江泽民文选:第1卷[M]. 北京:人民出版社,2006:563－564.

云亦云。只讲适应,放弃引导,就不可能发挥大众传媒应有的作用。正如江泽民所说:“宣传思想工作部门和单位,要把最好的东西奉献给人民,用最好的东西去武装人、引导人、塑造人、鼓舞人。”①在新闻报道工作中,必须突出正确的导向,并借助对新闻价值的深入发掘,完善传播媒体的导向机制。

(3)努力强化先进典型的示范效应

城乡一体化中,农民文化权益保障具有不平衡发展和阶段性推进的特点。为了扩大正确的导向作用,应当进一步重视和强化先进典型的示范作用,带动更多的农民提高科学文化素质。示范作用,其实也是一种导向作用,或者说是导向作用的一种具体实现途径。强化先进典型的示范作用,一方面要注重先进经验由点到面的推广,扩大榜样作用的辐射面和覆盖面;另一方面要促进先进典型的示范作用向深度发展,逐步把先进经验的推广活动提高到新的层次。

树立榜样是精神激励的一种好形式,也是思想政治工作中坚持正面教育的主要方式。这种形式适应人们普遍敬仰英雄,热爱、仿效楷模的心理特征,在思想教育中往往能取得很好的效果。因此,要采取多种形式,大力宣传先进典型,充分发挥榜样的示范效应,在全社会形成崇尚先进、学习先进的风气。

榜样的力量是无穷的,必须大力宣传、表彰先进,在全社会造成学习先进、争当先进的风气,并及时发现本地区的先进典型,把典型的先进性与广泛性结合起来。

党的十四届六中全会决议指出:“越是实行各项经济改革和对外开放政策,共产党员尤其是党员领导干部越要坚定共产主义信念,身体力行共产主义道德,大公无私,清正廉洁,服从大局,艰苦奋斗,全心全意为人民服务。”这是对共产党员特别是党员领导干部身体力行共产主义道德提出的郑重要求。在道德领域,绝不能以“党员也是人”或“党员也是公民”为衡量尺度,使党员混同

① 江泽民文选:第1卷[M]. 北京:人民出版社,2006:563.

于一般社会成员。共产党员是社会的中坚力量，在现代化建设中起着骨干作用，必须对他们提出更高的、具有先进性的道德要求。在社会主义初级阶段宣传和提倡共产主义道德是可行的，但不可能将只有先进分子才能做到的事勉强地要求所有的人都做到。如果普遍地提出这样的要求，势必脱离实际、脱离大多数人，甚至还会挫伤许多人的积极性，对现代化建设不利。在道德建设上，要坚持科学的态度，区分不同层次和对象，鼓励先进，照顾多数，把先进性的要求同广泛性的要求结合起来，对全体人民群众，应当提出能够为他们所普遍接受的、具有广泛性的道德要求，从而联合和引导不同觉悟的人们一起向上，形成凝聚亿万人民的强大精神动力。在宣传和表彰先进典型过程中，要把先进性的要求同广泛性的要求结合起来，一方面应当在全社会大力提倡共产主义道德；另一方面，应当鼓励和支持一切有利于解放和发展社会生产力的思想道德，一切有利于国家统一、民族团结、社会进步的思想道德，一切有利于追求真善美、抵制假恶丑、弘扬正气的思想道德，一切有利于履行公民权利和义务、用诚实劳动争取美好生活的思想道德，联合和引导亿万人民积极向上，不断提高全民族的思想道德水平。

在新农村文化建设过程中，要开展各种文化活动，经常及时地评选本地区的先进典型，如评选“十星级文明户”、“双文明户”、“遵纪守法户”、“五好家庭”、“文明村”、“好媳妇、好婆婆、好妯娌”、“技术能手”、“致富能手”等，发现和培养身边的先进典型，使人们远有学习目标，近有学习榜样，感到先进就在身边，看得见、摸得着，生动具体，可学可比，在平凡的工作中学习先进典型，身边的典型具有更强的激励作用。这就要求我们建立适应不同层次、不同觉悟水平的群众性评先争优机制，注意对农民群众身边的先进人物和先进事迹的宣传和表彰。农村文化建设先进典型产生于群众的实践之中，来自于广大农民群众之中，有坚实的社会基础，易于为农民们所接受。用农民自己的先进典型教育农民，比一般的讲道理更具有生动性、鲜明性，更具有说服力、感

染力和号召力。争优评先的标准要分层次,既体现先进性,又体现群众性。标准要适度,不能定得过高,让普通群众经过努力可以达到。但也不能定得过低而失去其先进性。要向群众显示一种导向:无论何人,经过努力都能够为社会做出自己的贡献,都能得到社会的承认和尊重,都能实现自身的价值。近年来农村涌现出来大批先进典型,吴金印、王廷江、李连成等都是农民致富的带头人,都是普通农民,平时就在农民之中。这些先进典型在广大农民中产生了强烈反响,起到了很好的示范带动作用。各地农村除了宣传全社会范围内的先进典型外,还要宣传本地区的先进典型,召开先进人物事迹报告会、先进人物表彰会、各种形式的演讲会,使学习先进的活动蓬蓬勃勃地开展起来。当然,表彰先进的形式是灵活多样的,如巩义市竹林镇,每年都给本镇当选的好媳妇披红戴花,敲锣打鼓地送到娘家进行表彰。这种形式产生了良好的效果,它使获得表彰的农户有真正的荣誉感,而没有获得者则见而生羡,形成了一种人人关心、个个争创的氛围,促进了普通农民群众争当先进活动的开展。

此外,要宣传学习先进典型的精神实质和普通经验。不同层次的先进典型在精神实质上都是一样的。他们都是在改革开放和现代化建设中涌现出来的先进人物和先进集体,是实践社会主义精神文明的榜样,他们总是同时代脉搏息息相通,代表着时代发展的方向。他们的经验集中到一点,就是坚持以“三个代表”重要思想和科学发展观为指导,坚持“三个文明”一起抓的方针,切实把农村文化建设落到实处,抓出成效。

为了增强先进典型的示范导向作用,应注意以下几点:一要坚持实事求是原则。评先争优要注重实效,不能评得过滥,搞平均主义,否则就失去了评选先进的意义。所宣传和表彰的先进典型要真实可信,经得起历史和群众的检验,因为真实可信是构成先进典型的魅力所在,真实的事迹,才能让人心服口服,产生钦佩感。典型定位要准确,评价要适当,既不夸大溢美,人为拔高,试图制造出“高大全”式的典型,又不求全责备,以偏概全,这样才能使人觉得先进典型可信可亲可学。宣传工作本身既要有规模、有声势,又要务求实效,做深入细致的工作,充分发挥典型的示范带动作用。二要注重先进经验由点到面的推广,扩大榜样作用的辐射面和覆盖面。农民文化权益保障,要从基层抓起,从具体人和具体事抓起,以少带多,积极推进。三要促进先进典型的示范作用向纵深发展,逐步把先进经验的推广活动提高到新的层次。先进典型不能停留在原有水平上。农民整体素质的提高,对先进典型也要相应地提出更高的标准。在强化先进典型示范效应的过程中,不能超越现阶段的实际情况而急于求成,人为地追求“超前性”。但是,从实际出发,并不意味着可以停留在思想道德要求的低层次上,因为这样一来容易使先进人物和先进行为受到孤立。只有爱护先进、提倡先进,才能在全社会树立学习的榜样,在农村文化建设中形成良好的示范导向机制,发挥榜样的示范导向作用。

(4)突出党员干部的表率作用

邓小平指出:“党是整个社会的表率,党的各级领导同志又是全党的表率。”①因此,必须始终坚持对各级党员干部的先进性要求,并确认和突出他们的表率作用在正确的社会导向中的主导地位。党员是党的细胞,离开了共产党员的模范带头作用,党组织在农村文化建设中的核心作用的发挥就失去了坚实的基础。因此,农村文化建设要求共产党员尤其是党员干部走在前面,无论在思想道德建设还是科学文化教育方面都要做好表率。社会风气如何,广大社会成员的思想道德状况如何,关键在于党员干部起着什么样的导向作用。从某种意义上说,文化不是靠“抓”出来的,而是靠“带”出来的。为了完善农村文化建设中的导向示范机制,农村党员特别是党员干部必须始终坚持其先进性,切实发挥表率作用。

---

① 邓小平文选:第2卷[M]. 北京:人民出版社,1983:177.

5.3.5.3 完善农民文化权益保障的群众参与机制

广大农民群众是文化服务的享受者和受益者,是文化的“受众”,但同时,他们更是新农村文化建设的主体和参与者。新农村文化建设离不开广大农民群众的广泛参与,只有形成良好的群众参与机制,充分发挥农民群众的积极性和主动性,农民文化权益保障才能取得实效。

(1)维护农民群众切身利益才能吸引广大农民群众积极参与

农民文化权益保障是群众性的事业,广大农民群众广泛而踊跃参与是这项建设的基础。保障农民文化权益首先要培养有文化、懂技术、会经营的新型农民,提高农民的整体素质,这本身就代表着广大农民群众的根本利益,因而这项事业一定能够获得广大农民的理解和支持。

农民群众既是农民文化权益保障的主体,因而必须最大限度地贴近群众的现实生活,解决群众文化生活中普遍关心的问题,使广大农民群众得到实惠。实践证明,只有从那些与广大农民群众生活息息相关的具体事情抓起,农民文化权益保障才能同广大农民群众的现实需要相吻合,才能得到广大农民群众的认可和欢迎。

(2)以广泛性要求为基点有利于农民群众长期参与

农民文化权益保障的群众参与机制,必须坚持先进性的思想道德要求与广泛性的思想道德要求的有机结合。为了形成群众长期参与的机制,应当从社会主义初级阶段的实际状况出发,以具有广泛性的、农民均能接受的思想道德要求为基点。农村文化的发展有一定的规律性,其中包括思想道德建设要与社会的实际状况和不同群体的特点相适应。只有从实际出发,采取科学的态度,区分不同层次和对象,对群众提出广泛性的思想道德要求,才能有效地调动和保护群众参与文化建设的积极性。保障农民文化权益,要从群众思想道德的实际情况出发,不能盲目超前和人为拔高,但也不能随波逐流和降格以求,因为这样可能导致各种不道德现象的产生和蔓延。正确的做法应当是,以广泛性为基础,以此联合广大农民群众积极参与新农村文化建设并坚持下去,同时以先进性为引导,鼓励和带动人们从遵守最基本的社会生活准则开始,逐步迈进更为完美的人生境界,不断从世俗走向崇高。

(3)采取适当方式促进和保障农民群众广泛参与

第一,采取社会化的活动方式,开展群众性的农村文化创建活动。为了促进和保障人民群众广泛参与新农村文化建设,应在空间上打破过去相互分割和相对封闭的格局,进行跨地区、跨城乡、跨系统、跨行业的群众性的共建活动,尽可能地使这项活动遍及全社会范围,遍及每个地区、行业、乡镇和家庭。在群众性的共建活动中,要精心设计为农民群众喜闻乐见的有效形式和载体。新农村文化建设活动方式的社会化,要求从乡镇、学校、村镇等基层抓起,形成多层次、系列化的群众性自我教育、自我提高的农村文化建设活动网络。除了重视抓基层,还要注重抓基础,即针对最广大农民群众的思想认识状况,把社会主义市场经济条件下的社会公德,职业道德、家庭美德建设作为一个重要基础来抓。社会需要榜样示范,评选表彰新人新事、好人好事,有利于新农村文化建设活动从单体到群体、从自建到共建、从低水平到高层次,形成全方位跃动的积极态势。

第二,突出农民文化权益保障的综合性和全局性,从组织体系上形成齐抓共管的总体优势。农民文化权益保障是一个宏大的系统工程,必须在有力的领导、严密的组织、有效的协作之下进行。各级领导机关应当组织协调各部门、各方面的力量,共同推进新农村文化建设。对于这项工作,党政主要领导亲自抓是关键,各个职能部门分工负责也至关重要。农村文化建设的牵动面很广,不仅各党政部门负有引导本系统社会成员积极参与的责任,而且社会各方面要齐心协力,形成合力。工、青、妇等群团组织,各企事业等社会基层单位以及各种专业协会,都要和相应的社会成员相联系。应当综合调动社会各方面的积极性,使之保障和支持广大农民群众参与新农村文化建设。

第三,充分发挥农民群众在农民文化权益保障中的监督作用,注重群众内部的相互约束作用。农民群众是新文化权益保障的主体,而不仅仅是被领导者、被管理者。在新农村文化建设中,要充分发挥农民群众的监督作用,特别是对农村各级干部思想道德状况的监督作用。利用村规民约等形式,进行农民群众内部的相互约束,对于吸引广大农民群众参与新农村文化建设,也有重要意义。

第四,搞好群众性的文化建设,营造良好的社会文化环境。搞好新农村文化建设,发展教育、科学、文学艺术、新闻出版、广播电视、卫生体育、图书馆、博物馆等各项文化事业,有利于形成高尚的丰富多彩的文化生活和娱乐活动,提高农民群众的知识水平,满足群众的精神需要,因而也有利于保障农民群众广泛参与新农村文化建设。

5.3.5.4　完善农民文化权益保障的监督约束机制

农民文化权益保障运行机制的监管,应包括对农村文化服务的监管(服务提供方的准入资格、服务价格、服务质量、成本效益、服务范围、竞争秩序、公共补贴等)、对相关资源投入使用的监管(资金投入使用、基础设施建设与运行、文化保障相关人员的从业资格、工作质量等)以及各地区政府机关业绩考核(是否根据相关政策实际推进本地区农村文化权益保障工作的开展),这需要做到如下几个方面①:一是推行行政责任制度,明确各级党委和政府的文化责任,把农民文化权利的实现作为基本的施政方针,把能否最大限度地创造环境、机遇、条件,使农民能拥有文化享受、参与、创造和受保护的权利,作为政府文化绩效考核的根本指标。二是对文化部门提供的服务项目和内容、服务的方法和措施、服务的数量和质量、农民的满意度等指标进行定期考核,以促进服务单位在内容和形式上积极创新,不断拓展文化服务的空间,增

① 王浩. 社会主义新农村建设中农村公共文化服务体系研究[D]. 长沙:湖南师范大学学位论文,2008.

强文化活动的吸引力和感召力。三是要建立长效的审计监督机制。农村公共文化事业用的是纳税人的钱,必须取之于民,用之于民。政府资金的投入项目、数额、使用途径,要能够做到公开透明;文化设施的对外开放和综合利用,是否符合规定要求,都要进行跟踪监督,使全国农村公共文化事业能够得到均衡发展,有效保障农民文化权利的实现。四是加强农民群众对政府的监督,建立政府与农民之间的信息沟通和双向反馈机制。通过订立责任书强化政府对运营机构的问责,赋予农民参与运营管理和监督的权利,建立由制度表达机制和制度保障机制构成的问责机制,建立满意度指标体系,将其纳入政府监管体制中,并和有关人员的奖惩机制直接关联。

要把新农村文化建设的各项任务落到实处,必须让有关部门和广大群众进行经常性的、有力的监督和约束。建立监督约束机制是保证农村文化建设规范化、正常化、高效化的重要手段。

(1)建立健全农民文化权益保障的监督机制

开展任何一项社会活动都离不开必要的监督,开展农村文化建设也不例外。通过监督可以使农民文化权益保障的规划得以落实,使不利于农民文化权益保障的做法得以尽快纠正,使农民文化权益保障有更广泛的群众基础。监督来自各个方面,监督的形式多种多样,既有上级主管部门的监督,又有群众监督;既有法律监督,又有舆论监督等。

群众监督是监督机制的重要形式。农民文化权益保障是群众性的事业,这项事业与农民群众的切身利益息息相关,农民群众是这项事业的主体,而不仅仅是被领导者和被管理者,他们广泛而踊跃地参与是这项事业得以成功开展的基础。由于与农民自身利益直接相关,因而他们会自觉自愿地对文化建设全过程进行监督;由于他们直接参与其中,因而能够对这一过程进行全方位监督,这种监督具有广泛性和全面性。一般说来,群众监督的自觉性越高,对所监督对象的行为的反应就越大,因而监督的作用就越强。要充分发挥群众的监督作用,特别是对农村各级干部思想道德状况的监督作用,还要利用群众公约等形式,让农民群众进行互相监督,互相监督的进程也是农民自身素质不断提高的过程。可见,充分发挥群众的监督作用对农民文化权益保障具有十分重大的意义,必须切实利用好这一监督形式。

舆论监督是现代信息社会影响力越来越大的监督形式。现代社会是信息社会,报刊、广播、影视、音像制品、互联网等大众传媒十分发达,这些传媒覆盖面广、信息量大、使用频率高,社会影响力越来越大,触及社会生活的方方面面。为了建立健全农民文化权益的监督保障机制,必须高度重视大众传媒的舆论监督作用。大众传媒要坚持正确的舆论导向,一方面要正面灌输马克思主义理论、社会主义思想,宣传党在农村的路线、方针和政策,讴歌农村文化建设中出现的先进人和事;另一方面,要充分发挥其舆论监督作用,对不文明行为进行曝光,从而形成扶正祛邪、抑恶扬善、鼓励先进、鞭策后进、贬斥落后的社会舆论环境。实践证明,信息时代,舆论监督对促进农民文化权益保障有着独特的功能,我们必须敢于和善于利用这种监督形式。

我国农民文化权益保障的监督机制正在不断完善,不少地方都组建有村级群众代表会议、红白理事会、禁赌协会、群众治安委员会、民事调解委员会等群众自治组织。村级群众代表会,既可对本村的重大事情进行决策,又能评议村、组干部,起到监督作用,许多重大问题在干部拿出意见后,交群众代表会议讨论通过,更能得到群众的理解和支持。红白理事会、禁赌协会不仅能使协会会员执行协会章程、新事新办,而且能利用协会进行宣传,提倡移风易俗,扭转社会风气,促进农民文化权益保障。

(2)建立健全农民文化权益保障的约束机制

建立约束机制的目的在于保证农村文化建设的规范化、秩序化,使农民文化权益保障的主体在充满信心的同时也感受压力。约束机制包括法律约束、道德约束、行政约束、乡(村)规民约约束等内容。

首先,建立健全法律约束机制。党的十四届六中全会指出:“社会主义道德风尚的形成、巩固和发展,要靠教育,也要靠纪律。""要建立健全有关的法律、法规和制度,依法加强对社会生活各个方面的管理,制裁和打击危害社会的不法行为,执法必严,违法必究,综合运用教育、法律、行政、舆论等手段,规范和养成良好的行为习惯,约束和制止不文明行为,形成扶正祛邪、扬善惩恶的社会风气。"法律约束是一种外在的带有强制性的刚性约束。市场经济是法制经济,在市场经济条件下,要搞好农民文化权益保障,需要有完备的法律规范和严格的执法作为保障,通过法律的强制手段和威慑作用来保障农民文化权益不受不法侵害。具体地讲,一要强化规范各级领导干部行为的法律制度建设,必须打击和遏制各级领导干部的各种腐败行为。二要强化公民基本行为准则法律化建设,应制定乡村居民行为准则等地方性法规,使人们之间的基本交往行为和人与社会的交往有法可依。三要强化直接影响社会道德风尚的行为的法律法规建设,对诸如封建迷信、求神问卜、圈地造坟、邪教组织等尽早以法律手段进行严厉约束。

农民文化权益保障是个复杂而漫长的过程,农民群众树立良好的道德风尚也有一个从不自觉到自觉的过程。在这一过程中,外在的法律刚性约束是人们从不自觉到自觉转化的必要条件。但是长期以来,我国在思想道德和文化领域的外在约束习惯于采用行政手段。这在计划经济条件下有很高的效能,在市场经济条件下,靠单一的行政手段已不适应形势的要求。因此,要开创农村文化建设新局面,必须把教育与法制、道德规范与法律规范结合起来,制定相应的政策法规、规范、制度。政策法规、制度是文化权益保障机制的表现形式,离开这些形式,文化权益保障机制就无从体现,无从发挥作用。

其次,建立健全道德约束机制。道德约束是一种内在的具有自律性的软性约束,借助于持久不断的思想政治教育,借助于人们提高自身素质的内在要求来实现道德教化功能,以社会道德风尚的纯化所产生的感召作用,来形成对人的道德观念和行为的软性约束。对于农民群众的思想意识、精神世界的问题,农民个人

道德实践的问题，不能用强制的方法、群众运动的方法来解决，只能用说服的方法、讨论的方法、和风细雨的方法，让农民“自己教育自己”。通过农民群众的自我教育、自我管理和自我约束来提高自身的思想道德境界，形成正确的世界观、人生观和价值观。

党的十四届六中全会决议指出：“全面加强社会主义道德建设，大力倡导文明礼貌、助人为乐、爱护公物、保护环境、遵纪守法的社会公德，大力倡导爱岗敬业、诚实守信、办事公道、服务社会、奉献社会的职业道德，大力倡导尊老爱幼、男女平等、夫妻和睦、勤俭持家、邻里团结的家庭美德。”“三德”涵盖了人们生活的三个基本领域：职业活动场所、家庭和社会公共场所。道德约束的主要途径是通过大众传媒造成社会舆论来影响和规范人们的思想和行为，让大众了解哪些该做，哪些不应该做，哪些思想和行为是社会提倡的，哪些是遭到社会反对的；或者可以通过开展各种主题鲜明、指向明确的活动来营造“比、学、赶、帮、超”的氛围；或者靠正面灌输，加强学校、家庭、岗位和社会公德教育，提高自我道德约束力。

需要指出的是，在市场经济条件下，法律约束和道德约束具有很强的互补性。因为，市场经济既是一种法制经济，又是一种道德经济，在法律规范内包含着相应的伦理精神，相当一部分道德规范已逐步法规化。道德约束是法律约束的道义依据和道义支撑，而法律约束是道德约束的补充和保障。因此，建立农民文化权益保障的约束机制，要注意刚柔相济，把法律的刚性约束同道德的柔性约束有机地结合起来，通过法律的外在的刚性约束，使他律转化为自律；通过道德的内在的柔性约束，使法制能更好地发挥作用。

再次，建立健全行政约束机制。农村文化建设作为一项社会系统工程，离不开各级政府以文件形式下发的各项决定和行政命令。离开行政约束，农村文化建设就可能半途而废；离开行政约束，腐朽思想、落后文化就会滋生蔓延，农村文化建设就会偏离社会主义方向。党的十四届六中全会决议指出：“文化产品具有不同于物质产品的特殊属性，对人们的思想道德和科学文化素质有重要影响。”这就清楚地表明，在坚持社会主义制度前提下发展市场经济，文化产品及文化市场不仅有它的商品属性，更有它的阶级属性，否定前者，就无法利用市场经济自由竞争、优胜劣汰的机制有效地推进农村文化建设；而否定后者，则无法抵制"一切向钱看"的腐朽价值取向，保证农民文化权益保障的正确方向。

这就要求农村各级政府要一手抓打击违纪违法，一手抓制度建设，从根本上保证农村文化建设沿着社会主义方向健康发展。近年来的实践证明，在市场经济条件下，文化建设中的行政约束机制并没有失效，凡是文化建设搞得好的地方，行政干预作用都比较强。目前，我国农民文化权益保障的行政约束机制还很不健全，还很薄弱，亟待加强。

最后，建立健全乡(村)规民约的约束。依据国家法律法规和党的路线、方针、政策，结合本地实际，制定乡(村)规民约，以浅显易懂的语言向农民昭示农村文化建设内容，破除陈规陋习，根除非法宗教活动，让封建迷信、邪恶势力和"黄、赌、毒"彻底消失，代之以科学文明的生活方式和健康向上的村镇文化、校园文化和家庭文化。在我们调查的地区，有 79.55% 的村订立了乡规民约，但由于订立规约的民主程度不够(见图 3－12)，规约的约束力不强，多数农民认为乡规民约可以起到一些约束作用，但有 28% 的人认为完全没有作用。乡规民约作用不明显的原因有很多，其中最主要的原因是村民不了解规约的内容、未经民主讨论、村民认同度低等原因(见图 3－13)。农村文化建设的实践表明，乡(村)规民约有较强的渗透力和影响力，操作性也比较强，各地农村要制定出上合国情、下合民意、切合实际、便于执行的乡(村)规民约及各种规章制度，如村务公开制度、村民议事制度、村民管理制度、村民选举制度等，把农村的人际关系、人们的日常行为和村务活动纳入制度化、规范化的轨道，并结合一定的奖惩措施来实现其约束功能，达到教育群众、推动农村文化建设的目的。

5.3.5.5 完善农民文化权益保障的考核奖惩机制

(1)完善农民文化权益保障考核奖惩机制的意义

农民文化权益保障的考核奖惩机制是农民文化权益保障制

度建设不可或缺的部分，不仅是落实政府及其文化行政部门责任、改进管理、提高效能的一个有效的工具，而且也是公众表达利益和参与文化管理的重要途径和方法，直接关系着农民文化权益保障目标的实现。

首先，农民文化权益保障的考核奖惩机制有助于政府及其文化部门树立服务意识，加快职能转变。以往文化行政部门过分强调其行政功能，忽视了服务职能。通过明确的绩效目标和任务的确立以及公共文化服务考核指标的科学界定，政府及其文化部门会在实际工作中认识到公众需求的导向性作用。这将促使其转变观念，以公众需求为依归，从强调对上级主管部门负责到强调对社会公众负责，从管理型文化行政模式向服务型文化行政模式转变。

其次，农民文化权益保障的考核奖惩机制有助于政府及其文化部门树立责任意识。责任意识关键在于政府要回应农民群众的文化需求并满足其需求。责任理念在农村公共文化考核奖惩机制中的体现，要求文化部门把各种相关信息如部门职能、办事规程、政策法规、服务种类及服务质量等向农民群众公开，接受农民群众的监督并承担相应的责任。

最后，农民文化权益保障的考核奖惩机制有利于提高农村公共文化供需水平和决策水平。目前农村公共文化服务供给与需求的矛盾突出，若要在投入有限条件下提高农村公共文化服务满意度水平，必须改革以供给为主导的“自上而下”的文化灌输模式，建立群众评价与需求决定的“自下而上”的以需定供式的农村公共文化服务模式，而健全农民文化权益保障的考核奖惩机制则是正确反映农民的实际文化需求及提高服务满意度水准的有力措施。

(2)建立农民文化权益保障的绩效评价标准

我国政府重视的“公众参与、专家论证、政府决策”的决策体制结构实质上是公众、专家和政府之间相互合作与制约的机制，其核心是政府在绩效评估中合理引入公众和专家评估主体。在农民文化权益保障绩效评价标准构建过程中需要考虑以下要素：首先注重公共文化软指标的硬约束，通过选择若干可量化的指标，从数量上描述反映公共文化服务的总体状况，并注重数量指标与质量指标相结合；其次，评价主体需设计公众、专家、政府三方并存的多元评价主体制度；再次，根据不同评价主体和评价对象而分别设计指标体系，结合各评价主体自身优势，对农村公共文化服务绩效实施多角度、全方位评估；在评价方式上，避免缺乏数据支持和科学分析，尽量做到指标的量化处理，并坚持长期与短期的评估相结合；最后，重视公众、专家之间直接的沟通和信息交流，使专家理解公众的价值偏好，同时也使公众了解专家的关注点，这样一种机制有助于绩效评价的新政策制定或修改。

农民文化权益保障绩效评价的关键是指标及准则的确定，既要包括农民文化权益保障的期望目标，也要顾及农民群众的实际文化需求，还必须考虑农村社会的发育程度。评价指标体系的构建主要从以下三个方面考虑：一是公共文化服务的供给状况，包括基础设施和场所、农村公共文化活动以及农村公共文化信息发布情况；二是公共文化服务的质量评估，包括基础设施和场所的使用率、农村公共文化活动的参与度，以及农民对公共文化信息发布部门和管理部门服务的满意度；三是农村公共文化服务的人才、资金、组织管理、社会参与等保障性指标。[①] 因此，农民文化权益保障绩效评价指标至少应包括：公共文化产品（服务）内容指标；社会需求度指标；关于文化资源数量和状态的指标；设计功能和文化服务载体的文化含量和科技含量指标；实现设计功能、服务对象满意度、合理成本和运行状态指标；公共文化产品（服务）国家或行业技术标准；关于动议、决策、生产、供应、评估、效果、全

---

① 李少惠，余君萍．公共治理视野下我国农村公共文化服务绩效评估研究[J]．四川行政学院学报，2010(1)：34.

流程的规范性指标；资金运用指标等。①

(3)农民文化权益保障绩效评价的方式

评价方式对农民文化权益保障绩效评价结果的真实性、准确性、公正性有重要影响，因此，必须选择恰当的农民文化权益保障绩效评价方式。农民文化权益保障绩效评价应将自我评价、相互评价和职能机关评价三个方面结合起来。

一是自我评价。自我评价是指一个单位内部根据文化建设目标自我对照、自我总结、自我反思、自我管理、自我教育、自我约束、自我提高的过程。通过自我评价能总结出成绩，发现存在的不足，找到努力的方向，因此说自我评价有一定的好处。但这种方式的弊端也是显而易见的，其最大弊端是容易搞形式，总结成绩时往往水分太大，查摆问题时往往轻描淡写，避重就轻。自我评价时必须谨防这些问题的发生。

二是相互评价。相互评价包括单位之间的互评和单位内部互评（主要是领导与群众之间的互评）。单位之间互评主要有看书面汇报材料和实地考察两个重要环节。互评的过程是单位之间互相学习、取长补短、互相约束、互相促进的过程。一个地方领导和群众之间的互评，特别是群众对领导的考评非常重要，因为一个地方文化建设能否完成目标任务，能否取得成效，关键在地方领导。领导是否重视文化建设，本地文化建设状况如何，领导自身是否文明，是否起模范带头作用，群众最了解。群众的眼睛是雪亮的。农民群众是文化权益保障的主体，只有广泛发动群众参与文化权益保障的评价工作，才能增强农民群众的主人翁意识，发挥农民群众的积极性和主动性，文化权益保障才能变成农民群众的自觉行动。

三是职能机关的评价。职能机关的评价是农民文化权益保

---

① 沈望舒．社会公共需求与公共文化服务指标体系主要内容初探［G］//文化部社会文化图书馆司，中国文化报社．中国公共文化服务体系建设论丛．北京：出版者不详，2005：78－83.

障绩效评价方式中最重要、最常用的方式。我们可以依托各地宣传部门成立一个农民文化权益保障实绩考评的常设性权威机构，由这一机构主管文化权益保障的考评工作。这一机构由下列人员组成：①上一级的有关领导及组织、人事、思想、文化等部门的人员；②同一级宣传部门的精神文明建设办公室人员；③同一级的人大、政协、纪检、监察、审计等部门的人员；④本地的农民群众代表。这一机构在考评时既要听取地方有关单位领导的汇报，又要到农民群众中去明查暗访；既要全面考评，又要突出重点；既要开展定期考评，又要根据形势需要进行不定期突击性专项考评。当然，这一机构在进行工作时要参考每个单位自评和互评的材料和结果，力求全面准确，但要以这一权威机构的考评结论为准，并要将这一考评结果公布于众，接受农民群众的监督，还要将考评结果与干部的奖惩、任免挂钩，这样才能促进农民文化权益得到良好保障。

(4)做好农民文化权益保障绩效评价后的奖惩、总结、反馈工作

得出评价结论表明考评工作结束。但考评本身并不是目的，考评只是为奖惩提供依据。而无论考评还是奖惩也都不是目的，考评奖惩的目的是总结以往的工作情况和经验教训，为以后的工作打好基础。因此，考评结束后还必须做好以下几项工作：

一要根据考评结果落实奖惩制度。这是一项非常重要的工作。奖惩不兑现，考评就虎头蛇尾，失去应有的激励先进、鞭策后进的作用，严重挫伤广大农村领导干部和农民群众开展农村文化建设的积极性，使他们对以后的考评失去信心和兴趣。

二要认真总结经验和教训。农民文化权益保障的绩效与既定目标之间可能会存在差距，这种差距可能表现在许多方面，造成差距的原因既可能是主观因素或客观因素，也可能是所定目标、内容和要求不正确、不明确，这些都要在考评之后进行认真的总结分析，及时发现问题，及时解决矛盾。同时，农民文化权益保障是一项十分复杂的工作，在实践中必然会遇到这样那样的问

题。如何解决这些问题,既会创造出成功的经验,也会留下失败的教训。认真总结这些经验和教训,必将有力地推动今后的农民文化权益保障工作。

三要适时把考评结果等信息反馈给有关部门,为它们以后制定农民文化权益保障目标计划、实施措施和考评标准等提供决策依据。

四要把考评结果及时存档,以便以后进行研究时查阅,为农民文化权益保障积累宝贵资料。

5.3.5.6　完善城乡文化资源共享机制

城市的文化基础雄厚,文化设施先进,文化现代化气氛浓厚,城市文化反哺农村可以实现城市与农村的“双赢”。城市文化反哺农村这是社会文化发展的客观规律,也是城市文化进一步发展的前提。城市文化也只有在与农村文化的碰撞中,吸收农村文化浓厚的民族特色,才能引领时代潮流。针对农村文化落后于城市文化的状况,可以在统筹城乡发展的过程中,积极开展城市社区和农村结对活动,如农村传统的民族民间艺术进城展示,城市社区的文艺辅导送到乡村。在城乡一体化进程中,应当建立城市文化反哺农村的机制,实现城乡文化资源共享。

一是文化公共产品要向农村倾斜。建设先进的农村文化,造就高素质的新型农民,是新农村建设可持续发展的动力和基础。在新农村建设实施“以工促农、以城带乡”的战略中,政府有义务也有能力在农村公共事业中发挥更大的作用。

二是要切实做好城市和农村文化建设的协调工作,加强城乡之间文化资源的共享和互补。将统筹城乡公共文化事业发展的理念贯穿于文化设施布局、文化经费投入、文化生活安排、文化产品生产等各个方面,创新统筹城乡的发展体制和投入机制,在政策和投入等方面向农村倾斜,加强城乡之间的各种资源的共享和互补,做好城市和农村的文化协调工作,实现城区文化设施大项目与农村基层文化设施小项目双管齐下的均衡发展,并鼓励其他社会力量的投资与扶助,从根本上改变各地政府重城市轻农村、重管理轻服务的状况。实行城市带动战略，建立城乡互动、互利双赢和共同发展的统筹机制，以城市辐射带动城镇和农村，逐步构建资源、设施、物品、队伍等城乡、公办民办事业单位之间的交流和合作新机制。①

三是加快实现城乡文化一体化进程。在新农村文化建设中，要把城市与农村作为一个有机整体统筹兼顾，协调发展，在促进城市文化发展的同时加快农村文化建设的步伐，将城市文化资源逐步引向乡村。比如把城市里图书馆、博物馆、电影院等强势文化资源向农村流动，实现城乡图书馆联网协作，促进城市图书馆的服务向乡村延伸，形成以城带乡、城乡文化资源一体化，文化事业协调发展的格局。

各级文化部门要积极挖掘和利用社会文化资源，实现共建共享。发挥公共文化设施和基层文化单位的网点作用，充分发挥文化馆、图书馆、博物馆、文化站等基层文化阵地的优势，积极开展“文化下基层”、“文化下乡”、“文化辅导培训”等公共文化服务活动，建立流动文化车和文化小分队，开展流动图书馆、流动展览、流动演出、流动讲座、流动培训、流动电影等多种形式的文化服务，并使之经常化、制度化，全方位地为农村居民提供丰富健康的文化生活服务。要充分应用各种传播媒体发布本地主要文化活动信息，提高公共文化服务的知晓性、参与性和便利性。同时，要积极开发有地方文化特色并贴近群众生活的文化活动，发动和调动当地文艺工作者的积极性和创造性，进一步发挥文艺表演队、合唱团、书画社、剧团等各类业余文艺团队作用，创作和提供具有艺术性、观赏性和富有时代气息、具有地方特色的文艺精品，努力在专业和群众文艺创作的质量和数量上取得突破，为农村文化活动提供充足的高质量的节目资源。

四是建立对农村的文化援助机制。要动员社会各界力量支

---

① 曹爱军，方晓彤．新农村公共文化服务系统构建研究[J]．农村经济，2010(2):38.

持农村文化建设,积极引导对农村文化事业的捐助,重点捐助文化站(室)、图书室等农村文化基础设施建设以及农村公益性文化实体和文化活动。动员城市单位和居民以各种方式捐赠电视机、收音机、计算机和农民群众需要的图书杂志、音像电子出版物等,可由捐助者直接交付农村,也可由民政部门、人民团体和有关民间组织负责组织发送。社会力量通过依法成立的非营利性公益组织或国家机关向农村文化事业的捐赠,纳入公益性捐赠范围,按税法的有关规定税前扣除。

五是加强文化信息资源共享工程建设。文化信息资源共享工程于2002年提出,要求充分利用现代高新技术手段,将中华民族几千年来积淀的各种类型的文化信息资源精华以及贴近大众生活的现代社会文化信息资源,进行数字化加工处理与整合,建成互联网上的中华文化信息中心和网络中心。它开辟了一个不受地域、时空限制的崭新的文化传播渠道,希望有利于迅速扭转我国农村地区的信息匮乏和经济、文化落后的状况。但本轮调查发现,农民获取信息的渠道相对狭窄,66.66%依靠亲朋好友通知,54.26%通过电视了解,剩下的主要是网络途径(20.85%)、报纸杂志(20%)、干部传达(17.45%)以及其他途径(11.06%)和政府有关部门提供(1.06%)。这说明信息共享系统并没有深入农村地区。由此政府应加强文化信息资源共享工程的建设,以基层服务点建设为重点,搞好乡镇、村服务点建设。要以图书馆建设为核心,推动农村公共文化设施的数字化、网络化建设。县图书馆和乡镇分中心建立灵活有效的农村图书配送体系,共享资源,向农村基层提供便捷的文化信息服务。政府应不断规范和完善农村网络工作机制,积极构建中心、基层、网点三级网络体系,逐步形成推进农村文化信息建设的整体合力。中心一级要积极发挥统筹规划的作用,充分调动各部门和基层的作用,形成推进农村文化建设的整体合力,上下联动,齐抓共促,资源共享。基层一级要健全组织,加强管理,配备工作人员和基层服务辅导员,组织和指导网点开展活动。网点一级则要直接为基层群众做好服务,并能及时收集信息,做好反馈。各级中心承担农村文化信息资源的建设、发布和服务职责,而遍布城乡的基层网点则是文化信息资源的接收与传播节点,直接为基层农民群众提供先进的文化信息服务。同时,政府可借助城乡一体化过程,将城市文化资源和农村文化资源共享。

5.3.6 农民文化权益的教育保障

提高农民的科学文化素质是农民文化权益保障的重要途径。从长远来看,农民文化权益要得到很好的实现,必须从教育抓起。坚持不懈地发展农村教育,不断提高农民的科学文化素质,培育和造就“有文化、懂技术、会经营”的新型农民,使农民不仅懂得如何维护自身的文化权益,而且提高自身的文化修养和鉴赏能力,提升精神生活质量。发展农村教育应包括以下几个方面:

5.3.6.1 加强农村义务教育

首先,发展农村义务教育,要转变观念,深刻理解农村义务教育的地位和作用,充分认识到义务教育对提高农民整体素质的重要性。继续做好“普九”工作,防止出现新的学生流失。

其次,政府应保证农村义务教育的资金投入,加大中央财政转移支付向农村基础教育倾斜的力度。政府应在继续贯彻实施农村义务教育经费保障的基础上,建立更加完善的保障机制,解决农村义务教育中经费保障不足、投入责任不清等问题。对贫穷落后地区,国家仍需加大财政转移支付力度,扩展财政补贴范围,完善公共教育财政体系,同时建立健全农村中小学义务教育经费预算和管理制度,推进农村中小学财务公开制度,增强资金使用的透明度,坚决杜绝挤占、截留、挪用教育经费现象的发生。

再次,加强农村教师队伍建设,切实提高教师素质。我们在调查中了解到,76.76%的农民认为当前农村义务教育中首先应当加强师资培训,提高教学质量。政府应通过提高物质待遇和改善工作条件等措施提高农村教师的社会地位和职业吸引力;同时建立农村教师准入制度和评价体系,加强农村教师流动管理,不仅考察教师的身体素质、业务水平、职业胜任能力等基本能力,更要注重职业道德、职业忠诚度、心理素质等方面的考评。

最后,注重城乡教育资源共享工程建设。教育行政管理部门还应通过行政干预,打破城镇学校优质教育资源垄断和“校际保护”现象,推动城镇优质教育资源支援农村,农村特色教育资源也要无偿提供给城镇学校,通过城乡教育资源共享工程的建设来促进农村义务教育的发展。

5.3.6.2　加强农村职业教育

从当前的实际情况来看,建立完善的农民职业技术培训体系,是不断提高我国农村就业人口及进城务工农民素质和技能的重要保障,也是农民文化权益保障的重要措施。

目前我国通过创新机制、整合资源,初步建立起政府主导、面向市场、多元办学、开放运行的农民职业教育培训体系,已形成了以农业广播电视学校、农业职业院校和农业技术推广服务体系为主要依托,广泛吸收高等院校、科研院所、龙头企业和民间组织参加,从中央到省、地、县、乡相互衔接、上下贯通的农民职业教育培训体系。本轮调查发现,农民对职业技能的培训需求高(91%),但实际培训中的问题却不少,69%的村民从未参加过政府提供的科技指导,原因在于政府很少甚至没有提供过指导(45.53%)、内容不是村民所需要的(21.06%)以及科技指导的实用性太差(17.87%);参加的人中有31%的比例不满意或者不太满意培训效果,原因包括:培训次数太少(17.87%)、理论性太强,不适用(12.55%)、内容不是农民所需要的(11.91%)等。

其一,发展农村职业教育,首先要转变思想观念,提高对发展农村职业教育的认识。当前,虽然农村职业技术教育有了可喜的发展,然而社会上仍然残存着某些鄙视职业教育的陈腐观念。如有的学生家长认为孩子上职业中学读书“没出息”,所以千方百计把孩子送到普通高中去。有些职业中学的学生也觉得“低人一等”,自暴自弃,不思进取。一些地方主管部门思想上轻视职业教育,导致经费投入不能满足职业中学的需要,学校师资条件和软硬件建设无从谈起,教师"跳槽"现象时有发生。对此,必须转变观念,提高认识,树立大教育观念,加大对职业教育的宣传力度,使全社会充分认识到农村职业教育的重要地位和作用。

其二,注重质量,多层次多形式办学。既要注重办好长期班,又要注重办好适应形势需要的各种中、短期班。现在,农村职业技术教育的办学形式趋向多元化,一些较大的乡镇企业也已开始兴办职业教育,这是一种好现象,应予以重视和引导。应当明白,职业教育要真正起到促进农村经济社会发展的作用,只靠教育部门一家不行,需要实行政府统筹、全社会兴办的多元办学体制。因为,农村职业教育的发展离不开用人单位。企业单位办学,培养目标更明确,可以把培养和就业直接结合起来。因此,要大力推行工学结合、校企合作,逐步建立和完善半工半读制度。

其三,创办职业技术教育中心。创办县级职业教育中心,争取每个县都有一所像样的职业教育综合学校,是探索职教改革的一条新路。这样,可以使学校在人才培养、科学实验、生产示范、经营服务方面发挥多种功能,并实行"上挂"(与有关高校科研院所建立联系)、"横联"(与当地农业、科技部门密切配合)、"下辐射"(向当地乡、村两级农民技术学校和广大农户推广实用技术、传播致富信息),成为当地职业教育和农业科研的中心。

其四,调动社会各方力量,多渠道筹措农民教育经费。农民教育和培训目前仍然是主要靠政府投入。各级财政要将农村劳动力培训经费纳入预算,并根据农民教育工作的实际需要,不断增加投入。但随着社会和农村经济的发展,农民教育和培训也应逐步扩展资金筹措渠道,使培训向市场化方向发展。要调动社会各方面的力量,多渠道筹措农民教育经费,加大对农民教育的投入。

其五,科学规划,完善培训机制。《中共中央、国务院关于推进社会主义新农村建设的若干意见》明确指出:要"加快建立政府扶助、面向市场、多元办学的培训体制"。以市场为导向,以就业为目标,按照公开、公平、公正的原则,招标确定培训基地,利用社会资源开展培训工作;通过培训券或降低收费标准的方式,把财政资金直补给农民;由农民自主选择培训单位和培训专业,并确保农民转移就业。我国农村人口基数大,农民培训是一项长期而又系统、艰巨的工程,要全面提高农村人口素质和技能,不是一代两代人的事情,要坚持不懈,长期贯彻,深入持久地进行下去。应对农村从业人员及农业发展进行科学的调查和研究,有前瞻性地科学地制定出农民教育和培训的规划。继续支持新型农民科技培训,提高农民务农技能,使从事农业生产的农民及时掌握农业现代化生产的技术和信息,有现代市场意识和农业企业的驾驭能力,促进科学种田;扩大农村劳动力转移培训"阳光工程"实施规模,增强农民转产转岗就业的能力,使农村剩余人员能根据当地产业发展需要,得到相应的技术和能力培训,有效地转移到二、三产业中去。

其六,完善农村职业技术培训内容,不断提高农民文化素质和技能。要进一步确立起以就业为导向、以服务为宗旨的观念,实现职业教育办学思想、办学模式、发展思路的根本转变。农村职业技术教育应从农村的实际出发,适应农村经济向专业化、商品化、现代化转变的需要和农民致富的愿望,对不同地区、不同行业、不同对象分别提出不同的培训要求。高等学校、农业职业学校和各类培训中心都可以举办短期培训班,传授知识和技术。形式可以多样,要求"短、平、快",侧重实用。同时,农村职业技术教育的专业设置应充分考虑到县域经济的发展、加入 WTO、实现城市化以及农村劳动力的转移等现实情况,这就要改变农村职业教育以农业类专业为主的状况。在专业设置上,既要开设农业类专业,以适应农业产业化、现代化发展的需要,更要大量增设适应第二、三类产业发展需要的专业。当前应适应农民工进城务工的需要,大力加强对他们的专业技能培训。我国农村富余劳动力特别多,但有一技之长的劳动者很少,这就导致一种怪现象出现:一方面是发达地区"技工荒",另一方面是大量农民工没活干。因此,必须增强对农民进行具有针对性的、实用性的技能培训,使他们有一技之长,增强自身科技文化素质,增加务工收入。政府在加强农民职业培训时,应首先进行调查,确定农民真正的需求,然后再组织相关师资力量,按照相关规定定期进行培训,培训的内容与方案应该随时按照农民需求进行修正,可以考虑对培训的结果进行鉴定,保证达到一定的成效。同时,政府应该充分发挥社会力量,根据市场规律,对培训内容、培训方式、培训结果进行指导。

5.3.6.3　改进和加强农村成人教育

为了改进和加强农村成人教育工作,早在2002年,教育部就出台了《关于进一步加强农村成人教育的若干意见》。根据该意见的精神,结合我国当前实际,发展农村成人教育必须采取以下措施:

第一,健全成人教育管理机构,理顺农村成人教育管理体制。在机构改革中,成人教育管理机构不管是单独设立,还是与职业教育管理机构合并,都要保证必要的管理力量,以切实加强对农村成人教育的管理和指导。同时,妥善解决乡镇农村文化技术学校教师编制问题。

第二,加强农村成人文化技术学校建设,健全县、乡、村三级教育培训网络,努力提高办学质量和效益。当前,农村成人文化学校建设的重点是要进一步完善以县级成教中心为龙头,以乡镇成人学校为骨干,以村农民文化技术学校为依托的县、乡、村三级教育培训网络。要把改善农村成人教育基地,尤其是乡(镇)成人文化技术学校的办学条件作为农村成人教育工作的重点来抓。一是各地要充分利用乡(镇)区划调整和中、小学校布局调整的机遇,把闲置的教育资源调整充实为成人教育资源。二是各地要结合小城镇建设,重点建设一批办学条件较好的乡(镇)成人文化技术学校,为农民提供多样化、高质量的教育和为在农村开展社区教育奠定基础。三是继续办好省级示范性乡(镇)成人文化技术学校。四是健全督导评估制度,要对办学成绩突出的乡(镇)、村农民文化技术学校进行表彰和奖励。五是要积极发展各类成人教育和中等职业教育,正确处理好学历教育和非学历教育的关

系。六是为了加强农村成人文化技术学校建设工作，进一步推进农村成人教育的改革和发展，积极争取安排一定的成人教育专项经费。

第三，加强农村成人教育师资队伍建设，建设一支数量足够、素质较高、结构合理、专兼结合的教师队伍。乡（镇）成人教育专职教师的编制应根据学校事业发展和当地经济建设的实际需要配备。在教育需求旺盛，地方又有财力保证的地方，可以允许地方自主聘请一部分专职干部和教师。同时，应根据教学需要选聘兼职教师。乡（镇）成人学校的教师应该取得《中华人民共和国教师法》规定的成人教育教师资格，严禁把不合格教师调入成人学校。教育行政部门要采取切实有效的措施，保障成人学校专职教师在职务评聘、专业技术考核、评选先进等方面享有与普通中小学教师同等的待遇。要积极鼓励乡（镇）成人学校教师参加学历进修，钻研专业技术，掌握一至两项专业技术。

第四，改革教学内容和方法，尽量满足农村广大劳动者多方面、多层次的教育需要。农村成人教育的教学内容应为新农村建设服务。农业生产结构、技术结构和教育对象的复杂性，决定了教学内容的多样性，其特点是多学科、多层次、多对象。一般应以科技为中心内容，这是农村成人教育与普通教育的不同之处。当前要突出抓好与农村产业结构调整、农业产业化、农副产品深加工、农村劳动力转移等方面的新知识、新技术的教育；要坚持培训与学历教育相结合，以培训为主的原则，做到长短结合，学用结合，灵活办学；要突破单一的课堂教学模式，把面授、现场实习、参观典型等形式有机地结合起来，做到办学形式多样化。

第五，充分利用现代化教学手段，加快农村成人教育的发展步伐。要高度重视成人学校信息教育和教育信息化建设，要科学规划，因地制宜，注重实效，分步推进，努力提高农村成人教育信息技术水平，通过现代化教育手段来弥补农村成人学校教学设施、实验实习设备、基地以及专业课师资等方面的不足，促进农村成人教育实现跨越式发展，扩大教育培训面，提高农村成人教育的质量。要鼓励成人文化技术学校教师积极开展教育教学研究，学习现代教育技术，充分利用计算机、多媒体辅助教学，改变传统教学方法，建立农村远程教育示范学校，努力把远程教育办成农村党员干部的培训点、农民精神文化的活动点、农业技术和就业技能的传授点、农村信息化的示范点，为新农村建设服务。

第六，坚持大力发展成人教育的方针，依法推动农村成人教育发展。各级政府要依法治教，全面落实党和国家有关农村成人教育发展问题的方针政策，把发展农村成人教育纳入当地国民经济和社会发展规划。要继续深化农村教育综合改革，坚持“三教统筹”和“农、科、教”结合的基本经验，合理安排农村基础教育、职业教育和成人教育的发展规模，使它们协调发展。

第七，增加经费投入，保障农村成人教育改革和发展需要。经费短缺是当前制约农村成人教育发展的核心问题。解决经费投入问题是农村成人教育改革和发展的重要前提和基础。各地首先要落实《教育部关于进一步加强农村成人教育的若干意见》，努力增加对农村成人教育的经费投入。其次要建立与市场经济体制相适应的学校运行机制。农村成人教育不是义务教育。国家教育委员会早在1991年颁发的《关于大力发展乡（镇）、村农民文化技术学校的意见》中就指出：“要积极开展有偿服务和勤工俭学等活动，增强学校自我完善能力。对口办班的部门要向学校提供所需经费。”贫困地区和经济落后地区还应以政府支持为主，同时积极进行转换机制的实验和探索。对大多数的乡（镇）成人学校，要搞活机制，有条件的地方要积极开展有偿服务和勤工俭学活动，增强学校的发展活力和能力。

第八，建立适合农村特点的成人教育办学体制和组织结构。通常可采用这样三种方式：一是农民专业技术学校。它是一种较正规的技术教育形式，目前在一些经济发达地区可以试办，主要培训乡、村两级干部和农技员。其主要特点是：有明确的培养目标和课程规定，有一定招生制度，有一定的经费保证。二是各种短期轮训班。一般由县、乡两级农业或科协部门举办，重点轮训专业户、重点户和科技示范户，是普及农业技术的有效形式。三是农业广播学校或农业函授教育。农业广播学校是电化教学形式，是开发农民智力资源的好途径，经济实惠、灵活方便。农业函授教育不受时间、地点限制，特别适用于边远地区的农民，不失为有效形式。

5.3.6.4 大力开展农村科普教育，推广农业科学技术

目前我国农民科技素质较低，农业技术构成水平较低，长期以来农业生产率的提高主要靠增加人力投资、延长劳动时间、增加资金投入等扩大外延的办法来实现。我们知道，随着现代科学技术的发展，农业劳动生产率的提高，较多地取决于劳动者能否运用先进的生产手段和科学技术。在这种情况下，农民文化科技素质不高，社会生产力就不会有大的发展。

提高农村劳动力的素质，要提高劳动者的健康水平，增强他们的体力，更重要的是要开发他们的智力，提高他们的科学文化水平，增强他们的生产技能。农业生产发展的历史及目前农户的实践表明，劳动力中智力因素的作用在逐渐提高，体力因素的作用在逐渐降低。智力因素中，现代科技知识的作用不断上升，传统经验成规的作用不断下降。农村经济和农业现代化越发展，就越需要更多的科技人才和管理人才。努力开发智力，提高农村劳动者的素质显得越来越重要。

改革开放以来，广大农民的科学文化素质明显提高，但是与社会主义新农村建设的要求相比，仍有很大差距。如何进一步提高广大农民的科技文化素质，已成为一项紧迫的战略任务。从世界各国情况看，农民文化程度低、自身素质差是普遍性的问题，解决的办法不外乎增加投入、发展教育和城乡互助等，而普及科学文化知识，提高农村劳动者素质，开发农村劳动力资源，是解决农村和农民问题的带有根本性的措施。

(1)开展农村科普教育，提高农民科技意识和科技素质

在推进新农村文化建设的实践中，必须认真宣传并切实贯彻《中华人民共和国科学技术普及法》，切实抓紧抓好以下几个方面

的工作:一是高度重视并大力支持农村科普工作。为实现全社会的共同发展,必须动员全社会的力量,共同支援广大农村地区尤其是西部地区的科普事业,通过各种方式帮助落后地区农民提高科学文化知识的普及程度。通过科普宣传,使广大农村形成人人讲科学、学科学、用科学、崇尚科学的氛围,牢固树立"以崇尚科学为荣,以愚昧无知为耻"的价值观,使广大农民学会科学思维,远离愚昧无知。二是提高广大农民接受科普教育的积极性。长期以来,农村一直处于封闭状态,农民的思维方式和生活方式始终受传统思想制约,对新兴的科学、教育和文化知识接受能力有限,更难以应用到生产中去。特别是面对市场经济的冲击,大批青壮年劳动力不断向城市流动,从事农业生产和经营的劳动者大多为妇女、老人和失学儿童,致使农民的科技意识很难形成。因此,必须提高广大农民接受科普教育的积极性,开展不同形式的科技教育活动,提高自身的科技文化素质,运用科技致富。三是加深对科技兴农的认识,增加农村智力投资。随着农村生产力的发展,智力已成为劳动力的决定性因素。当前农村工作的关键问题是如何把科技成果推广应用于农业生产和农村经济的各个方面。四是实行农科教相结合。要提高农民素质,使农村经济发展真正走上依靠科技进步和提高劳动者素质的轨道上来,建立农科教相互促进、统筹协调的运行机制。五是注重采用现代化手段,形成迅捷、通畅、开放的信息环境。随着现代科学技术的发展,农村采用现代化传播手段已成为必然趋势,诸如教育卫星技术的应用、远程教育网络的建立、广播电视科普频道以及因特网的开通,为广大农村地区科学技术的普及与推广发挥了巨大作用。我国幅员辽阔,农村人口居住分散,采用现代化手段传播信息更具有现实意义。因此,必须加快农村信息化建设,全面建立农村信息服务点,努力实现"乡乡通宽带、户户有电脑"的目标。

(2)抓好农业科技示范村、示范户、示范田建设

进行科技示范村、示范户、示范田建设是一项带有探索性的工作。农民在解决温饱之后,迫切希望发展商品生产,走上富裕

之路。而在市场经济条件下,农业生产活动已不可能沿用旧的计划经济时期的强迫命令,只能用示范、引导和教育的方法。因此,进行科技示范田、示范户、示范村建设,是实现农村腾飞的重大战略措施,也是农村开展科普教育、普及科技知识、推广农业技术的重要形式。

开展科技示范村建设活动是由政府出面,有组织、有计划全面推行的重点示范活动,是农村小康村建设的系统工程。通过示范村建设活动,树立、扶持一批科技意识浓厚、农业及相关产业发展较快的村庄,推广它们的经验、措施和方法,带动邻近农村的发展。科技示范村标准是:第一,村级党支部、村委会要以倡导科学知识,普及科学技术为宗旨,确定以"科技兴农"为指导思想,重视和扶持科学普及活动。第二,建立村农民科普文化活动中心,设立科普活动室、图书资料室、农技咨询服务站等科普活动场所。第三,科普工作经常化制度化,使农民普遍接受技术培训,成为科技致富能手。第四,每年结合生产实际在全村推广几项实用技术,在主要生产领域的经济效益中,靠科技增收的部分应占收益总额的30%以上。第五,村风民俗淳朴良好,接受科学、文明、健康的生活方式。

建立和培育科技示范户,是建立和完善农技推广体系的重要组成部分。一个科技示范户,就是一个"技术推广站",充当了农民普及科技知识的"宣传员",在科技兴农活动中促进了科学技术的普及与推广,在发展专业化生产中起到了示范带动作用。事实证明,科技示范户工作的影响是深远的,科技示范户发挥了应用技术的示范引路作用、新技术的传播作用、靠科技致富的带头作用和专业技术的补充作用。示范户一般都具有一技之长,凭借新的技术、优良的品种、科学的耕作方式增产增收,使种植业、养殖业产品增值升值。同时,各地的示范项目和领域还要向更高层次拓展。目前示范户的示范内容主要是种植业和养殖业,因此,还需要在深度加工上做文章,这是示范项目发展的一条路子。只有对农副产品进行深度系列开发加工,才能把广大农业区内的丰富的农副产品优势变成经济优势；只有用现代化科学技术改造传统农业，才能发展优质、高产、高效的创汇农业，才能把农产品打入国际市场，使农民真正既增产又增收。

科技示范田建设就是把与农作物有关的科技成果推广到农民的责任田，使科技成果在示范田中开花结果，从而带动广大农户应用先进科学技术，提高农业的有机构成。示范田建设实质上是用农民的实际成功经验去推广新技术，这更能引起农民的学习兴趣。这种用实例进行示范的方法对农民来说是最有说服力的。示范田建设是一项用时短、见效快、直观性强的推广方法。科技示范田建设应把握好以下几点：一是承担示范田的农民应是有经验的农民或科技示范户，且有一定的代表性。二是推广人员要同示范田农民保持经常的联系，了解示范措施的落实情况，并给予技术帮助，使农民有信心把示范工作进行下去，防止因技术失当而导致示范田失败。三是示范田的规模要适当，太大不易实现且造成浪费，太小又没有代表性。四是为提高示范田的效果，可以增加一些辅助手段，如挂图讲解、组织参观等。

(3)完善农业科技推广体系

农业技术推广在科技转化为生产力的过程中具有桥梁作用，它不仅是农业科技成果和先进生产技术转化为现实生产力的“中转站”和“结合部”，而且是教育农民、提高农民素质、发展农村经济的有效途径。离开了广大农业推广服务人员的艰苦努力，任何先进的科技成果都很难自行进入生产领域而直接成为现实生产力。因此，必须高度重视农业技术推广体系的建设与发展，充分认识它在农业发展新阶段中的特殊地位和重要作用，采取有效措施确保基层农业技术推广体系的稳定。但是，当前一些地方基层农业技术推广机构存在着队伍不稳、保障措施不力、管理体制不顺、人员素质不高等突出问题，严重影响了农业技术推广体系的稳定和农业技术推广事业的发展。因此，必须采取切实有效的措施，完善农业科技推广体系：

第一，农业技术推广体系建设应当继续坚持国家扶持与自我

发展相结合的路子，实行“官办”与“民办”相结合，逐步实现由“政府主导型”向“市场主导型”转变，服务目标逐步由促进农产品数量增长向提高质量和效益转变，服务形式由单一服务向综合服务拓展，服务内容由以产中服务为主向产前和产后服务延伸。

第二，实行科技特派员制度，为新农村建设提供科技支撑。自2002年起，科技部和人事部就共同开展了科技特派员工作试点，如今在全国三分之一的广大农村，活跃着一支两万多人的科技特派员队伍。这一科技服务农民的独特形式，成为新农村建设中的重大制度创新成果，为广大农民带来了很大实惠。

以往农业科技服务大多是无偿的，由于无法切实保证农民和农业科技人员的利益，使得科技成果转化率很低。通过实施科技特派员制度，各地鼓励科技特派员以资金入股、技术参股等形式，与农民群众和专业大户、龙头企业结成经济利益共同体，实行风险共担、利益共享，形成了农业科技推广的投入回报机制。实践中，各地积极探索并形成了“龙头企业＋科技特派员＋基地＋农户”、“科技特派员＋农业示范区＋农户”、“流通＋科技特派员＋农户”、“协会＋科技特派员＋农户”等运行模式。遵循市场经济运作规律解决科技成果与农民结合的基本问题，使得科技特派员与农民结成利益共同体，共担市场风险，共享创业成果，不仅帮助农民增加收入，而且也成为现代科技的“播种机”、农民致富奔小康的带头人、“三农”政策的“宣传队”，使科技成果惠及广大群众。科技特派员不同于“科技下乡”和“科技进村”活动，而是把短期活动转为长期行为；不同于“科技副职”，而是把对基层的行政领导转为直接参与农村生产实践；不同于传统的农技推广体系，而是把生产咨询行为转为与农民结成利益共同体和面向市场需求的经济行为；不同于“定点扶贫”，而是把农村的脱困解难转为示范带动；不同于机关的“分流下派”，而是把干部的“被动”锻炼转为“主动”发展；不同于简单的技术服务，而是把生产环节的单一运作转为实现产供销的集成运作和农村经济系统运转。科技特派员制度成功实践的关键，在于把主体给了农民，把利益还给了农业,把需求还给了市场。社会主义新农村建设是现代化进程中的重大历史任务,科技特派员工作是依靠科技进步积极推进社会主义新农村建设的重要举措。科技特派员组织开展科技培训,积极培育和造就"有文化、懂技术、会经营"的新型农民,大力推进农村科技应用与普及,是社会主义新农村建设的一支生力军。

科技特派员工作是现代生产要素引入农村的有效途径。科技特派员制度是一个开放的系统,把农村与城市、局部与整体联系起来,使现代管理制度与市场流通有机结合,实现了科技资源特别是科技人才按照市场经济规律优化配置和重新整合以及跨地区、跨行业、跨学科流动;打破了旧观念和旧习惯,与农民结成利益共同体,把资金、技术、信息、管理等新的生产要素在农业生产体系中进行有效配置,推动了农村技术市场和资本市场的发展,增加了农业的科技含量,加快了产业化进程,带动了新的社会分工与协作,有力地促进了传统农业向现代农业转变。

科技特派员制度是构建农村科技服务体系的新型模式。科技特派员制度不仅激发了科技人员的积极性和创造性,而且极大地促进了科研院所的改革,在一定程度上突破了体制性障碍,形成了全新的发展模式和运行机制,在社会主义市场经济条件下,为科技人员在新农村建设中发挥作用探索出了一条新路。在试点工作中,涉农科研单位作为法人特派员整建制地到农村生产第一线,将科技体制改革与科技特派员创业行动有机地结合在一起,推动了科研与生产的结合,构建了新型的农村科技服务体系。实践证明,科技特派员制度是建设社会主义新农村的重大创举。

第三,技物结合是农业技术服务的有效形式,深受广大农民欢迎。农业技术推广机构要围绕种子、化肥、农药、饲料、疫苗、农机具及配件等农业生产资料经营,开展与技术指导相结合的多种形式的服务。

第四,鼓励农业科技人员到农业生产第一线。农业科技人员到农业生产第一线,直接为农民服务,是提高基层农业技术推广

队伍素质、推进农业技术推广事业发展的重要措施。各级政府要在工资待遇、分配政策、职称评定等方面制定优惠政策,切实把现有的技术骨干留在基层,把高素质的技术人员吸引到基层。

第五,要加强对农业技术推广机构的领导,关心基层农业技术推广人员的工作和生活,帮助他们解决在住房、子女入学就业、养老保险、医疗保险等方面遇到的问题,千方百计为他们解除后顾之忧,使他们以充沛的精力做好本职工作,为农业技术推广事业的发展做出更大贡献。

(4)大力开展科技下乡活动

科技下乡作为文化、科技、卫生"三下乡"活动的重要组成部分,在促进农村经济发展,增加农民收入,提高农民科学文化素质等方面已经发挥了巨大的作用。而今,建设社会主义新农村,为科技下乡开辟了更加广阔的空间。推动传统农业向现代农业转变,实现农村可持续发展,培养新型农民,改善农村人居环境,对科技下乡活动提出了更高的要求。各级科技部门要认真贯彻落实党的十六届五中全会、六中全会精神,紧紧围绕社会主义新农村建设这个中心任务,充分发挥科技进步的支撑和引领作用,立足当前,着眼长远,扎实做好新农村建设背景下的科技下乡工作,为农村发展提供科技支撑。

在工作思路上,要突出能力建设。一是加强工农互动、城乡互动,增强科技支撑农业产业化和农村城镇化发展的能力;二是提高农村劳动者素质,增强广大农民的自我发展能力;三是推进长效机制建设,增强为新农村建设有效服务的能力;四是加大科技扶贫力度,加强贫困地区和低收入农民的致富能力。

在工作部署上,要坚持"四个立足"。一是立足"人才进村、知识下乡",促进科技资源向农业和农村转移;二是立足"以技术链延伸带动产业链、价值链延伸",促进农村财富创造和持续增长;三是立足"提高农民持续增收能力",大力加强农民培训和农村科普;四是立足"改善农村人居环境",促进资源节约和环境保护。

在重点任务上,要抓好以下几个方面的工作:一是引导科技植入农村经济,培育农村新兴产业。以"一县一业、一乡一品、一民一技"为方向,培育农村新兴产业和区域特色优势产业,促进农村经济社会协调发展。二是加强农村社区科技推广,引领现代农村社区发展。三是支持中小企业发展,壮大农村科技型企业。四是完善农村科技服务体系,推进科技下乡长效机制建设。通过科技下乡,及时总结各地新经验、新模式,推动科技进村入户,把科技智力和科技要素引入农村一线。五是不断提高农民科技素质,加大新型农民培养力度。把培养农村实用科技人才作为科技下乡的一个重点,以提高农民自主增收能力为目标,以星火科技培训平台建设为基础,培养高素质的乡土科技人才和农村致富能人。

在注意事项上,要注重实效,切忌形式主义。以往,一些部门下乡服务追求的是"宣传效应":摆一张桌子,搞一下咨询,下的是形式,送的是口号,并且,由于每村每户种植经营情况千差万别,加上农民文化素质普遍较低,接受和掌握农业科技的能力较差,活动也就根本谈不上真正"造福于民"。要改变这种局面,就必须引导下乡人员树立服务农民就是服务自己的意识,务求实效,不搞形式、不走过场,充分了解农民的需求,尽力满足农民的生产、生活需要。

按需施教、讲求实效,是实现"以农民为本"的重要环节。下乡开展活动不能图形式上哗众取宠,为民提供服务不能满足于仅作数量上的简单加减。相反,应该着眼于解决农村产业结构调整和农业产业化推进过程中的一些突出问题,不搞"抓进篮子就是菜",不为培训而培训,不搞"上下一般粗",不搞"计划式培训",而是让农民党员"吃点菜",他们要什么、缺什么,就送什么、补什么,真正做到"逢山唱山歌,遇水行水路"。通过党员的辐射带动作用,着力打造本地拳头农业产品,形成"一乡一品,一村一品"农业经济格局。尤其要侧重于面向党员科技示范户、龙头企业、种养大户等,实行重点服务,保证技术服务质量和效果。通过培养一批科技"二传手",催生更多的"三传手"、"四传手",带动农民科技致富。

同时,基层干部下乡服务是实实在在的工作,不应有半点虚假和应付。要本着“务求实效、进村入户”的原则,突出时间安排的灵活性,要与农民正常劳作时间相错开,根据春夏农忙、秋冬农闲的特点,在突出根据农事需要安排“及时雨”式培训的同时,大规模集中培训“充电”主要安排在秋冬农闲季节进行。要突出形式安排的灵活性,在做好常规理论教育培训的基础上,充分发挥实践教学在培训中的作用,实行双向交流,菜单式选课为主,依托本地现有的农业科技示范基地,当面鼓、对面锣,手把手教,对症下药、分类指导,努力为农民办实事、解难题,切实增强农民党员的科技致富能力,切实把科技知识和温暖送到农民心头。要引导社会各界为科技下乡做贡献,鼓励科技人员“把论文写在大地上,把成果留在农民家”,在农村掀起学科技、用科技的高潮。要建立科技下乡的长效机制,努力促进农业科技常下乡,让大批实用科技成果在农村落地生根,结出硕果。

参考文献

[1]马克思恩格斯选集:第 1 卷[M]. 北京:人民出版社,1995.

[2]列宁选集:第 4 卷[M]. 北京:人民出版社,1995.

[3]毛泽东选集:第 2 卷[M]. 北京:人民出版社,1991.

[4]邓小平文选:第 2 卷[M]. 北京:人民出版社,1983.

[5]江泽民文选:第 1 卷[M]. 北京:人民出版社,2006.

[6] 胡锦涛. 高举中国特色社会主义伟大旗帜 为夺取全面建设小康社会新胜利而奋斗——在中国共产党第十七次全国代表大会上的报告[M]. 北京:人民出版社,2007.

[7]中国大百科全书·社会学[M]. 北京:中国大百科全书出版社,1991.

[8]辞海[M]. 缩印本. 上海:上海辞书出版社,1979.

[9]费孝通. 乡土中国[M]. 北京:北京大学出版社,1998.

[10]陆学艺. 当代中国社会阶层研究报告[M]. 北京:社会科学文献出版社,2002.

[11]戴维·波普诺. 社会学[M]. 10 版. 李强,等,译. 北京:中国人民大学出版社,1999.

[12]洛克. 政府论[M]. 瞿菊农,叶启芳,译. 北京:商务印书馆,1964.

[13]约瑟夫·E. 斯蒂格利茨. 公共部门经济学[M]. 郭庆旺,等,译. 北京:中国人民大学出版社,2005.

[14]詹姆斯·M. 布坎南. 自由、市场和国家[M]. 吴良建,译. 北京:北京经济学院出版社,1989.

[15]珍尼特·V. 登哈特,罗伯特·B. 登哈特. 新公共服务:服务,而不是掌舵[M]. 丁煌,等,译. 北京:中国人民大学出版社,2004.

[16]特德·盖布勒,戴维·奥斯本. 改革政府——企业精神如何改革着公营部门[M]. 周敦仁,等,译. 上海:上海译文出版社,1996.

[17]马克斯·韦伯. 经济与社会(上下卷)[M]. 林荣远,译. 北京:商务印书馆,1997.

[18]路易·多洛. 个体文化与大众文化[M]. 黄建华,译. 上海:上海人民出版社,1987.

[19]约翰尼·霍尔,玛丽·乔·尼兹. 文化:社会学的视野[M]. 周晓虹,徐彬,译. 北京:商务印书馆,2004.

[20]塞缪尔·P. 亨廷顿. 变动社会的政治秩序[M]. 张岱云,等,译. 上海:上海译文出版社,1989.

[21]何怀宏. 公平的正义[M]. 济南:山东人民出版社,2002.

[22]孙凯飞. 文化学——现代国富论[M]. 北京:经济管理出版社,1997.

[23]周少来. 人性、政治与制度[M]. 北京:中国社会科学出版社,2004.

[24]张英洪. 农民权力论[M]. 北京:中国经济出版社,2007.

[25]李鹏军. 公共管理学[M]. 北京:首都经济贸易大学出版社,2005.

[26]赵立波. 公共事业管理[M]. 济南:山东人民出版社,2005.

[27]姜杰,马全江. 公共经济学[M]. 济南:山东人民出版社,2003.

[28]孙萍. 文化管理学[M]. 北京:中国人民大学出版社,2006.

[29]胡惠林．文化政策学[M]．上海:上海文艺出版社,2003.

[30]陈鸣．西方文化管理概论[M]．太原:书海出版社,2006.

[31]于平,傅才武．中国文化创新报告(2010)[M]．北京:社会科学文献出版社,2009.

[32]张晓明,胡惠林,章建刚．2009 年中国文化产业发展报告[M]．北京:社会科学文献出版社,2009.

[33]罗争玉．文化事业的改革与发展[M]．北京:人民出版社,2007.

[34]陈威．公共文化服务体系研究[M]．深圳:深圳报业集团出版社,2006.

[35]魏恩政．中国特色社会主义文化建设[M]．北京:中共中央党校出版社,2006.

[36]易衡,任珺,杨立青．文化权利:回溯与解读[M]．北京:社会科学文献出版社,2005.

[37]张玉国．国家利益与文化政策[M]．广州:广东人民出版社,2005.

[38]沈望舒．社会公共需求与公共文化服务指标体系主要内容初探[G]//文化部社会文化图书馆司,中国文化报社．中国公共文化服务体系建设论丛．北京:出版者不详,2005.

[39]巫志南．美国演艺业考察报告[M]//2006 上海文化发展蓝皮书——创意上海．北京:社会科学文献出版社,2006.

[40]聂华林,李莹华．中国西部农村文化建设概论[M]．北京:中国社会科学出版社,2007.

[41]任　鸣．公共文化空间:美国波士顿剑桥公共图书馆个案研究[M]//2006—2007 年上海文化发展报告——构建公共文化服务体系．北京:社会科学文献出版社,2007.

[42]纳哈德·埃斯兰贝格．庇古的《福利经济学》及其影响[J]．何玉长,汪晨,译．上海财经大学学报,2008(5).

[43]张燕,于博. 从罗尔斯《正义论》分析如何缩小贫富差距[J]. 石家庄经济学院学报,2007(3).

[44]吴毅. 跨世纪的课题:中国农村改革、发展与稳定——中国农村改革与发展学术研讨会综述[J]. 社会主义研究,1996(1).

[45]王旭宽. 社会主义新农村视域中的农村文化建设[J]. 湖南行政学院学报,2005(4).

[46]张景峰. 农民权益保障与增进法的设想[J]. 华中师范大学学报:人文社会科学版,2005(2).

[47]胡乐明,杨静. 保障农民权益:理论依据、保护原则与路径选择[J]. 山东社会科学,2009(9).

[48]徐海东. 农民文化权益保护中三大悖论之破解[J]. 中国农业教育,2006(1).

[49]谢晶莹. 发展农村公益性文化事业:保障农民文化权益的有效途径[J]. 中共四川省委省级机关党校学报,2008(4).

[50]沈跃春. 促进新农村文化建设,切实保障农民文化权益[J]. 人权,2009(5).

[51]任广伟. 关于保障人民基本文化权益的几点思考[J]. 劳动保障世界,2009(9).

[52]肖荣莲. 改革开放三十年:公民文化权益的保障与提升[J]. 北方经贸,2008(12).

[53]陈正良,何先光."保障人民基本文化权益"论析[J]. 中共成都市委党校学报,2009(3).

[54]王军. 论胡锦涛关于保护农民权益的思想[J]. 理论探讨,2009(5).

[55]龚介民. 切实维护、实现、发展好农民权益[J]. 上海农村经济,2005(9).

[56]王欣. 新农村建设中的农民权益保护问题[J]. 攀登,2007(4).

[57]崔海兴,郑风田."三农"视觉下的农村文化建设:问题

与出路[J]. 现代农业科学,2009(2).

[58]范大平. 论中国共产党与农村文化建设[J]. 理论学刊,2004(10).

[59]朱保安. 关于社会主义新农村文化建设的对策思考[J]. 江西农业学报,2010(3).

[60]陈运贵. 新农村文化建设的现状分析与战略思考——以安徽省农村文化建设为研究视觉[J]. 当代世界与社会主义,2010(2).

[61]于江,张君,钟玉海. 新农村建设背景下的农村文化建设[J]. 武汉工程大学学报,2010(4).

[62]张国民,张燕,韩彩虹. 用系统思维推进新农村文化建设[J]. 系统科学学报,2010(1).

[63]解学芳. 文化产业与文化事业博弈下的新农村文化建设[J]. 理论与改革,2008(6).

[64]徐学庆. 建立健全新农村文化建设的内外互动机制[J]. 河南社会科学,2008(7).

[65]武铁传. 新农村文化建设的误区及出路[J]. 河南社会科学,2009(5).

[66]徐家梅,方章东. 论社会主义新农村文化建设的三重辩证关系[J]. 常熟理工学院学报:哲学社会科学版,2010(1).

[67]张苏敏. 农村文化建设存在的问题及其对策[J]. 河北农业科学,2010(3).

[68]杨曦宇. 构建西部山区农村文化建设的长效机制[J]. 南方论刊,2010(3).

[69]王鸿. 农村文化建设与农村社会稳定的关联研究[J]. 农村经济,2008(2).

[70]葛继红,王玉霞. 当前农村公共文化建设研究——基于加强政府供给角度[J]. 生产力研究,2009(4).

[71]李小璐. 浅议新农村文化建设的保障机制建设[J]. 山东省农业管理干部学院学报,2009,25(4).

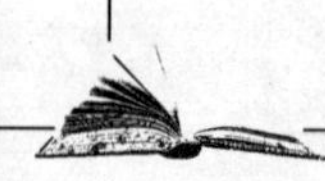

[72]苏红,张宏程. 农村公共文化建设的问题与措施[J]. 求索,2009(11).

[73]江泳辉. 关于农村文化建设的理性思考[J]. 湖南行政学院学报,2005(4).

[74]廖永红. 论新农村文化建设的偏差[J]. 科技传播,2010(3下).

[75]陈冲,李新中. 论新农村文化建设的几个问题[J]. 职教研究,2009(1).

[76]邵军永,闫占方,张洁. 农村文化建设体制构建刍议[J]. 社会科学论坛,2008(2下).

[77]杨在军,王晓霞. 转型期农村文化困境及对当前政策的认同与困惑[J]. 调研世界,2006(8).

[78]徐海东. 建设社会主义新农村之文化视角[J]. 北京农业职业学院学报,2006(2).

[79]蔡辉明. 新农村公共文化服务供给均等化的制度设计[J]. 老区建设,2008(10).

[80]黄永林. 农村文化建设与传统民间文化[J]. 学习月刊,2006(10).

[81]徐兆栋. 社会主义新农村的文化发展战略思考[J]. 未来与发展,2008(4).

[82]曹爱军,方晓彤. 西部农村公共文化服务及其制度梗阻——基于甘肃农村的调查分析[J]. 贵州社会科学,2010(3).

[83]曹爱军,方晓彤. 新农村公共文化服务系统构建研究[J]. 农村经济,2010(2).

[84]巩村磊. 论当前农村公共文化服务机制的缺失与构建[J]. 党政干部论坛,2010(4).

[85]张云峰,郭翔宇. 建设农村公共文化服务体系的长效机制[J]. 学术交流,2010(3).

[86]王公尚,车凯龙. 西北地区新农村公共文化服务的创新思路和创新举措[J]. 社会纵横,2010(2).

[87]李少惠,王晓艳. 社会资本视角下的农村公共文化建设研究[J]. 西北师大学报:社会科学版,2009(6).

[88]李少惠,余君萍. 公共治理视野下我国农村公共文化服务绩效评估研究[J]. 四川行政学院学报,2010(1).

[89]张良. 浅析农村公共文化的衰落与重建[J]. 调研世界,2009(5).

[90]吴理财,李世敏. 农村公共文化的陷落与重构[J]. 调研世界,2009(6).

[91]苏红. 论农村公共文化服务体系及其构建[J]. 兰州大学学报:社会科学版,2009(4).

[92]羊守森. 构建农村公共文化服务体系的策略思考[J]. 安徽农业科学,2008(12).

[93]朱文镇,赵秋喜. 关于中国农村文化性贫困的若干思考[J]. 农村经济,2004(1).

[94]蔡涛. 发展农村文化应着眼于三大目标[J]. 党政干部学刊,2009(8).

[95]卓纳新,黄向阳. 论农村文化建设的外部性效应[J]. 湖南文理学院学报:社会科学版,2009(2).

[96]王凤青. 农村公共文化服务体系建设的对策思考[J]. 中国农村小康科技,2009(5).

[97]周虎元. 我国农村文化现状与发展建议[J]. 农村工作通讯,2008(23).

[98]黄蔚,何江林. 统筹城乡发展,全面建设小康[J]. 城市发展研究,2006(1).

[99]阳华兵. 四川省新农村文化建设实地研究[J]. 全国商情,2009(4).

[100]王国敏,黄基秉,李玉峰. 成都新农村文化建设的经验与建议[J]. 成都大学学报:社科版,2009(2).

[101]李昊. 四川新农村文化建设现状分析[J]. 西南石油大学学报:社会科学版,2009(6).

[102]张德庄,陈学明,刘彦武,朱凤霞,严莉. 整合资源 共建共享——郫县新农村文化建设调查报告[J]. 中共四川省委省级机关党校学报,2008(1).

[103]宋一. 国际农村文化建设的经验与启示[J]. 广西师范学院学报:哲学社会科学版,2009(1).

[104]周兢. 农民的文化教育权益缺失及其保障问题探析[J]. 晋阳学刊,2005(2).

[105]陈明. 论农民公民意识教育与新农村文化建设的相关性[J]. 兰州学刊,2010(3).

[106]蔡璐,伍艺. 农村公共文化信息服务网络平台的构建[J]. 农业现代化研究,2009(2).

[107]安世禄. 农村公共文化“多网合一”工程的机制创新——基于北京市顺义区的实践[J]. 学习与探索,2010(1).

[108]白雪华. 切实履行政府职责 保障公民基本文化权益[J]. 图书与情报,2007(5).

[109]陶善耕. 小康社会建设中的公共图书馆事业[J]. 图书馆理论与实践,2004(4).

[110]吴月芽. “农家书屋”可持续发展策略探讨[J]. 出版发行研究,2007(6).

[111]邓倩. 农民工文化素质现状与公共图书馆的作为[J]. 中国图书评论,2008(9).

[112]邹小珑. 地方高校在农村图书馆(室)建设中的责任与参与模式[J]. 师道·教研,2009(8).

[113]吴晓春. 从图书费视角浅议农村公共文化产品的偏离与缺失[J]. 软科学,2009(3).

[114]赵日. 乡镇图书馆与新农村文化建设探析[J]. 图书馆学刊,2010(3).

[115]唐小芬. 基于新农村文化建设的乡镇文化馆职能研究[J]. 大众文艺,2009(2).

[116]张彤磊,朱卫. 论新农村文化建设与农村宗教关系

[J]. 经济与社会发展,2009(1).

[117]何兰萍,张雁. 生活方式视觉下的农村文化建设及其路径原则[J]. 安徽农业科学,2009(1).

[118]柳敏,房桂芝. 电视在新农村文化建设中的作用[J]. 江苏广播电视大学学报,2009(2).

[119]周智生,邹君. 西部新农村文化建设与游艺民俗资源开发[J]. 西南民族大学学报:人文社科版,2009(5).

[120]邢海晶. 传承与发展:发挥民俗文化对新农村文化建设的积极作用——基于改革开放三十年农村文化变迁的思考[J]. 福建论坛:社科教育版,2009(8).

[121]程丽香,孙秀艳. 社会认同:新农村文化建设之基石[J]. 理论与改革,2009(5).

[122]刘树燕. 社会主义新农村文化建设的研究与进展[J]. 理论界,2010(3).

[123]郭国祥,丁建芳. 近年来新农村文化建设研究的回顾与思考[J]. 学术论坛,2009(7).

[124]宝鸡市社科联. 让农民群众共享文化发展成果——宝鸡农村文化建设研讨会观点综述[J]. 宝鸡社会科学,2008(3).

[125]王廷兴,等. 农民呼唤文化小康——襄樊市农民文化需求调查[J]. 湖北社会科学,2004(7).

[126]陈长生. 文艺的通俗与低俗[J]. 文艺理论与批评,1997(5).

[127]蔡少远,等. 成都市农民文化需求调查报告[J]. 中华文化论坛,2007(1).

[128]阳畅宏,刘晓忠. 当前农民精神文化生活需求状况调查[J]. 学习导报,2006(2).

[129]金崇华. 论和谐理念在人的全面发展中的运用[J]. 云南行政学院学报,2007(3).

[130]安体富. 完善公共财政制度 逐步实现公共服务均等化[J]. 财经问题研究,2007(7).

[131]刘魏文. 公共产品、政府责任与农民权益[J]. 辽宁行政学院学报,2007(12).

[132]高金龙,汪晓莹. 文化建设:新农村建设之魂[J]. 农业考古,2006(3).

[133]袁红涛,赵萍丽. 论文化建设在新农村建设中的重要意义[J]. 邓小平理论研究,2006(4).

[134]侯风云. 中国农村人力资本收益率研究[J]. 经济研究,2004(12).

[135]曾理,等. 西部农民与体育活动相互关系的调查分析[J]. 四川体育科学,2006(2).

[136]邓沛然. 对新农村建设背景下农村教育问题的思考[J]. 河北学刊,2007(5).

[137]完善农村义务教育财政保障机制课题组. 普及农村义务教育对农民增收的实证分析[J]. 中国农村经济,2005(9).

[138]王鸿. 农村文化建设与农村社会稳定的关联研究[J]. 农村经济,2008(2).

[139]邹雪云. 试论休闲娱乐活动在全民健身运动中的地位和作用[J]. 体育文史,1999(4).

[140]朱大锋. 论先秦儒家、法家的义利观及其现代价值[J]. 重庆交通大学学报,2008(5).

[141]王淑芹. 柏拉图与亚里士多德正义观之辨析[J]. 哲学动态,2008(10).

[142]安晓辉. 浅谈市场化与文化机制创新[J]. 港航论坛,2006(2):61-66.

[143]钟少琴. 农村文化人才建设小议[J]. 大众文艺,2010(9):260.

[144]徐学庆. 社会主义新农村文化建设研究[D]. 武汉:华中师范大学博士学位论文,2007.

[145]王浩. 社会主义新农村建设中公共文化服务体系研究[D]. 长沙:湖南师范大学硕士学位论文,2008.

[146]王维．新农村背景下的农村文化建设研究[D]．重庆：西南大学硕士学位论文,2009.

[147]蔡亚萍．论农村公共文化服务体系运作机制的创新——以浙江省农村公共文化服务建设为例[D]．上海：上海交通大学MPA学位论文,2008.

[148]伍贤锋．社会主义新农村建设中的农民权益保护问题研究[D]．长沙：长沙理工大学硕士学位论文,2007.

[149]李滇．论文化权利[D]．长春：吉林大学学位论文,2007.

[150]李海玲．城市农民工文化权益保障研究[D]．苏州：苏州大学硕士学位论文,2009.

[151]戴诗妍．广西少数民族地区农民文化生活满意度研究——以上林县为例[D]．南宁：广西民族大学学位论文,2009.

[152]李文．试论民族文化与构建和谐社会的关系——以温州民俗为例[D]．温州：温州大学学位论文,2007.

[153]王琦．我国社会保障制度模式的选择：基于历史文化传统视角的探讨[D]．厦门：厦门大学学位论文,2007.

[154]胡仲明．中国城乡社会保障制度实证研究[D]．北京：中共中央党校学位论文,2006.

[155]毛华萍．论伊壁鸠鲁快乐主义的人生哲学[D]．无锡：江南大学学位论文,2008.

[156]郑伦楚．农村文化建设：困境与路径选择[D]．武汉：华中师范大学硕士学位论文,2008.

[157]林盛光．新农村文化建设初探——以温州农村为例[D]．上海：复旦大学硕士学位论文,2008.

[158]邹徐文．加强农村文化建设,促进农村社会稳定[N]光明日报,2005－07－19.

[159]孙若风．农村文化建设要研究和关注农民需求[N]．中国文化报,2006－03－12(6).

[160]韩永进．切实保障人民的文化权益[N]．文艺报,

2009-02-19.

[161]李书剑. 充分发挥农村文化社团的作用[N]. 梅州日报,2006-08-21.

[162]中共中央办公厅,国务院办公厅. 关于进一步加强农村文化建设的意见[N]. 人民日报,2005-11-07.

[163]中华人民共和国国民经济和社会发展第十一个五年计划纲要[N]. 人民日报,2006-03-17.

[164] 国家“十一五”期间文化发展规划纲要:公共文化服务部分[N]. 人民日报,2006-09-14.

图书在版编目(CIP)数据

城乡一体化中农民文化权益保障研究/徐莉主著．—成都:西南财经大学出版社,2011.7
ISBN 978-7-5504-0363-5

Ⅰ.①城… Ⅱ.①徐… Ⅲ.①农民—文化生活—权益保护—研究—中国 Ⅳ.①D422.6

中国版本图书馆CIP数据核字(2011)第151956号

城乡一体化中农民文化权益保障研究
徐　莉　主著

责任编辑:王　利
装帧设计:穆志坚　大　涛
责任印制:封俊川

出版发行	西南财经大学出版社(四川省成都市光华村街55号)
网　址	http://www.bookcj.com
电子邮件	bookcj@foxmail.com
邮政编码	610074
电　话	028-87353785　87352368
印　刷	郫县犀浦印刷厂
成品尺寸	148mm×210mm
印　张	8.625
字　数	225千字
版　次	2011年7月第1版
印　次	2011年7月第1次印刷
书　号	ISBN 978-7-5504-0363-5
定　价	26.00元